国家社会科学基金项目
"促进农村小型金融机构内生式发展研究"（批准号：10BJY055）研究成果

何去何从，
农村小型金融机构内生式的发展

Endogenous Development of
Rural Micro-finance Institutions

程 昆　张康松　著

中山大学出版社
SUN YAT-SEN UNIVERSITY PRESS
·广州·

版权所有　翻印必究

图书在版编目（CIP）数据

何去何从，农村小型金融机构内生式的发展/程昆，张康松著. —广州：中山大学出版社，2016.11
ISBN 978-7-306-05753-2

Ⅰ.①何… Ⅱ.①程… ②张… Ⅲ.①农村金融—金融机构—经济发展—研究—中国　Ⅳ.①F832.35

中国版本图书馆 CIP 数据核字（2016）第 162831 号

HEQUHECONG, NONGCUN XIAOXING JINRONG JIGOU NEISHENGSHI DE FAZHAN

出版人：	徐　劲
策划编辑：	金继伟
责任编辑：	周　玢
封面设计：	曾　斌
责任校对：	王　璞
责任技编：	何雅涛
出版发行：	中山大学出版社
电　话：	编辑部 020-84110771，84113349，84111997，84110779
	发行部 020-84111998，84111981，84111160
地　址：	广州市新港西路 135 号
邮　编：	510275　　传真：020-84036565
网　址：	http://www.zsup.com.cn　E-mail：zdcbs@mail.sysu.edu.cn
印　刷　者：	佛山市浩文彩色印刷有限公司
规　格：	787mm×1092mm　1/16　19.75 印张　304 千字
版次印次：	2016 年 11 月第 1 版　2016 年 11 月第 1 次印刷
定　价：	45.00 元

如发现本书因印装质量影响阅读，请与出版社发行部联系调换

序

华南农业大学经济管理学院是一所融农业经济、金融、管理、贸易、财会诸学科为一体,具有博士后、博士、硕士、本科等多层次、多规格人才培养能力,实行人才培养、科学研究和社会服务相结合,在国内外具有一定影响的学院。学院同时拥有金融学省级重点学科和金融学省级重点实验室,在农村金融的研究方面具有较深的学术积淀。

本书是在国家社会科学基金项目——"促进农村小型金融机构内生式发展"研究报告的基础上修改而成的。本书的编写力求达到两个要求:求实——本书关于农村小型金融机构实证分析的数据资料确保真实可信,其政策建议具有现实可操作性;创新——本书结合我国农村地区和交易的特质性提出农村内生金融发展理论,提出农村小型金融机构发展的基本框架与具体模式等。

基于农村地区金融服务的欠缺,我国于2006年起对农村金融进行增量改革,以发展农村小型金融机构来解决金融抑制问题。然而,现实中仍存在政府主导下的"大三角"冲突问题。本书创新提出农村内生金融发展理论,深入剖析农村金融市场供需现状,构建农村金融机构内生式发展模型。重点研究了村镇银行、小额贷款公司、农村资金互助社的发展现状,并分别对其理论框架进行实证分析。总结农村小型金融机构的共性问题并分析成因所在,借鉴国外农村金融组织的发展模式,对我国农村金融外部生态环境和小型金融机构自身发展提出对策建议。

本书的分析致力于发现农村小型金融机构的问题根源,以可持续性、覆盖力与社会绩效的平衡为发展目标,制度设计关注股权结构、政府行为、价格机制、金融监管的作用,重视服务考核与风险分摊机制,同时政府的财税政策也不容小觑。制度的重构自始至终对农村小型金融机构起着关键性的作用,在源头上确保机构设立的社区性,在过程中确保机构运作的平衡,在监管上确保机构发展的稳定性。

  作为农村金融学学科建设的一种尝试,我们希望本书能得到学术界同仁的关注和支持,并对可能存在的不足予以批评指正。

摘　　要

自 2006 年年底中国银行业监督管理委员会（以下简称"银监会"）放宽农村地区银行业金融机构市场准入制度以来，农村金融开始了"增量"改革，试图通过商业化运作的小型金融机构发展壮大，来解决农村地区金融覆盖率低、金融供给不足、竞争不充分、金融服务缺位等"金融抑制"问题。然而，现实情况仍面临着诸多问题，仍然陷于政府主导下的"大三角"冲突。因而，本书主要讨论：一是如何通过进一步完善农村小型金融机构发展的制度安排，从源头上确保小型金融机构的社区性，进而发挥社会资本的作用，通过内生力量实现自我发展；二是探索如何创新农村小型金融机构支农的激励约束机制，进而借助市场机制有效降低微型金融的交易成本，提高金融覆盖率，实现金融与"三农"共赢发展。

本书共用 11 章的篇幅来展开研究。第 1 章为背景研究，研究表明金融资源在城市与农村的配置存在明显的差距、天然不足的金融生态环境下，农村融资规模整体受到限制，解决农村融资难题有必要在完善传统农村金融组织的同时，新增农村小型金融机构作为重要补充。第 2 章考察了农村小型金融机构等的内涵、构成、特点和相关的研究，在内涵研究和实际数据对比下较完备地界定了农村小型金融机构的定义，明确将村镇银行、（小额）贷款公司、农村资金互助社作为具体研究对象。第 3 章为理论框架的构建，对农村金融理论的提出和发展进行研究，首先阐述了金融结构和经济发展的关系，进而提出金融发展的理论基础，包括金融抑制理论、金融深化理论、金融约束论。在农村信贷活动上再进一步阐述农业信贷补贴理论、农村金融市场论等。然而这些理论依旧难以解决农村小额贷款固有的"三角冲突"现状，进而本书结合了以本西文加（Bencivenga）和史密斯（Smith）等为代表的金融中介内生增长理论，又结合农村地区和交易的特质性提出农村内生金融发展理论。第 4 章对农村经济金融环境和农村小型金融机构发展现状进行评析。从经济环境上描述农村金融的需求情况，从金融环境刻画出当前的农村金融市场结构和小型农村金融机构发展的空间和发展的必要性，并且对农村金融市场供需现状进行剖析。第 5 章探索我国农村小型金融机构发展的总体框架，进而构建农村金融机构内生发展模型的解释与评价维度。模型纳入了机构可持续性、覆盖率和支农使命的目标函数，通过对三者相互间约束关系的解释，指出农村小额贷款组织发展具有天然的"三角冲突"，并针对如何平衡这三方矛盾而获得内生可持续发展进行了讨论。

第 6 章至第 8 章为研究的重点部分，具体研究了各类农村小型金融机构的发展现状，并对理论框架进行实证分析。其中第 6 章是对村镇银行的研究，具体内容如下：①分析村镇银行在全国整体设立的情况，并加入传统银行营业网点增速的对比分析，发现村镇银行增长迅速；②利用迪阳模型分析我国银行布局的演化路径，结合村镇银行天然禀赋优势为村镇银行的发展做出布局和定位，认为村镇银行的发展能有效为资金回流农村创造出一条路径；③通过数据包络分析法构建村镇银行中介效率、规模效率、资本与劳动力投入效率、风险效率和支农效率的实证分析模型，利用广东省的数据进行实证，结果表明村镇银行是可以缓解农村贷款"三角冲突"的良好制度设计；④通过 Rosenberg 法（是对农村小型金融机构是否可持续发展的一个判别公式）判定村镇银行可持续运营利率并探讨相关影响因素；⑤在内生视角下探讨村镇银行股权结构与属性的合理构成，并提出相应的发展模式。

第 7 章是对小额贷款公司的研究。①首先阐述小额贷款公司发展概况，近年小额贷款公司明显处于蓬勃发展的态势；②在覆盖率、可持续性和社会绩效"三角冲突"的框架下利用广东省的数据分析其运行综合绩效，研究表明小额贷款公司发展能基本满足持续性经营的状态，而且随着小额贷款公司的不断设立，其覆盖率不断提高，有效填补了部分乡镇金融服务空白区，但在政策满足程度上表现一般，对更小额度的农村需求主体难以满足；③在"三角冲突"的框架，参考兼顾社会绩效的评价模式，探讨其相应的发展模式。

第8章是对农村资金互助社的研究。①分析了农村资金互助社当前发展状况，面临的难题；②认为现有农村资金互助社在制度安排和业务范围上普遍存在脱离内生约束，导致风险偏离，进而发展停滞不前的状况；③从制度构建的初衷和风险规避的视角，分别从外界经济主体的参与方式和自身的经营方式两个角度探索其运作模式和未来的发展。

第9章结合以上三类农村小型金融机构试点的状况及试点过程中存在的个性问题，总结出我国农村小型金融机构试点所遇到的共性问题，并针对这些共性问题所造成的困境进行剖析。第10章重点考察德国、美国、日本、孟加拉国和印度的农村金融组织发展模式，通过讨论他国农村金融组织运作中资金来源、职能特点和发展模式等方面的经验，探索可供我国借鉴的内容。第11章主要对农村小型金融机构发展的外部生态环境和自身发展内在要求进行分析并提出政策建议。从外部方面，提出农村小型金融机构应当破除旧体制的约束，构建有利于"三农"（农村、农业和农民）建设的新体制，调整组织的注册资本额制度，调整股东构成，完善监管制度安排，完善基础信贷建设。在政策体系方面，着重提出推动农村小型金融机构发展的财政政策、金融货币政策和地方政府的配套政策。在内部治理方面，针对不同类型的农村金融机构提出相应的解决对策，包括拓宽农村小型金融机构的资金来源渠道，确定相对合理的组织发展规模，明确金融互补性定位，在实现支农目标的前提下最大限度地保证金融组织的营业利润，采取措施吸引优秀人才加入农村小型金融机构等。

本书主要观点如下：

（1）农村小型金融机构发展出现一系列问题的根源在于政府主导下的外生金融制度安排。由于中国广袤农村地区金融生态的差异性与全国一体化金融安排不兼容，因此，与地区金融生态相匹配的内生式小型金融制度及其政策应有存在的合理性和必要性。所以要使农村小型金融机构实现可持续发展、不断拓展农村金融服务边界、更好地服务"三农"，就必须重构农村小型金融机构的制度安排。

（2）农村小型金融机构内生性制度安排的评判标准应包括两项内容：第一，这一制度能够实现农村小型金融机构的财务可持续；第二，这一制度能够让农村小型金融机构宽服务、广覆盖，即提供多元化金融服务，让绝大多数农户获得金融服务，虽然两方面存在冲突，但通过制度重构，可以获得良好的平衡发展。

（3）内生式农村小型金融机构发展的制度应该包括鼓励农村经济主体自发组建社区性小型金融机构的市场准入制度，避免政府行为隐性干预农村小型金融机构的资金配置制度，以价格机制引导金融资源流向农村的差别利率制度，以对属地"三农"发展做出贡献和农村小型金融机构自身发展的可持续性为主要目标的金融监管制度。

（4）农村小型金融机构发挥作用的微观条件是组织内部具备奖优罚劣的农村贷款效益考核机制；配套制度是建立多元化农村信贷风险分摊机制，以及与农村经济、文化、法治相匹配的农户、乡村企业的信用评级标准及征信制度。

（5）农村小型金融机构的内生式发展及农村金融服务边界的拓展必须有政府财税政策的介入和配合，以降低小型金融机构的拓荒成本并优化农村金融生态。

目 录

第1章 绪论：农村小型金融机构发展的背景 …………………………… 1
  1.1 农村金融生态环境 ……………………………………………… 2
    1.1.1 金融资源分布不均，城乡金融服务水平和效率差距
         明显 ……………………………………………………… 3
    1.1.2 农村抵押担保机制发展滞后，限制着农村融资需求与
         规模 ……………………………………………………… 4
    1.1.3 农村金融组织资金供给不足，金融业务存在局限 …… 5
    1.1.4 农村小型金融机构的提出和试点 …………………… 6
  1.2 内容安排与逻辑思路 …………………………………………… 10

第2章 概念界定和相关研究 …………………………………………… 14
  2.1 农村金融的概念 ………………………………………………… 14
  2.2 农村金融组织 …………………………………………………… 17
  2.3 农村金融机构的划分和小型农村金融机构的界定 …………… 22
    2.3.1 农村小型金融机构的界定 …………………………… 22
    2.3.2 农村小型金融机构的内涵 …………………………… 24
    2.3.3 农村小型金融机构的基本特点 ……………………… 28
  2.4 当前农村小型金融机构的相关研究 …………………………… 30
    2.4.1 有关农村小型金融组织的总体研究 ………………… 30
    2.4.2 有关村镇银行发展的研究 …………………………… 34
    2.4.3 有关贷款或小额贷款公司发展的研究 ……………… 36
    2.4.4 有关农村资金互助社发展的研究 …………………… 37
  2.5 本章小结 ………………………………………………………… 39

第3章 农村金融机构发展的理论基础 ········ 40
- 3.1 金融结构与经济发展 ········ 41
- 3.2 金融抑制、金融深化和金融约束 ········ 42
  - 3.2.1 金融抑制 ········ 42
  - 3.2.2 金融深化 ········ 43
  - 3.2.3 金融约束 ········ 45
- 3.3 农业信贷补贴论、农村金融市场论与不完全竞争市场论 ········ 45
  - 3.3.1 农业信贷补贴论 ········ 46
  - 3.3.2 农村金融市场论 ········ 47
  - 3.3.3 不完全竞争市场论 ········ 48
- 3.4 农村内生金融发展理论的提出 ········ 49
- 3.5 本章小结 ········ 51

第4章 当前农村经济金融环境与小型农村金融机构现状 ········ 52
- 4.1 农村经济环境概览 ········ 53
- 4.2 农村金融环境概览 ········ 54
- 4.3 农村金融市场的供给与需求现状 ········ 55
  - 4.3.1 农村金融市场的相关研究 ········ 55
  - 4.3.2 农村金融的供给与需求 ········ 56
- 4.4 农村小型金融机构发展概况 ········ 60
- 4.5 本章小结 ········ 61

第5章 农村金融机构内生发展模型解释与评价维度 ········ 62
- 5.1 农村小型金融机构发展总体要求 ········ 62
- 5.2 综合绩效评价模型与农村小型金融机构构建的支持 ········ 62
  - 5.2.1 方程式的假定 ········ 63
  - 5.2.2 基于方程式的评论与进一步的解释 ········ 64
- 5.3 内生"三角"冲突与评价指标 ········ 65
- 5.4 各个目标之间冲突的讨论 ········ 69
- 5.5 本章小结 ········ 72

第 6 章　村镇银行 …… 74

6.1 村镇银行发展状况 …… 75
6.2 村镇银行生存空间探析 …… 77
6.2.1 迪阳模型 …… 78
6.2.2 中美金融布局的演进 …… 79
6.3 村镇银行发展的优势与劣势 …… 81
6.3.1 村镇银行天然的禀赋优势 …… 81
6.3.2 基于禀赋优势的产品和服务设计 …… 82
6.3.3 村镇银行服务定位及资金回流路径创造 …… 85
6.4 村镇银行运行效率分析 …… 86
6.4.1 模型及指标选择 …… 91
6.4.2 中介效率的测度结果及评析 …… 96
6.4.3 规模效率的测度及评析 …… 100
6.4.4 资本与劳动力效率测度及评析 …… 104
6.4.5 风险效率的测度及评析 …… 111
6.4.6 支农效率的测度及评析 …… 113
6.4.7 效率相关与村镇银行使命漂移的判断 …… 116
6.5 村镇银行可持续运营及影响因素 …… 118
6.5.1 可持续利率模型 …… 118
6.5.2 村镇银行可持续运营利率判断 …… 120
6.5.3 村镇银行可持续运营影响因素 …… 123
6.6 村镇银行内生发展中股权结构与属性的分析 …… 126
6.6.1 股权结构与股权属性 …… 127
6.6.2 股权与村镇银行治理 …… 130
6.6.3 基于广东省数据的分析 …… 133
6.6.4 两个具体案例对比分析 …… 136
6.7 本章小结 …… 140

第7章 小额贷款公司 ··· 142
7.1 小额贷款公司发展状况 ······································ 142
7.2 小额贷款公司运行效率分析——基于广东省的实证 ········ 143
7.2.1 覆盖力 ··· 144
7.2.2 可持续性 ·· 148
7.2.3 社会绩效 ·· 153
7.3 小额贷款公司的综合评价 ·································· 157
7.4 小额贷款公司发展模式探讨 ································ 158
7.5 本章小结 ··· 161

第8章 资金互助社 ··· 163
8.1 资金互助社发展概况 ······································ 163
8.1.1 农村资金互助社概况 ································ 164
8.1.2 农民资金互助社概况 ································ 166
8.2 农村资金互助社的运行模式 ································ 167
8.3 农村资金互助社发展面临的问题 ···························· 168
8.4 资金互助社未来发展的思考 ································ 170
8.5 本章小结 ··· 170

第9章 农村小型金融机构当前运营共性问题及其成因 ········ 172
9.1 农村小型金融机构当前运营共性问题 ······················ 172
9.1.1 农村小型金融机构面临资金来源不畅的问题 ········ 172
9.1.2 农村小型金融机构面临发展经营的风险 ············ 172
9.1.3 农村小型金融机构的趋利性与支农力度问题 ········ 173
9.1.4 农村小型金融机构的从业人员来源与素质问题 ······ 173
9.2 金融生态约束下共性问题的成因分析 ······················ 174
9.2.1 新制度经济学视角下金融生态环境影响金融机构发展的作用机理 ······································ 174
9.2.2 关于制度环境影响金融效率的有关模型 ············ 177
9.2.3 农村金融生态环境制度现状分析 ··················· 178

9.3 本章小结 ……………………………………………………… 182

第10章 国际典型农村金融组织的发展模式及其借鉴 …………… 183
10.1 德国模式及其借鉴 …………………………………………… 183
10.1.1 德国农村金融组织的发展模式 ……………………… 183
10.1.2 德国模式对我国农村金融组织发展的借鉴意义 …… 184
10.2 美国模式及其借鉴 …………………………………………… 186
10.2.1 美国农村金融组织的发展模式 ……………………… 186
10.2.2 美国模式对我国农村金融组织发展的借鉴意义 …… 187
10.3 日本模式及其借鉴 …………………………………………… 189
10.3.1 日本农村金融组织的发展模式 ……………………… 189
10.3.2 日本模式对我国农村金融组织发展的借鉴意义 …… 190
10.4 孟加拉国模式及其借鉴 ……………………………………… 191
10.4.1 孟加拉农村金融组织的发展模式 …………………… 191
10.4.2 孟加拉国模式对我国农村金融组织发展的借鉴
意义 ……………………………………………………… 194
10.5 印度模式及其借鉴 …………………………………………… 195
10.5.1 印度农村金融组织的发展模式 ……………………… 195
10.5.2 印度模式对我国农村金融组织发展的借鉴意义 …… 196
10.6 本章小结 ……………………………………………………… 197

第11章 完善和发展农村小型金融机构的政策建议 ……………… 199
11.1 改善农村金融外部生态环境 ………………………………… 199
11.1.1 农村小型金融组织发展的保障体系建设 …………… 199
11.1.2 农村小型金融机构发展的监管制度体系建设 ……… 205
11.1.3 农村小型金融机构的财政金融支持政策 …………… 209
11.2 小型农村金融机构的发展建议 ……………………………… 212
11.2.1 村镇银行的发展建议 ………………………………… 212
11.2.2 小额贷款公司的发展建议 …………………………… 213
11.2.3 农村资金互助社的发展建议 ………………………… 215

参考文献 ……………………………………………	216
附件一 ……………………………………………	252
附件二 ……………………………………………	272
附件三 ……………………………………………	287
后记 ………………………………………………	302

第 1 章　绪论：农村小型金融机构发展的背景

从补贴信贷的失败到小额信贷（microcredit）的出现及微型金融（microfinance）的发展，农村金融经历了一个由外生向内生不断演化的过程。"二战"后，在大量独立国家对农业部门现代化的渴望及农业和穷人信贷日益恶化的情况下，各国政府普遍设立国有发展金融机构或利用农村信用合作社，以低于市场价格的利率向处于边缘化的小农和穷人提供配额信贷，以期提高他们的生产率和收入。然而，由于其信贷偿还率极低，金融机构的资本被不断侵蚀，甚至荡然无存（Adams et al.，1984），补贴信贷范式走向灭亡，农村金融市场出现制度缺失，以非政府组织面目出现的小额信贷正式登场。孟加拉国的格莱珉银行、印度的妇女自雇联合银行以及拉丁美洲的行动国际都是早期成功的先例。它们针对小农和穷人策略性违约和破产性违约，开创性地利用社会资本建立了水平型社会网络（小组与社会担保）以及垂直型社会网络（聘用当地精英作为放贷官兼村民理财师、村务顾问以及冲突的协调者），设计出一整套预防机制和金融教育制度，包括甄别制度、监督制度、强制储蓄、分期还款制度及动态激励制度（Morduch，1999；Yunus，1999），这些制度安排在提高了贷款偿还率的同时，让参与项目的穷人达到了"金融毕业"。实践结果显示：①穷人尤其是妇女，比富人更能遵守信贷纪律；②穷人能够支付较高的信贷利率；③穷人不仅需要信贷，还需要储蓄、保险、资金转移等各种服务（Chowdhury，2007；Guttman，2007 等）。因而，理论界认为只有可持续的微型金融组织才能为穷人提供更好、更持久的服务。然而，由于受到小额分散交易的高成本、缺乏抵押及社会资本信任范围（radius of trust）狭小的约束，微型金融发展面临着一个相互冲突的"大三角"，即成本、深度和可持续性（Zeller et al.，2002）。2002—2003 年微型金融发展数据证实了这一点，全球 124 家微型金融机构中，仅 66 家实现了财务可持续，这 66 家中以存在"使命漂移"的拉丁美洲微型金融机构为主，即便是格莱明银行也是在大量隐性补贴下才实现财务持续性（Westley，2004）。为了缓解"大三角"冲突，理论界认为，建立内生性金融体系是农村金融发展的战略方向，八国峰会（G8 Summit，2004）确立了建立内生性金融体系的基本框架，认为只有把为穷人服务的金融与大金融系统的微观、中观及宏观三个方面紧密整合在一起，才能解决"大三角"冲突，实现微型金融机构的可持续发展（Unite Nation，2006）。

农村金融同时是我国"三农"问题研究中的热点领域。发展农村经济的一个关键环节在于发展农村金融，而完善现有农村金融体系，发展农村金融组织则是基础环节。农村经济相比城市经济明显处于发展的劣势，这既是我国国情历史沿革，同时也是人类社会发展史的一项规律，其中一个重要原因在于农村金融组织在机构数量和金融产品两个方面供给不足，不能充分满足农村经济发展的需求。因此，国家决定设立和发展新型农村小型金融组织，在国内金融服务覆盖不到的地域新设一批农村小型金融机构，使之成为我国农村金融组织的有效补充，这样不仅可以弥补现有机构数量和金融产品的供给不足，加强农村金融组织对我国"三农"建设项目的信贷支持力度，满足农村经济发展的需求，而且有利于激活农村金融市场，推进形成各类农村金融机构相互促进、共同发展的良好局面。

1.1 农村金融生态环境

从 2008 年起，全球的经济出现了一些动荡。尤其是当前局势下，经济增长普遍趋于平缓，而在一直被喻为拉动经济增长的"三驾马车"中，外需的重要程度逐渐被削弱，与此同时，内需增长被认为是更加关键和可贵的。在这时期，有些学者认为我们经济的转型，应该由以往的投资和外需拉动转为投资生产和内需消费拉动型的经济发展模式，并且应加快改善国民收入分配结构，让中低收入阶层尤其是八亿农民切实享受到经济增长的好处（刘亮，2011）。随着我国经济发展进入"工业反哺农业、城市支持农村"的新历史时期，解决"三农"问题便成为构建社会主义和谐社会的关键环节，农村经济增长日益成为现代经济工作的重心，但农村金融发展滞后的问题已经成为当前我国农村经济发展的重要瓶颈（梁静雅等，2012），在我国的广大农村地区，要实现农民增收、农业发展和农村繁荣，都离不开金融的有效支持，资金也就成为影响农村经济发展的重要因素之一（吴治成等，2012）。

世界各国发展的经验表明，农村金融对于农户乃至整个国家的经济发展都起到非常重要的作用，一个完善、高效的农村金融市场，可以提供良好的农业信贷支持，可以提高农户的收入和福利水平，而且还能有效减少农村贫困人口、缩小贫富差距，从而推动整个国民经济和谐发展（李锐等，2007）。Yaron 等（1994）认为当前中国农村金融发展并不充足。自新中国成立以来，国家整个工业体系发展比较薄弱，为实现迅速强国之梦，实行优先工业化的发展战略。因此，整个经济政策及金融政策向城市和工业倾斜，而农村和农业受到的支持却少了很多。直至目前，按照划分产业增长的情况，仍可以看到第二产业和第三产业的发展与第一产业存在很大的差距。而城市的居民收入和消费水平亦远远大于农村。尤其在改革开放以前，在计划经济体制下，国家对金融等诸多领域干预过度，中国农村正式金融组织服从于国家的工业偏斜政策，从农村聚集资金用于国家的工业体系和城市建设（李锐等，2007）。城乡之间的金融发展差距逐渐拉大，这种差距表现为城市地区的金融机构较多，提供的金融服务较好，而分布在农村地区的金融机构较少，区域分布严重不均（尤其是在中西部农村地区农村金融机构服务覆盖率低），农村金融的这种数量劣势表现得尤为突出，所能提供的金融服务有限（徐沈，2012）。

1.1.1 金融资源分布不均，城乡金融服务水平和效率差距明显

按照我国金融业的服务对象，可将金融划分为城市金融和农村金融两大类。由于我国发展政策的偏重，造成了针对城乡金融在金融资源分布方面和金融服务水平方面的差距状况。

这是因为改革开放以前，我国实行的是优先发展工业的战略，整个经济政策及金融政策向城市和工业倾斜，农村和农业受到的支持就少了很多。我国对城市金融项目建设给予大力支持，却忽视了农村金融项目建设的发展。加上当时计划经济体制下国家对金融等诸多领域的过度干预，造成了城乡之间的金融发展差距逐渐拉大，这种差距表现为城市地区的金融机构较多、所提供的金融服务较好，而分布在农村地区的金融机构较少、所能提供的金融服务有限。

这种优先发展工业的政策倾斜最终造成了我国金融的二元结构。这种二元结构的一个突出表现就是我国的农村金融机构种类少，主要以开展存贷业务的传统银行和农村信用合作社为主；区域分布严重不均，农村金融机构和网点在农村分布相对较少，同时从事农村金融行业的相关人员也少；农村金融在数量上同城市金融相比不具备优势，尤其是在中西部农村地区，农村金融的这种数量劣势表现得尤为突出。据中国人民银行农村金融服务研究小组2013年公布的《中国农村金融服务报告》可知，截至2012年年底，以农村信用合作社与农村小型金融机构为主体的主要涉农金融机构数3 274个、营业性网点数75 896个、从业人数809 733人。全国金融机构空白乡镇仍有1 686个，相比2009年10月启动时的2 945个减少到2012年末的1 686个；实现乡镇金融机构和乡镇基础服务双覆盖的省份有24个。整体贷款投放农村与城市差距悬殊。

1.1.2 农村抵押担保机制发展滞后，限制着农村融资需求与规模

当前，我国农户贷款难的一个重要原因就是缺乏合乎银行规范的抵押担保品。在1998年8月修订的《中华人民共和国土地管理法》中，国家对农村土地的管理和使用做出了如下规定："农村的土地所有权归属国家或集体所有"；"农民集体所有的土地使用权不得出让、转让或者出租用于非农业建设"；未经允许农户不能私自转让耕地、宅基地、自留地等集体所有的土地使用权，同时也不能将土地使用权作为财产抵押。《中华人民共和国担保法》（以下简称《担保法》）指明土地所有权、耕地、宅基地、

自留地、自留山等集体所有的土地使用权［《担保法》第三十四条第（五）项、第三十六条第三款规定的除外］，不能作为抵押。作为国家治理的需要，我国政府对于农村土地管理严格，实质上令可作为"私有财产"所有权排除在农户手中，再加上农户自身的收入水平普遍较低，可严格依法律界定的私有财产少，使得大多数农户在申请贷款时难以提供给金融机构合格的抵押、质押担保产品，再者农村担保机构少，担保类金融产品和服务稀缺，因此农户难以通过抵押、质押和第三方保证获得足够贷款（徐沈，2012）。

近年我国信用担保体系建设取得了一些成果，政策发布上出台《中小企业信用担保资金管理办法》通过业务补助、保费补助、资金投入等鼓励担保机构的设立和业务的开展，或者地方政府带头出资，以地方财政向企业出资的形式建立担保组织等，为中小企业、农户提供信用担保，促进其融资。随着城镇化进程的不断加快，对于那些在市场竞争中发展规模日益壮大的农村中小企业，对资金的需求依旧迫切，如何创新融资模式甚至创新金融组织仍然亟须探讨。

1.1.3 农村金融组织资金供给不足，金融业务存在局限

农村经济的发展，离不开资金的支持。城乡收入差距较大，农村居民生活改善性需求产生的生产投入、创业和贸易等迫切需要现金流供给。我国农村金融供给不足，已经严重制约了农村经济的发展。为使我国农村金融供求达到均衡，我国已经采取了一系列增加农村金融供给的措施，来推动我国的农村金融发展，也取得了一些进步。但当前我国还面临着农村金融的供需矛盾问题。这种矛盾表现为农村经济社会发展对农村金融服务的需求日益增加，特别是在农业经济发展方式转变、社会主义新农村建设、农村中小企业发展、农村剩余劳动力转移，以及农村社会保障等重大涉农问题方面，依然存在着较大的资金缺口。

由于金融机构的缺失导致资金供给不足、农村金融组织所提供的金融业务范围受限。以三大农村传统金融机构为例：首先，农村合作性金融机构的代表——农村信用社，其业务主要是面向传统贷款业务的资金需求，

农村信用社的资产在全国金融机构总资产中所占的比例较小，其所能承担的信贷业务能力十分有限。其次，作为农村商业性金融机构的中国农业银行，虽然其金融业务项目中有专门针对农村中小型企业的信贷支持项目，但是这种信贷支持力度不大，而且为贷款设置的申请条件也较为苛刻，贷款期限也较短。最后，作为农村政策性银行的中国农业发展银行，金融业务的大多数主要集中在针对粮食、棉花、油料等农用原材料发放的贷款，只有较少部分的贷款项目是针对农业生产提供的资金支持。

截至2012年年底，全国农村贷款总额约为11万亿元，仅占全国银行业金融机构贷款总额的17.3%，其中农户贷款总额为3.6万亿元①。

1.1.4 农村小型金融机构的提出和试点

推行市场化改革以来，我国在深化农村金融组织的改革方面取得了重大进展，农村金融市场逐步放开，初步形成了农村政策性银行、农村商业性银行和农村合作性银行等正规性农村金融机构和其他非正规性农村金融机构互为补充的农村金融组织。农村金融改革成效显著，具体表现在：第一，农村信用社试点改革稳步推进，支农主力军的地位不断得到增强。第二，中国农业银行服务"三农"不断深化，县域"三农"业务以持续稳中向好的态势发展，并有"金穗惠农通"亮点工程作为重点深化农村基础金融服务。第三，农业发展银行发挥其政策性银行的职能作用，根据国家的宏观调控政策，促进"三农"发展。其重点支持农业产业化经营、农业农村基础设施建设和生态农业建设，梳理其"建设新农村的银行"这一品牌形象（褚广璐，2013）。农村基础设施建设贷款和农业产业化经营贷款都大幅增加。第四，邮政储蓄银行不断改造和布局各个营业网点，提升各个网点服务功能，积极探索小额贷款业务的发展。截至2013年年底，全国银行业金融机构涉农贷款余额为20.9万亿元，同比增长18.5%，高于各项贷款平均增速4个百分点。即便如此，国内农村金融依然存在农村银行业金融机构的网点设施覆盖率较低、金融资源供给不足、竞争不够充分等问题。

---

① 数据来源：《2013年中国金融年鉴》。

为解决这一问题，2006年12月，中国银监会公开发布了一份报告，报告题目为《中国银行业监督管理委员会关于调整放宽农村地区银行业金融机构，更好支持社会主义新农村建设的若干意见》(以下简称《意见》)。《意见》按照放宽银行业金融机构准入政策的要求，提出在农村地区放开准入资本范围，新设几类农村小型金融机构，具体内容包括：第一，在农村地区新设主要为农户提供金融服务的村镇银行；第二，由当地的农民和农村小企业作为发起人，设立由社员民主管理、为入股社员服务的社区性信用合作组织（即指农村资金互助社）；第三，鼓励境内商业银行和农村合作银行在农村地区设立专营贷款业务的全资子公司（即指贷款公司）。从《意见》的内容可以看出，其所指的农村小型金融机构包含村镇银行、农村资金互助社和贷款公司三类农村金融机构，银监会新增金融机构的种类旨在通过改善农村金融服务，达到在农村地区形成覆盖全面、治理灵活、服务高效的新金融体系的目的。

随后在2007年1月，中国证监会又发布了针对农村小型金融机构制定的有关组织设立和管理的规定，包括《村镇银行管理暂行规定》《农村资金互助社管理暂行规定》《贷款公司管理暂行规定》。在这些规定出台之后，国家便开始推行新型农村小型金融机构的试点，在试点开始之后，2008—2010年发布的中央一号文件多次涉及农村小型金融机构的发展问题。在2008年1月的中央一号文件中，强调要加快推进农村地区银行业金融机构的准入政策试点工程，通过批发、转贷等融资交易方式，解决我国农村小型金融机构的资金来源难的问题。2009年2月的中央一号文件再次提及农村金融，强调要增强农村金融的服务能力，在加强监管力度的前提下，加快发展多种形式的新型农村金融组织。这里强调了新型农村金融组织形式的多样化，旨在实现农村金融服务的多元化。2010年1月的中央一号文件又一次明确地提出要加快培育村镇银行、贷款公司、农村资金互助社和小额贷款组织，积极引导社会资本投资建立适应"三农"需要的各类农村小型金融机构。一号文件的多次强调，对于推进新型农村金融组织发展，建立比较完善的农村金融组织体系具有重要的促进作用，体现了我国对于发展农村小型金融机构的重视，也体现了发展农村金融的紧迫性和重要性。

据中国人民银行（以下简称"央行"）数据，截至2013年年末，全国已组建并运作的新型农村金融机构为8 904家，村镇银行1 000家，贷款公司15家，小额贷款公司7 839家，农村资金互助社50家。银行业金融机构涉农贷款余额[①]为20.9万亿元，占全部贷款的比重为27.3%，比年初增加3.4万亿元，同比增长18.5%，涉农信贷投放力度不断加大，其中已开业村镇银行资产余额6 289亿元，负债余额5 413亿元。2014年第一季度末，全国村镇银行存款余额总计4 536.1亿元，贷款余额总计3 959.3亿元，贷存比为87.3%。

新型农村小型金融机构试点以来，农村金融供求缺口大、网点覆盖不充分的状况得到了初步改善，农村小型金融机构在支农作用上成效显著。然而，一方面农村地区银行业金融机构长期处于营业网点覆盖率较低的困境，金融供给不足、竞争不充分的状况一时难以改变；另一方面，新农村建设的步伐正在加快，持续增大的农村金融需求在短期内难以得到满足。

伴随着改革的不断深入，我国农村小型金融机构处于挑战和机遇并存的宏观背景下。挑战方面体现在农村金融改革遇到困难，比如我国农村地区和城市地区在金融资源分布上有较大差距，而且某些农村地区的信贷资金呈现出向非农产业转移的现象，农村金融市场发展不够成熟，缺乏有效的竞争机制。而国家适时出台了鼓励农村小型金融机构发展的一系列政策规定，比如《村镇银行管理暂行规定》《贷款公司管理暂行规定》和《农村资金互助社管理暂行规定》等，这些政策规定为新型农村金融组织的发展提供了机遇。从现有金融机构布局来看，基于农村金融发展的现状和前景，我国仍需要进一步优化农村小型金融机构的设置，改善和提高各类农村小型金融机构的服务绩效。

本书在此背景上，针对农村小型金融机构的发展进行研究，主要有以下五个方面的现实意义。

第一，研究农村小型金融机构发展，是科学发展观在农村金融发展领域的具体实践。各类农村小型金融机构的设立弥补了割裂的农村金融市场中的空白地带，缓解了农村金融供需矛盾，满足了更多小额贷款客户的需

---

① 数据来源：《2014年中国金融年鉴》，该指标不含票据融资。

求，是普惠金融实践的重要步骤。研究农村小型金融机构发展，不仅有利于在实践上明确农村小型金融机构服务"三农"的宗旨，真正做到将金融服务覆盖到全国所有乡镇，达到兼顾农村各类经济主体利益的目的，而且有利于探索农村小型金融机构在农村地区实现可持续发展的具体模式，进而为"三农"提供长期的金融服务。

第二，研究农村小型金融机构发展，是激活我国农村金融市场的现实需要。各类农村小型金融机构的设立和发展促进农村金融市场新一轮竞争，打破传统农村金融机构低效垄断，为农村带来金融产品和金融服务的多元化，使得农村金融市场更加活跃且高效，直接带来了金融产品和金融服务的多元化。村镇银行、农村资金互助社和贷款公司等新设立的新型农村小型金融机构，是对原有农村金融体系的变革，具体表现在：一方面，它们以更加高效的决策机制和更加明确的功能定位，在试点过程中取得了较为理想的效果。另一方面，它们对其他农村金融机构（尤其是农村信用社）形成了竞争压力，直接或间接地推动了整个农村金融机构改善金融产品和金融服务、创新发展模式、提高工作效率。

第三，研究农村小型金融机构发展，可以为缓解农村金融供求矛盾、更好地支持新农村建设提供新思路。我国的农村金融问题实质上可归结为两难问题，即一方面是我国农村地区存在着巨大的金融需求，另一方面则是我国农村地区的金融服务明显落后于城市地区。基于此，仅仅依靠国家财政来弥补农村金融服务的不足是不够的，应当发展农村小型金融机构来增加对于农村金融服务的供给。在农村，大多数经济主体的资金融通活动具有小额性和分散性的特点，而且农业生产经营活动普遍是以农户家庭为生产单位完成的，这就决定了单个农户的资金需求量较少。随着工业化、城镇化和现代化进程的不断推进，某些农村中小企业的生产规模日益壮大，这些企业因生产规模的扩大可能会产生较大的信贷需求。因此，研究农村小型金融机构，必然会对农户及农村中小企业的金融需求进行更加深入的调查研究，从而根据金融需求探索出支持新农村建设的新思路。

第四，研究农村小型金融机构发展，有利于通过发展农村小型金融机构这条途径来吸纳农村地区的闲散资金，将吸纳的资金用于服务"三农"，从而实现农村金融资源的高效利用。农村小型金融机构当中的村镇银行主要行使银行业金融机构的基本职能：一方面以吸收存款等形式，进一步吸纳农业产业的再生产过程中闲散的货币资本，再把这些闲置货币资本转化为村镇银行的信贷资金，作为村镇银行重要的资金来源；另一方面则把转化之后的信贷资金，以贷款和投资的方式面向"三农"发放。

第五，通过对不同类型的农村小型金融组织治理机构和股权结构的研究，结合其所在生态环境是否能获得内生可持续发展，并对其制度安排进行重新设计。往往机构的股东来源、股东性质及股东构成会对小型金融机构的客服选择、经营方向、业绩绩效等产生较为重要的影响，合理的股权结构、股东来源和管理机制不仅可以令小型农村金融机构保持生机和活力，而且更能够满足政策所希望的向"支农支小"的方向发展；反而不合理的制度设计会增加小型金融机构的负担，难以维持运营，甚至使其设立偏离初衷，甚至沦为面子工程。最后研究结论和政策建议可为中国人民银行、银监会、金融局等监管机构对农村小型金融机构监管制度进行设计和改进。

1.2 内容安排与逻辑思路

本书共用了11章的篇幅来展开研究。第1章为背景研究，阐述城市与农村金融布局差异，分析农村金融组织资金供给能力和业务局限，并在农村固有的金融生态环境下提出农村小型金融机构的前提。本章认为金融资源在城市与农村的配置存在明显的差距，金融资源在服务"三农"方面存在着绩效低下的缺陷。另外，在缺乏抵押、质押和第三方担保的金融生态环境下，农村融资规模整体受到限制。由于农村小型金融机构在贷款规模、金融组织基础设施的完善程度以及不确定因素三个方面的绩效优于传统农村金融组织。因此，有必要在完善传统农村金融组织的同时，新增农村小型金融机构作为重要补充。

第2章考察了农村小型金融机构等的内涵、构成、特点和相关的研究。为体现农村小型金融机构与传统农村金融组织的区别，首先必须要了解传统农村金融组织的内涵及其构成。基于此，本章先引入传统农村金融组织的内涵和构成，在此基础上依次对农村小型金融机构的内涵、基本构成和基本特点进行研究。通过对资产规模大小、人员配置的多少来对农村小型金融机构进行界定。最后明确本书主要的研究对象为三类正规小型农村金融机构：村镇银行、（小额）贷款公司、农村资金互助社，并简要地对三者的相关研究进行阐述。

第3章为理论框架的构建，对农村金融理论的提出和发展进行了研究。首先阐述了金融结构和经济发展的关系，进而提出金融发展的理论基础，包括金融抑制理论、金融深化理论、金融约束论。结合农村地区信息不对称、农业产业特质性以及农户的特质性，在农村信贷活动上再进一步提出农业信贷补贴理论、农村金融市场论等。然而这些理论依旧难以解决农村小额贷款固有的"三角冲突"现状，进而本书提出农村内生金融发展理论，即结合了本西文加（Bencivenga）和史密斯（Smith）等为代表的金融中介内生增长理论，又结合农村地区和交易的特质性拓展了农村内生金融理论。

第4章是对农村经济金融环境和农村小型金融机构发展的评析。从经济环境上刻画出农村金融的需求情况，从金融环境刻画出当前的农村金融市场结构和小型农村金融机构发展的空间和发展的必要性。接着对农村金融市场供需现状进行剖析，并描述了农村小型金融机构的发展现状。

第5章探索了我国农村小型金融机构发展的总体框架，包括农村小型金融机构发展的总体目标、基本原则、主要任务和发展重点，并构建农村金融机构内生发展模型解释与评价维度。模型纳入了机构可持续性、覆盖率和支农使命的目标函数，通过对三者相互间约束关系的解释，发现农村小额贷款组织发展具有天然的"三角冲突"，并针对如何平衡这三方矛盾的发展进行了讨论。

第6章至第8章为研究重点部分。不同类型的小型农村金融机构由于资本构成、设立使命、监管要求不相同，因此研究侧重点和方法也有较大差异，主要是对不同类型金融机构的个性研究，并探索各类农村小型金融机构的发展模式。第6章为村镇银行研究，具体内容如下：①分析村镇银行在全国整体设立的情况，并加入传统银行营业网点增速的对比分析，发现村镇银行村镇增长迅速；②利用迪阳模型分析我国银行布局的演化路径，结合村镇银行天然禀赋优势为村镇银行的发展做出布局和定位，认为村镇银行的发展能有效为资金回流农村创造出一条路径；③通过数据包络分析法构建村镇银行中介效率、规模效率、资本与劳动力投入效率、风险效率和支农效率的实证分析模型，利用广东省的数据进行实证，结果表明村镇银行是可以缓解农村贷款"三角冲突"的良好制度设计；④通过Rosenberg法判定村镇银行可持续运营利率并探讨相关影响因素；⑤在内生视角下探讨村镇银行股权结构与属性的合理构成，并提出相应的发展模式。

第7章为小额贷款公司研究。①首先阐述小额贷款公司发展概况，指出近年小额贷款公司明显处于蓬勃发展的态势；②在覆盖率、可持续性和社会绩效"三角冲突"的框架下利用广东省的数据分析其运行综合绩效，研究表明小额贷款公司发展能基本满足持续性经营的状态，而且随着小额贷款公司的不断设立，其覆盖率不断提高，有效填补了部分乡镇金融服务空白区，但在政策满足程度上表现一般，对更小额度的农村需求主体难以满足；③在"三角冲突"的框架下，参考兼顾社会绩效的评价模式，探讨其相应的发展模式。

第8章为农村资金互助社研究。①分析了农村资金互助社发展的当前状况、面临的难题；②认为现有农村资金互助社在制度安排和业务范围上普遍存在脱离内生约束，导致风险偏离，进而发展停滞不前的问题；③从制度构建的初衷和风险规避的视角，分别从外界经济主体的参与方式和自身的经营方式两个角度探索其运作模式和未来的发展。

第9章结合以上三类农村小型金融机构试点的状况以及试点过程中存在的个性问题，总结出我国的农村小型金融机构试点所遇到的共性问题，并针对这些共性问题所造成的困境进行剖析。

第10章重点考察德国、美国、日本、孟加拉国和印度的农村金融组织发展模式，通过讨论他国农村金融组织运作中资金来源、职能特点和发展模式等方面的经验，探索可供我国借鉴的内容。

第11章主要对农村小型金融机构发展的外部生态环境和自身发展内在要求进行分析并提出政策建议。从外部方面，提出农村小型金融机构应当破除旧体制的约束，构建有利于"三农"建设的新体制，调整组织的注册资本额制度，调整股东构成，完善监管制度安排，完善基础信贷建设。在政策体系方面，着重提出推动农村小型金融机构发展的财政政策、金融货币政策和地方政府的配套政策。在内部治理方面，针对不同类型的农村金融机构提出相应的解决对策，包括拓宽农村小型金融机构的资金来源渠道，确定相对合理的组织发展规模，明确金融互补性定位，在实现支农目标的前提下最大限度地保证金融组织的营业利润，采取措施吸引优秀人才加入农村小型金融机构等。（图1-1）

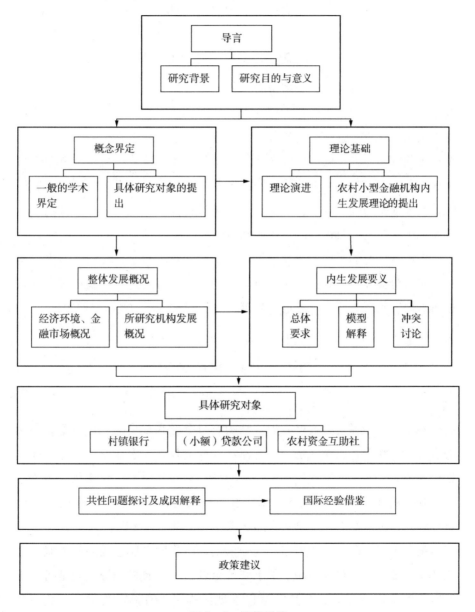

图1-1 逻辑思路

第 2 章 概念界定和相关研究

关于农村金融及农村小型金融机构的发展研究，国内外已经有一定的成果，主要成果大致可以分为理论类和实践类两大方面：一是在其金融理论的拓展和理论验证，主要包括欠发达地区的金融发展理论研究、农村金融市场的理论研究、农村区域经济与金融相关关系研究、机构信贷中介理论研究等；二是对于小型农村金融组织发展过程中具体遇到的现实问题研究，例如成本与收益分析、风险规避、风险转换和风险控制，所处的竞争环境和生存空间，具体的政策落实和适应程度等。

然而从研究的目的和角度出发，各个学者对农村金融和农村金融机构的界定和分类并不一致。下文将对相关的概念及界定进行一番梳理，并根据本书研究需求对研究对象进行界定，同时阐述界定的逻辑和原因。

2.1 农村金融的概念

农村金融的界定大致可分为广义的农村金融和狭义的农村金融。广义的农村金融涵盖着农村信贷、资本流动、期货投资、农业保险、农业证券投资等范畴。而狭义的农村金融所指的是农村的货币资金融通和信用关系的总合（巩泽昌，1984）。人们对农村金融的讨论往往也在狭义的农村金融范畴内，国内对农村金融概念的认识主要有以下两种观点。

第一种观点以地域范围作为划分依据，将我国整体金融划分为城市金融和农村金融。农村金融即区别于城市金融，认为农村金融一般是指农村地区的资金融通形式，在县及县以下地区提供的存款、贷款、汇兑、期货、证券等各种金融服务，包括正规金融和非正规金融（兰京，2013）。

该划分的理由是城市和农村的区域划分界定明确。城市主要以非农产业和非农人口聚集形成大型居民点，由于我国多年来城乡经济社会发展的不平衡导致了现实的金融经济呈现二元结构分布，城市较农村发展程度要高得多，因此，整个国家的金融系统也相应地呈现二元金融结构的形式，至今很多区域仍旧存在着二元金融结构现象，主要体现在城市的金融服务规范程度高、效率高、金融机构多、资金流动量大、利率价格机制鲜明，而农村地区金融机构少、服务效率低下、不规范、法律关系模糊，价格形成机制较为隐蔽。

然而，这种理解方式却是有失偏颇的，单纯从地域范围的角度来理解农村金融是不合适的。首先，金融具有流动性，仿佛人体的血液，难以把某成分的资金定义为是城市的或是农村的资金融通，资本总是自然往收益高的部门和地区流动，即使在农村设立的金融机构，资金也往往流入城市；其次，随着经济的发展，城乡一体化的趋势愈加明显，加上网络金融技术的发展和劳动力的转移，金融服务对象的选择性、差异性降低。本书认为对农村金融的理解需要从整个金融体系的视角来理解。

第二种观点从系统论的角度界定农村金融的含义，从系统论的角度来理解农村金融的概念是比较全面和客观的，我们认为农村金融是整个农村经济系统中的一个内部结构复杂的子系统，是农村经济系统与国家金融系统的一个交叉系统，是在同农村经济系统相互作用的过程中产生的。农村金融不仅受国家整体金融系统的影响，具有国家整体金融的一般性内容，也有其适应农村经济发展实际需要的独特之处，具有理论层面和现实层面的双重概念。其中，理论层面上的农村金融被认为是与国家整体金融保持一致的，具备国家整体金融一般性内容的金融系统，主要包括一系列金融产品和金融服务，例如信贷业务、储蓄业务、国际结算、保险业务、投资理财等；现实层面上的农村金融是指那些适应农村经济社会发展需求的金融系统，并且整个系统各种形式的金融形态随着时间的推进和经济环境的变迁而不断变化，具有动态性。（图2-1）

农村金融与国家金融系统交叉，要求解决的金融原本要关注的问题：风险性、流动性、盈利性。农村金融又与农村经济相辅相成（安翔，2004；陈茂林，2010；陈文俊，2012；程万鹏等，2007；董晓林等，

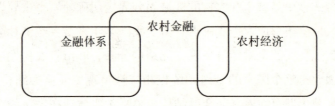

图2-1 系统角度的农村金融观

2004)。根据内生经济增长理论,农村金融发展作用于农村经济增长的主要机理是农村金融发展通过社会边际资本生产率、储蓄-投资转化率、储蓄效应和资源配置效应推动物质资本积累、人力资本积累和技术进步,以促进农村经济增长(陈文俊,2012)。

董晓林等(2004)建立农村地区金融发展与其经济增长相互影响的内生增长模型,程万鹏等(2007)基于内生经济增长理论的 Pagano(帕加诺)模型(1993)之上,运用相关数据分析衡量了我国农村金融对经济增长的支持程度。实证结果表明,农村金融发展对农村经济增长确实具有显著促进作用,因此应进一步深化农村金融体制改革,提升金融对农村经济发展的支持力度,加快农村金融体制改革和结构创新(程万鹏等,2007;董晓林等,2004)。

金融好比一个生物组织的血液,而血是相互融通的,任何一部分的血染毒了,将会传染到整个机体的任何地方,作为金融体系的一个重要角色,农村金融若运行不健全,将对整个金融体系造成影响,并给整个经济体带来较大的不良冲击。农村部门中,各种经济个体,如农业企业、合作社、农户家庭等相当于机体的各个器官,假如没有农村金融的血液流动,那么器官就会坏死,机体就会出现异常,农村金融组织,类似于加工血或分配血的各个枢纽和中转站。农村金融与农村经济相辅相成,目前农村金融就是要解决供血持续能力的问题,农村金融机构的设立是否能很好地为各个农村经济组织引导资金融通流动,亦是本书研究的重点,通过此类比,将农村金融与金融机构研究议题较为形象地刻画出来。

2.2 农村金融组织

一般认为，组织是指由诸多相互联系的要素构成的，从而形成具有整体目标和功能的系统。在概念界定上，机构相对于组织略显正式，被组织的范围涵盖着。所以，农村金融组织往往包含农村正规金融机构和农村非正规金融组织。但目前也有学者论文采用"农村非正规金融机构"的提法，组织和机构两者关系与区别也没有过多较真的区分，往往也会混用。

农村金融组织首先作为具备组织的一般性含义，是由各类农村金融机构作为农村金融组织的各个要素构成的系统。在这个系统中，农村金融组织的各个组成要素之间是相互联系、相互协作的有机整体。从功能的视角来看，这个系统的整体功能就是为"三农"建设项目提供所需的金融产品和金融服务，体现在农村金融组织通过向市场注入大量的价格信息，使得农村各个经济主体能够把握农产品的价格信息，并且能够通过价格信息的传递来进行市场行情判断和科学决策。被概念纳入的参与主体包括农户、基层金融机构、乡镇企业、基层政府机构及基层事业单位等。农村金融组织基于不同的功能可大致归为三类，基于流动性方案解决的，归类为农村信贷类金融组织；基于风险规避方案解决的，界定为农村保险类金融组织；基于盈利方案解决的，可界定为农业资产投资类金融组织。据当前文献研究，学者们研究的农村金融组织往往指的是狭义的农村金融，即信贷类金融组织。而本书所研究的农村金融，亦采用狭义的界定，仅研究信贷类农村金融组织。

（1）根据正规性划分，可分为农村正规金融机构和农村非正规金融组织。如图2-2所示。

正规金融机构是指经政府批准成立、受金融法律法规约束和中央银行监管的金融机构（陈睿，2012），往往具有合法的法人代表、具体的章程和固定的营业场所。主要有政策性银行、商业银行、农村合作银行、城市信用社、农村信用社、村镇银行、资金互助社、邮政储蓄网点、金融资产管理公司、信托公司、财务公司、金融租赁公司、汽车金融公司、货币经纪公司、贷款公司、消费金融公司等（此分类参照中国银行业监督管理委员会网站金融许可证信息）。农村正规金融隶属于正规金融，与其内涵相同，只是服务对象和范围主要围绕"三农"。具体有上述的农村合作银行、农村信用社、村镇银行、资金互助社等，以及其他银行机构在农村的服务网点。

部分学者对农村正规金融组织的分类还加多了一层，具体分为政策性金融机构、商业性金融机构和合作性金融机构。本书认为当前类似中国农业银行、中国邮政储蓄银行即具有政策性，同时也具有追求盈利的商业性，而农村信用社、农村合作银行更是集合合作性、营利性和政策性于一体，因此关于农村正规金融机构，本书采用直列式，当然有可能未能全部涵盖所有分类。

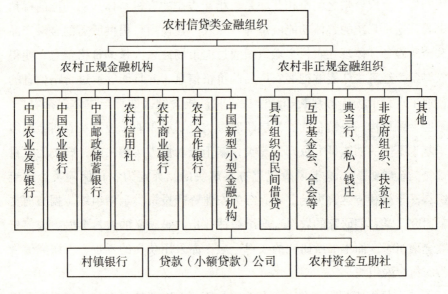

图2-2　农村信贷类金融组织构成

非正规金融是与正规金融（formal finance）相对应的一种称呼，指那些没有被官方监管、控制到的金融活动（Kropp et al., 1985; Isaksson, 2002; Adams et al., 1992）。按照亚当斯和费奇特（1992）的界定方法：受到中央货币当局或者金融市场当局监督的部分金融活动或组织，称为正规金融，所有于中央货币当局或金融市场当局监督之外发生的金融交易、贷款和存款称为非正规金融。我国学者将国内的非正规金融视为民间金融、体制外金融等，因此，目前非正规金融定义较为笼统的，没有形成一个很统一的观点。有学者仅将国有银行以外的都归属为非正规金融（李丹红，2000；姜旭朝，2004）。另外一种是认为非正规金融主要指发生在现有的各种正规金融机构的功能范围之外的不受监管当局监管的金融交易或金融部门（Seibel，2002；张建华，2004；卓凯，2005）。郑振龙等（2005）、刘静等（2011）认为：我国的农村非正规金融是指相对于官方正式金融而言自发形成的民间信用。姜旭朝（2004）认为：农村非正规金融就是为民间经济融通资金的所有非公有制经济成分的资金运动。

（2）根据发展阶段划分，分为传统的农村金融组织和农村小型金融机构。

传统农村金融组织可看作农村金融组织的一个子系统，经过多年扎根于农村领域，形成一道独特的金融服务体制，正规金融与非正规金融相互渗透和同时互补，共同承担着农村资金融通的功能。传统与新型金融组织的划分在正规金融机构区分明显，在非正规金融机构区分程度一般，因为非正规金融机构一直以来游离在法律的灰色地带，其组织形式多样、复杂且容易变异，与其定义新型非正规金融机构不如简明表述为某些传统的非正规金融组织规范化运作或者被一定适用的法律和规章所制约着运行，是规范化的结果。而本段更侧重谈论正规金融机构。

正规农村金融机构的发展大概经历了四个阶段。

第一，初步构建阶段（1949—1978年），该阶段刚经历完战争，百废待兴，在计划经济的同时，相应的农村金融的规划也在不断地匹配。因此，在该阶段可以找到信用社、合作银行、中国农业银行的前身。新中国成立初期，分别在两届全国金融工作会议提出了要构建农村信用社和农业合作银行。第一届全国金融工作会议是在1950年3月，此次会议明确了信用社试点的方针和任务，认为农村信用社是组织农民自助互助的基层信用机构。第二届全国金融工作会议召开于1950年12月，会议提出在农村土地改革之后，农村工作的中心是支持农户和手工业者开展农业生产，而为了贯彻和落实这个中心任务，促进当时非常落后、极为分散的小农经济发展，会议又提出应当在国内筹划建立农业合作银行，这个农业合作银行正是后来的中国农业银行的前身。随后经历的人民公社和"文革"时期，农村金融管理权的变化相当频繁，稳定性不强，且导致一定的经济案件和损失的积累，但同时不排除该阶段农村金融已经起到已有的促进农村经济发展的作用。该背景下，农村金融处于高度集中的金融体制之下。

第二，改革开放阶段（1979—1992年），这一阶段的主要特点是国家第四次恢复建立了中国农业银行，重构了我国农村金融组织，基本形成了以中国农业银行为主体、以农村信用社为中国农业银行基层金融机构的农村金融组织。

第三，农村金融体制新格局阶段（1993—2005年），这一阶段的主要特点是围绕市场经济体制改革的目标，增强了农村金融组织的支农功能。内容主要有：一是组建了中国农业发展银行；二是改革了农村信用社和中国农业银行之间的行政隶属关系，将农村信用社改造为由农民入股、由社员民主管理、主要为社员服务的合作性组织；三是继续改革完善了农村金融体系，基本形成了农村信用社、中国农业银行、农业发展银行、农村商业银行、农业保险和民间金融机构等多层次农村金融组织（徐沈，2012）。

第四，简单定义为当前阶段（2005年至今），为从根本上解决农村地区银行业金融机构网点覆盖率低、金融供给不足、竞争不充分等问题，切实提高农村金融服务的充分性，监管当局在农村开展了一系列新型农村金融机构试点工作（梁静雅等，2012）。随之新的农村金融机构出现，如村镇银行、贷款公司、小额贷款公司、农村资金互助社等在全国各地设立、发展。而该类金融机构被定义为"新型农村金融机构"，在时期上区别于前阶段的"传统农村金融机构"。传统农村金融机构大致可分类为政策性金融机构、农村商业性金融机构、农村合作性金融机构，各自的代表有中国农业发展银行，中国农业银行，信用社、合作银行，等等。（图2-3）

民间金融机构的改革，其中具有代表性的就是农村合作基金会的产生、发展与消亡。1984年开始试点，之后在全国开始推广并逐步发展壮大，截至1998年，全国有近40%的乡镇建立了农村合作基金会。随后，农村合作基金会隐藏着较大的金融风险和开始有风险暴露，因此，国务院于1999年在全国取缔了农村合作基金会。

当前民间非正规金融通常包括以下几类：第一，农村抵押担保机构，指为农户及农村中小企业向农村金融机构的贷款需求提供担保的第三方金融机构，主要包括融资性担保公司、中小企业信用担保机构等。第二，农村民间金融借贷者。民间金融借贷者主要是指那些专门从事邻里之间或亲戚朋友之间的农村借贷交易行为的债权人，将一些借贷期限短、金额数量小的资金，以双方约定的贷款利率贷给他们自身比较熟悉的资金需求者，借贷凭证往往以欠条的形式存在，有时候不需要书面的借贷凭证，口头约定即可。整个借贷程序比较简单方便，一般无须任何担保，仅凭借债务人自身的诚信度。第三，农村合作经济组织联合会，简称"农村合会"，在国外学术界一般被称为轮转储蓄和信贷协会（Rotating Savings and Credit Associations，ROSCA），国内通常称其为"合会""互助会""钱会"等（萧芍芳，2005）。由发起人（会首）邀请亲友若干人（会脚）参加，约定每月、每季或每年举会一次。每次各缴纳一定数量的会款，轮流交一人使用，借以互助。会首先收第一次会款，以后依据不同方式，决定会脚收款次序。按照会脚得会次序的确定方式可以将合会分为轮会、摇会、标会（Besley，1993；Kuo，1996；姜旭朝等，2004）。规范的农村合会主要是指按照某种特定的规则确定合会资金的使用顺序或使用方式，同时依照相关的法律法规加以规范化，最终形成的适合当地农村需要的微型民间金融机构。第四，私人钱庄、典当业、储金会等。往往由少数人（也可以是个人）发起成立的，主要为农村的民间借贷行为提供信用担保、抵押贷款、吸纳闲散资金的中介机构，交易和组织都具有较大灵活性。

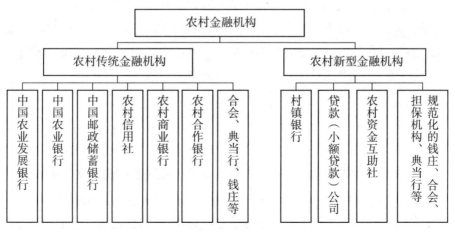

图2-3 按时期划分的农村金融机构

(3)根据规模划分,分为大型农村金融组织和小型农村金融组织。大型农村金融组织主要体现在资产规模大、贷款规模大、机构数目多、从业人数多等特点,反之则为小型农村金融机构,但依据规模大小来对农村金融机构进行划分到目前为止仍没有一个统一的标准,且研究该类界定的学者也不多,本书将通过具体的参数选择和界定判别做出分类,在下文将有较为详尽的分析。

2.3 农村金融机构的划分和小型农村金融机构的界定

依据上文界定,农村金融可分为正规农村金融和非正规农村金融,而本书主要研究对象侧重于分析正规金融机构。针对农村正规金融机构研究所具有的意义主要考究了政策自上而下的引导与其自身内生式发展是否冲突,既要满足政策铺设的目标,又希望其能自行可持续发展,相对于传统的民间非正规金融,其目标多元化亦赋予该课题研究的复杂性和使命意义。下文所有界定针对的都是正规农村金融机构。同时本书认为正规农村金融机构按照传统与新型的划分存在一定的不严谨。第一,时期在变化,虽然新型农村金融机构是出现在新的时期内,但任何一个新的时期都会成为历史,将会迎来另一个新时期,那么新型农村金融机构在未来的含义或许将要更新;第二,新型和传统并没有区分出农村金融机构相对最基本的特征,即农村金融机构规模不尽相同,而不同规模的机构在农村的服务效率、服务对象和生存生态空间不尽相同,仅按照新旧划分,不利于区别其固有特征,不利于类型区分和政策具体指导。

2.3.1 农村小型金融机构的界定

国外设立的类似机构有社区银行,而关于社区银行的定义,国外的一些分析机构和监管者认为,银行资产在10亿美元以下,即为社区银行。尽管银行的大小是界定社区银行最好的单一标准。但这种界定不能包含一些大型社区银行,同时也会错误定义一些小型的非社区银行。总结起来,国外对于社区银行的界定条件包括以下几点：资产在10亿美元以下；一半以上的存款来自一个县域；家庭式所有的银行；提供包括存款、贷款、金融交易等混合型的金融服务；是一个独立的银行或者隶属于一家银行集团。因此，按照规模大小对银行分类进行界定是比较客观且容易操作的。

类似这样，本书将村镇银行、贷款（小额贷款）公司和农村资金互助社这三类机构通过与传统商业银行的对比来界定。通过对可获得资料的部分地区的银行机构进行对比，可以直观地得出关于农村小型金融机构的量化定义。根据表2-1可以看出，农村小型金融机构资产规模整体偏小，最大的资产总额约为15亿元，贷款公司、小额贷款公司、资金互助社的资产规模和贷款规模往往在1亿元左右。与农村信用社、农村商业银行相比，存在约2 000倍的差别。本书选取了全国性的商业银行以及广东地区的金融机构来与小型农村金融机构做一个对比分析。通过以下数据可以看出，小型的农村金融机构资产规模甚至都不到传统农村金融机构的1/100，一般资产规模都在5亿元以下。村镇银行平均资产规模为5.02亿元，平均贷款余额为2.92亿元；小额贷款公司的平均实收资本为0.91亿元，平均贷款余额为1.05亿元。

因此，本书界定的农村小型金融机构并将其纳入研究对象的主要是村镇银行、小额贷款公司、农村资金互助社，与此同时，三类小型金融机构又各具独特的鲜明特征，其运作机制不尽相同，因此对其进行分别研究，期望能产生较为深刻的研究价值。

表2-1 各类金融机构规模比较（2011年）

单位：亿元

	机构名称	资产总额	负债总额
国有商业银行	中国工商银行	154 768.68	145 190.45
	中国农业银行	116 775.77	110 277.89
	中国银行	104 788.37	97 936.23
	中国建设银行	122 818.34	114 651.73
	交通银行	46 093.36	43 333.74

续表 2-1

	机构名称	资产总额	负债总额
股份制商业银行	中信银行	27 658.81	25 871
	中国光大银行	22 792.95	21 649.73
	华夏银行	12 440.11	11 801
	中国民生银行	21 624.6	20 339.59
	招商银行	27 949.71	26 299.61
	兴业银行	23 868	22 718.36
	广发银行	9 189.82	8 662.76
	平安银行	12 581.8	11 828
	上海浦东发展银行	26 846.94	25 351.51
	恒丰银行	4 372.89	4 172
邮政储蓄银行	中国邮政储蓄银行	41 072.07	40 182.72
城市商业银行	广州银行	2 059.85	1 946.13
农商行	广州农商银行	2 737.37	2 523.11
农信社	广东省农村信用社联合社	12 353.1	11 418.46
农村小型金融机构	东莞长安村镇银行	14.99	11.75
	广东中山小榄村镇银行	13.02	10.19
	梅县客家村镇银行股份公司	3.45	3.03
	广东恩平汇丰村镇银行	1.36	1.05
	云浮新兴东盈村镇银行股份有限公司	0.97	0.04
	村镇银行全国平均数据	5.02	4.27
	小额贷款公司全国平均数据	0.91（实收资本）	1.05（贷款余额）
	融达农村资金互助社	0.23	0.21
	益民资金互助社	0.13	0.12

2.3.2 农村小型金融机构的内涵

农村小型金融机构是农村金融机构的子系统，而现有的文献中并没有对农村小型金融机构有一个明确的定义。有些学者用县域农村中小型金融机构把农村银行、农信社、村镇银行、小额贷款公司等涵盖进去（傅昌銮，2013），但农村银行和农信社相对于后三者规模明显更大，不利于本书的界定。同时我们知道农村小型金融机构和农村新型金融机构在概念上不能等同，但结合现阶段大多数学者的研究，发现其所提及的农村小型金融机构和农村新型金融机构所选取的研究对象较为一致（葛永波等，2011；郭军，2013；洪正，2011；李莉莉，2008），并经过上节分析，在研究中直接把村镇银行、贷款公司和农村资金互助社定义为农村小型金融机构的特定研究对象，本书部分评析和文献参考将农村新型金融机构等同于农村小型金融机构并无不妥。

（1）为推进和鼓励农村小型金融机构的发展和支农的落实，政府中央一号文件和监管部门出台一系列的措施有如下体现。

2006年12月20日，中国银监会公开发布了《关于调整放宽农村地区银行业金融机构准入政策、更好支持社会主义新农村建设的若干意见》（以下简称《意见》），《意见》中提出要"按照商业可持续原则，适度调整和放宽农村地区银行业金融机构准入政策，降低准入门槛，强化监管约束，加大政策支持，促进农村地区形成投资多元、种类多样、覆盖全面、治理灵活、服务高效的银行业金融服务体系"。

2007年1月22日，银监会发布《村镇银行管理暂行规定》，旨在规范村镇银行、贷款公司、农村资金互助社的设立与退出、组织机构、公司治理、经营行为及组建审批程序，为新型农村银行业金融机构服务"三农"提供制度保障，促进农村金融体系的完善和农村金融服务水平的提高，并促进城乡金融和经济的协调发展。

2008年中央一号文件提到新型农村金融机构，提出通过批发或转贷等方式，解决部分农村信用社及新型农村金融机构资金来源不足的问题。针对新型农村金融机构的发展初期可能存在的资金来源不足问题而提出的解决途径，要求各个商业银行可以通过批发或转贷的方式参与农村的小额信贷。同年5月，中国银监会、中国人民银行联合发布《关于小额贷款公司试点的指导意见》规范和引导小额贷款公司支持"三农"，支持社会主义新农村建设。各级地方政府相继出台了小额贷款公司管理办法，如浙江省、山西省、广东省等。

2008年党的十七届三中全会上，通过了《中共中央关于推进农村改革发展若干重大问题的决定》（以下简称《决定》），《决定》中强调要加强农村制度建设，建立现代农村金融制度，认为"农村金融是现代农村经济的核心"，应当"规范发展多种形式的新型农村金融机构和以服务农村为主的地区性中小银行"。

2009年中央一号文件认为"在加强监管、防范风险的前提下，加快发展多种形式农村小型金融机构和以服务农村为主的地区性中小银行"。从这些表述中可以看出，与2008年的较为相似。

2010年中央一号文件：积极推广农村小额信用贷款。加快培育村镇银行、贷款公司、农村资金互助社，有序发展小额贷款组织，引导社会资金投资设立适应"三农"需要的各类新型金融组织。

2012年中央一号文件：发展多元化农村金融机构，鼓励民间资本进入农村金融服务领域，支持商业银行到中西部地区县域设立村镇银行。有序发展农村资金互助组织，引导农民专业合作社规范开展信用合作。

2013年中央一号文件：加强国家对农村金融改革发展的扶持和引导，切实加大商业性金融支农力度；创新金融产品和服务，优先满足农户信贷需求，加大新型生产经营主体信贷支持力度；支持社会资本参与设立新型农村金融机构。

2014年中央一号文件：强化商业金融对"三农"和县域小微企业的服务能力，扩大县域分支机构业务授权，不断提高存贷比和涉农贷款比例，将涉农信贷投放情况纳入信贷政策导向效果评估和综合考评体系；积极发展村镇银行，逐步实现县市全覆盖，对小额贷款公司，要拓宽融资渠道，完善管理政策，加快接入征信系统，发挥"支农支小"作用。

（2）农村小型金融机构中的核心组成部分，包括以下四种新型农村金融机构。

第一，村镇银行。村镇银行是指经中国银行业监督管理委员会根据相关法律法规批准的，由境内外金融机构、境内非金融机构企业法人、境内自然人出资，在农村地区设立的主要为当地"三农"提供金融产品和金融服务的银行业金融机构。村镇银行不同于银行的分支机构，属一级法人机构，依法享有由股东投资形成的法人财产权及其承担的相应的民事责任，股东享有资产收益、参与决策等所有者权益，并且以其出资额为限对银行债务承担有限责任。

第二，农村资金互助社。农村资金互助社是指经银行业监督管理机构批准，由乡（镇）、行政村农民和农村小企业自愿入股组成，为社员提供存款、贷款、结算等业务的社区互助性银行业金融机构。其是独立的企业法人，对由社员股金、积累及合法取得的其他资产所形成的法人财产，享有占有、使用、收益和处分的权利，并以上述财产对债务承担责任。农村资金互助社实行社员民主管理，以服务社员为宗旨，谋求社员共同利益，合法权益和依法开展经营活动受法律保护，任何单位和个人不得侵犯；从事经营活动，应遵守有关法律法规和国家金融方针政策，诚实守信，审慎经营，依法接受银行业监督管理机构的监管。

第三，贷款公司。贷款公司是指经中国银行业监督管理委员会依据有关法律、法规批准，由境内商业银行或农村合作银行在农村地区设立的专门为县域农民、农业和农村经济发展提供贷款服务的非银行业金融机构。贷款公司属于有限责任公司，是独立的企业法人，依法享有资产收益、重大决策和选择管理者等权利，享有由投资形成的全部法人财产权，依法享有民事权利，并以全部法人财产独立承担民事责任。贷款公司依法开展业务，不受任何单位和个人的干涉。以安全性、流动性、效益性为经营原则，自主经营、自担风险、自负盈亏、自我约束。贷款公司应遵守国家法律、行政法规，执行国家金融方针和政策，依法接受银行业监督管理机构的监督管理。

第四，小额贷款公司。小额贷款公司是指由自然人、企业法人与其他社会组织投资设立，不吸收公众存款，经营小额贷款业务的有限责任公司或股份有限公司，具有独立的法人财产权，股东享有资产收益权、分配权和决策权。与贷款公司类似，小额贷款公司也不吸收公众存款，享有完全独立的法人财产权，同时以公司全部财产对其债务承担责任。从目前的规定来看，小额贷款公司被定性为"没有取得金融许可证的非金融系统法人"，其业务活动适用于《中华人民共和国公司法》（以下简称《公司法》）规定，未纳入中国人民银行征信系统，在性质上属于游离在法律和市场定位之外的"准金融机构"。

贷款公司和小额贷款公司在功能上较为类似，但对应的监管主体却不相同。但相对而言，小额贷款公司的规模更小，从机构的发展的活力来看，小额贷款公司活力明显更大，且自主性更强。因此，本书在样本选择上，最后以小额贷款公司作为分析样本。

2.3.3 农村小型金融机构的基本特点

依据上文对农村小型金融机构的概念界定，认为我国农村小型金融机构主要包含三个特点，分别是较强的政策性和涉农服务性、宽松的金融机构设立条件，以及灵活的法人治理结构。

（1）较强的政策性和服务性。

村镇银行、农村资金互助社、贷款公司等农村小型金融机构在创建之初就已经形成了明确的服务对象，即服务于"三农"事业：为农业发展服务，提高农业生产力水平，夯实农业的基础地位；为农村经济服务，振兴农村经济，缩小城乡差距，建设成社会主义新农村；为农民自身服务，增加农民收入，提高农民生活水平。我国大多数农村小型金融机构都设立于县级以下地域，立足基层，服务于"三农"，具有较强的政策性和服务性的鲜明特点。根据第2.3.2小节对于农村小型金融机构概念和内涵的详细解释，农村小型金融机构中的村镇银行、贷款公司和农村资金互助社都是经过我国银监会及其相关的监管部门批准成立的，因而要接受银监会等监管部门的政策引导，具有较强的政策性。围绕监管部门发布的政策性指导意见，农村小型金融机构将主要以服务"三农"为根本目的，具体表现在：村镇银行是为当地"三农"事业提供产品和服务的银行业金融机构，贷款公司是专门为县域地区"三农"事业提供贷款的非银行业金融机构，农村资金互助社是为互助社内的社员提供存贷业务的社区银行业金融机构，而这些社员主要是行政村的农户和农村企业。至于其他的农村民间金融机构或个人则直接与农户接触较多，虽然没有经过银监会等监管部门的批准，但是由于掌握了较为充分的关于农户的信息，能够按照农户的要求为其提供相应的借贷业务，所以这些农村民间金融机构也是为"三农"服务的,其发展规模小、分布较为分散的特点适应了当地金融需求的特点。

(2) 宽松的金融机构设立条件。

农村小型金融机构中各类金融机构的设立条件比较宽松,没有像商业性金融机构等规模较大的金融机构那样烦琐的资格认证和审批程序。以设立金融机构对注册资本金的要求和对组织机构及管理制度的要求为例,在注册资本金方面,根据《中华人民共和国商业银行法》(以下简称《商业银行法》)第十三条规定,"设立全国性商业银行的注册资本最低限额为十亿元人民币,设立城市商业银行的注册资本最低限额为一亿元人民币,设立农村商业银行的注册资本最低限额为五千万元人民币"。而对于农村小型金融机构,注册资本相比商业银行明显较少,根据2007年银监会就村镇银行、贷款公司和农村资金互助社发布的暂行规定,对于设立村镇银行的注册资本的规定分为两部分:如果在县域设立,则注册资本的下限为300万元人民币;如果在乡镇设立,则注册资本的下限仅为100万元人民币。对于设立贷款公司的注册资本要求仅为50万元人民币,农村资金互助社设立的注册资本要求就更低了,在乡镇的下限要求仅为30万元人民币,而在行政村的下限要求则只有10万元人民币。另外,在对金融机构组织机构及管理制度的要求方面也存在差异,同样用我国商业银行作为比较的对象,我国对于贷款公司在这方面的要求比较简单,只要有必备的组织机构和管理制度就有设立资格,而对于村镇银行和农村资金互助社的要求则相对严格一些,除了要拥有必备的组织机构和管理制度之外,还要符合银监会关于组织机构和管理制度的相关规定,而对于商业银行的要求则最为严格,需要具备健全的组织机构及其相应的管理制度。由此可见,贷款公司、村镇银行和农村资金互助社、商业银行,三者设立条件的严格程度是依次增强,同商业银行相比,农村小型金融机构的设立条件是非常宽松的。

(3) 灵活的法人治理结构。

农村小型金融机构的法人治理结构比较灵活,股东可以在国家规定的范围内自由选择其入股份额。农村小型金融机构中的村镇银行、贷款公司及其农村资金互助社均是独立的企业法人,以股东的全部投资额作为企业的全部法人财产,同时对其债务承担相应的责任。在企业的法人治理结构上,一般认为公司(企业)法人治理结构应当包含股东大会、董事会(监事会)、经营管理者这三个层次。然而,农村小型金融机构的法人治理结构则相对灵活,具体表现在董事会(监事会)和经理管理者两个层次的设置上:村镇银行可以设立董事会和经营管理层(行长和副行长),规模较小的村镇银行可以只设立董事会,不设立监事会,处于经营管理者的行长可由董事长直接兼任,村镇银行可以根据自身情况有选择地决定是否设立董事会,设立董事会的要行使其决策职能和监督职能,不设立董事会的也应由利益相关者自主行使监督权力;农村资金互助社的理事会相当于法人治理结构的董事会,原则上不设立理事会,应当设立监事会,设立理事会的可与监事会共同对经理(资金互助社的经营管理者)进行监督,监事会可以由入社的社员、捐赠人和向其融资的金融机构组成;贷款公司可以既不设立董事会,也不设立监事会,但是必须要有监管机制来代替董事会和监事会的监督职能,其经营管理者可由股东自行决定。在农村小型金融机构的股权结构分配上,各个农村小型金融机构的股东都具有自由选择权,即股东之间的持股比例在国家规定的范围内可以自由变化。具体表现在:村镇银行的股权结构中,除了作为最大股东的银行业金融机构,持股比例(股东持股数额与银行股本资金总额的比例)为20%或者高于20%,单个股东成员或单一企业法人的持股比例只要低于10%就可以;农村资金互助社的股权结构中,社员即是股东,单个股东的持股比例低于5%的无须经过监管机构的批准就可以投资入股;至于贷款公司,国家至今未对其股权结构做出较为明确的规定,投资者可以自由选择持股比例。

2.4 当前农村小型金融机构的相关研究

2.4.1 有关农村小型金融组织的总体研究

根据服务的目的,目前国外小额信贷机构主要可分为福利主义、制度主义和混合主义三种模式(见表2-2)。

一是福利主义的小额信贷。福利主义以社会发展为首要目标,强调"扶贫"的宗旨,既为贫困群体提供小额信贷服务,也提供技术培训、教育、医疗等社会服务，旨在以低利率、高覆盖面的贷款帮助中低收入群体和穷人解决基本生存问题，尤为重视贷款对贫困群体经济和福利的影响，甚少考虑机构可持续发展，特别是财务可持续性。福利主义小额信贷以孟加拉国格莱珉乡村银行（Grameen Bank）为主要代表，主要受到非政府组织和社会发展机构的推崇。在实践中，这种带有补贴性质的低利率贷款往往出现被挪用的寻租或低效率经营，具有固有的道德风险，因此可持续性程度相对较低。

表2-2 国外小额贷款主流模式的特点及其共同点

主要模式	个体特色	共同点及其联系
以GB①为代表的福利主义模式	1) 在自愿基础上建立互助组织，形成小组担保；小组是GB模式支柱，组内制约规范有效。 2) 具有社会公益性，利率低，关注贫困农户	1) 市场化运作机制。表现为借贷行为商业化、利率标准市场化、先进的借贷技术与服务手段等。 2) 自动瞄准机制。大多选择妇女、中低收入群体为主要贷款对象。 3) 良好的外部环境做保证。总体而言，这些模式并非片面强调福利性或商业化。制度小额贷款同样关心扩大贫困人口的存贷款，福利主义小额贷款同时也关注机构的可持续性，混合主义则两者兼之。强调增长、效率和盈利，已成为目前国际小额贷款机构的发展趋势
以BRI-UD②为代表的制度主义模式	1) 实行内部激励机制。实行较高的商业贷款利率；在规定期限内按时还款，将以降低利率、增加贷款额等作为奖励。 2) 储蓄利率按存款额确定，存款越多利率越高。 3) 更加偏向追求商业化和盈利，覆盖面相对有限	
以普惠新金融为代表的混合主义	1) 具有包容性和普惠性，强调全方位地为社会阶层和群体提供金融服务。 2) 以福利主义为宗旨、以制度主义为手段，既强调覆盖面、社会福利，又强调可持续性	

资料来源：陈梓，《小额贷款公司的发展模式及在中国的实践分析》，载《金融经济》2011年第1期。

二是制度主义的小额信贷。制度主义强调小额信贷机构的财务、操作和组织等方面的可持续性，并在此基础上扩大业务覆盖率，为弱势群体提

---

① 孟加拉国格莱珉乡村银行（Grameen Bank）。
② 印尼人民银行小额信贷部（BRI-UD）。

供更多信贷产品和服务；强调小额信贷机构不能单一依靠政府补贴、慈善性捐款等资金维持，应通过提供金融产品和服务所获得的收入来覆盖高运营成本，而这种可持续性发展正是通过商业化运营和市场化利率来实现的。制度主义小额信贷之所以得到认同，主要是因为：第一，组织可持续发展的小额信贷能吸引商业资本的注入；第二，追求财务可持续的机构具有"财务硬约束"，能缓解"财务软约束"所滋生的浪费、低效和寻租；第三，操作和技术上可持续的小额信贷项目能被迅速复制和推广。制度主义小额信贷以印尼人民银行小额信贷部（BRI-UD）、玻利维亚阳光银行（Bancosol）等为主要代表，是目前国际小额信贷发展的主流趋势，受联合国、世界银行、亚洲银行[①]等机构推崇。

三是混合主义的小额信贷。混合主义以福利主义为宗旨、以制度主义为手段，是制度主义和福利主义两种模式的有机结合，目前已基本发展演变为普惠性金融制度安排[②]。该模式着重于有效的为社会阶层和群体提供全方位的金融服务，并认为小额信贷项目及其组织既要在规模上提供高质量的金融服务满足大范围困人口的金融需求，同时也要以更高的效率向最需要金融支持的极端贫困人群提供金融服务。

国内文献研究可分为宏观研究和微观研究。宏观研究主要针对农村小型金融机构与农村经济的相互作用，结论大多为：农村小型金融机构的产生和发展对于扩大农村金融供给、促进农村经济发展和改善农村信贷环境具有十分重要的作用。例如，陈曙莲（2009）认为推进农村小型金融机构发展，可以为推动农村经济发展提供充足的、多元化的金融服务。郭世辉等（2011）通过对农村小型金融机构的试点进行调研，认为农村小型金融机构的试点有利于改善农户的信贷环境。

在对农村小型金融机构微观层面的研究方面，大多数成果集中在讨论

---

① 亚洲银行在《小额信贷商业化：来自南亚和东南亚观点》中指出："商业化后的小额信贷机构表现出的盈利能力已吸引了新机构进入，并似乎在某种程度上刺激部分商业银行缩减业务规模。"

② 联合国于2005年"国际小额信贷年"倡导建立"普惠金融体系"，即是以商业性经营原则和可持续发展为前提，为包括弱势经济群体在内的全体社会成员，提供全功能金融服务的金融体系。

农村小型金融机构发展的现状、问题和对策上，主要可以概括为以下两部分内容：一部分是从宏观层面上研究全国的农村小型金融机构。卢钦（2010）在分析了我国农村金融体系现状的基础上，讨论了发展我国农村小型金融机构的有效途径。韩杰（2007）列举了当前农村金融的现状和问题，针对我国农村金融面临的问题提出相应的对策建议。罗毅等（2006）在对我国金融服务体系现状分析的基础上，提出了构建我国新型农村合作性金融机构的思路。黎红梅、李波（2010）对农村小型金融机构的现状及其存在的问题进行了分析，然后提出了解决问题的政策建议。崔成伟（2011）对我国农村小型金融机构的发展现状进行了探讨，并结合发展的不足之处提出了相应的政策建议。

另一部分是以某个区域为例研究农村小型金融机构。这部分研究成果主要是从中观的角度考察农村小型金融机构的区域发展问题，首先引入农村小型金融机构在所选区域的发展现状，分析组织在具体发展过程中存在的问题或者面临的困境，最后针对问题或者困境提出农村小型金融机构如何在该区域实现顺利发展的对策。在调查区域的选取上，一般都是选择市级以上的行政区作为调查对象，如沈杰、马九杰（2010）和乔娟（2010）调查了甘肃等地的新型农村金融组织的发展，中国人民银行银川中心支行课题组（2010）调查了宁夏地区的新型农村金融组织，郭军（2011）以甘肃省平凉市为例，奚尊夏（2011）以浙江省台州市为例。

除了上述两部分的研究成果之外，也有学者分别从可持续发展、制度安排、风险管理三个角度对我国农村小型金融机构进行了分析。第一，在农村小型金融机构的可持续发展问题上，西南财经大学金融学院课题组（2011）运用可持续发展的相关理论研究农村小型金融机构的发展，笔者通过对农村小型金融机构可持续发展的影响因素进行分析，构建了农村小型金融机构可持续发展的评价体系，最后给出可持续发展的路径。第二，在农村小型金融机构的制度问题上，年志远等（2009）从制度安排的角度讨论了农村小型金融机构的演进历程、特点及其缺陷，认为应当从适当提高准入门槛、鼓励资本投入、保护股东和存款人的权益、调整监管指标共四个方面来完善制度安排。宋彦峰（2010）从制度的层面分析了新型农村合作金融组织的发展，认为我国农村合作金融组织的制度缺陷包括制度的供给缺陷和组织内部的制度缺陷，最后提出推进新型农村合作金融组织发展的政策建议。第三，在农村小型金融机构的风险管理问题上，张曼（2009）认为，银行业金融机构本身的脆弱性会进一步加剧新型农村银行业金融机构的风险。王建英、王秀芳（2010）以河北省农村小型金融机构为例，从内部和外部两大风险因素的角度构建了农村小型金融机构的风险评价指标体系。曹冰玉、雷颖（2010）通过选择相关的金融指标初步建立了我国农村小型金融机构的信贷风险预警模型，并用某地级市村镇银行8个季度的连续数据验证了该模型的有效性。

还有少数人讨论了农村小型金融机构的某项理论内容。李喜梅等（2009）运用博弈论的分析方法对我国农村小型金融机构履行社会责任的行为理论进行了研究，认为如果农村小型金融机构和利益相关者只进行一次博弈，那么博弈的结果表现为农村小型金融机构不履行社会责任，但如果进行多次的重复博弈，博弈的最终结果就会促使农村小型金融机构履行社会责任。吴占权（2009）对农村小型金融机构的贷款定价理论进行了探讨，认为其贷款定价不应当过多考虑价格竞争力、市场份额等因素，应当从资金成本、业务操作成本、风险补偿、客户资信和实现利润等因素出发，为贷款定出合理的价格。王学忠（2010）对农村小型金融机构的注册资本额制度理论进行了研究，认为由于注册资本的功能在不同类型农村金融机构中的体现不同，在不同地区的同类机构中体现也不同，因此主张注册资本额制度的调整应根据不同类型采取不同的注册资本标准。张立华（2011）研究了新型农村金融服务业的发展理论，认为应当构建多层次的新型农村金融服务业体系，同时配合以加强政策支持、优化外部环境、强化市场监管等配套措施。李珂（2010）以中西部地区为例，研究了发展农村小型金融机构的财政政策理论，认为这种财政政策支持应当既要考虑到不同农村小型金融机构的贷款利率差别，还要注意到财政政策的支持是否有利于推进金融机构的可持续发展。

2.4.2　有关村镇银行发展的研究

村镇银行是我国农村小型金融机构的重要组成部分，对于促进新的农村金融市场体系形成、带动农村经济发展具有十分重要的作用。在探讨村镇银行存在的必要性问题上，高丽平（2007）通过分析认为村镇银行影响着农村经济的发展，表现在村镇银行规范了农村的非正规金融市场，留住了部分农村资金，促进了农村金融市场的多元化。李力峰（2010）认为村镇银行可以解决我国农村小企业的贷款问题，徐信艳、马晓青（2010）认为村镇银行有利于缓解农村金融供给不足的矛盾，促进农村金融市场趋向均衡有关村镇银行的研究相对较多，而且大多数集中在对于村镇银行存在的问题及其相应的解决对策方面进行研究。王修华等（2010）认为村镇银行的发展受到了很多制度因素的限制，包括发起机构主体单一，发起条件苛刻，基础系统和支持政策不完备等。李东卫（2009）认为我国村镇银行的发展主要存在着金融产品陈旧、吸收储蓄能力不强、运营成本较高等问题，他提出今后村镇银行的发展方向要以"三农"为服务对象，创新金融产品和服务，并且实施严格的风险管理。张儒雅（2011）和侯鑫（2011）对村镇银行发展的优势和劣势进行了分析，认为应当以加强内部建设和营造外部环境两方面相结合的方式实现村镇银行的可持续发展。阮勇（2009）从村镇银行在农村金融市场中的定位入手，分析制约村镇银行发展的因素，然后针对这些因素给出改善的建议。谷小勇（2010）认为有三个问题制约村镇银行的可持续发展，即设立目的和管理方式之间存在矛盾、"三农"概念过于宽泛和吸收储蓄困难，而解决这些问题，需要建立"三农"贷款风险分摊与补偿机制，同时对于村镇银行的贷款服务给出清晰的"三农"概念的界定，而且要大力提高村镇银行在农村地区的公众认知度，以及在地级市的建制区设立专门吸储的村镇银行分支机构等。

李佳勋、李凤菊（2011）引入国外金融机构解决农村金融问题的银行模式，并结合我国村镇银行的现状进行了利弊分析，认为村镇银行应根据各地金融市场的特点，创新自身的金融产品。谢小蓉（2008）认为资本金问题、担保问题、金融产品创新问题限制着村镇银行的发展，因此建议构建政府、村镇银行、农户的合作机制，从而突破这种发展的限制条件。朱海城（2011）认为我国村镇银行存在着市场定位欠佳、吸纳存款难、法人治理结构不健全等问题，因此建议村镇银行不仅应加强自身建设，还应严格监管。

赵冬青、王树贤（2010）采用描述统计和二元 logit 回归模型等计量分析的方法，对我国村镇银行的发展现状作了实证分析，结论显示：村镇银行在发展目标上存在着多重目标，在选址上一般选择在经济较为发达的县（区）。还有学者以某个区域为例，讨论本区域村镇银行的问题及其对策。胡秋灵、王菲菲（2010）基于西部地区是我国村镇银行的主要试点地区这一现实，对西部地区村镇银行的发展现状、存在的问题及其相应的发展对策依次作了分析，认为村镇银行的发展应因地制宜地采取创新金融产品和信贷模式的方法，同时还需优化村镇银行的经营环境。兰秀文、杨晨（2010）通过引入内蒙古地区村镇银行发展的基本概况，探讨了其发展中存在的问题及其相应的对策。谌争勇（2010）则以湖南省桃江建信村镇银行为例，讨论了村镇银行发展的难点及其对策。

村镇银行在治理结构方面，发起银行一股独大，将自身的治理模式直接引入，使得村镇银行成了发起人的分支机构，人员管理和业务经营受到限制，自主经营难以发挥，加上银行股东的非农倾向以及其他股东的关联交易倾向，使得村镇银行的"使命漂移"；在资金来源方面，由于缺乏政府隐性担保，公众认同度低，加上农户及乡镇企业闲置资金有限，网点少，以及来自其他存款性金融机构的强势竞争，资金来源不足（王曙光，2009；等）；在监管方面，缺乏针对村镇银行特质的可操作性监管标准，严监管有名无实；在政策方面，没有税收优惠，也不享受不良贷款财政冲销，支农激励不足，配套政策不健全；在风险方面，农村信用环境差，加上农业的弱质性及风险分摊机制缺乏，风险过于集中（王晓燕，2009；徐瑜青，2009；等）。

2.4.3 有关贷款或小额贷款公司发展的研究

截至 2011 年年底，小额贷款公司尚处于发展的初期，国内有关小额贷款公司发展的研究成果不多，一般是集中在对小额贷款公司发展存在的问题，对相应的解决方案进行初步研究。管红萍（2009）认为小额贷款公司存在着资金短缺、风险意识淡薄、缺乏有效监督等问题，提出应当降低公司的运营成本，规避可能存在的金融风险。鲁园芳（2011）认为小额贷款公司存在的问题主要有资金来源的不可持续、盈利空间的狭小和有效风险控制机制的缺乏。胡秋灵、孙瑞霞（2010）分析了西部地区小额贷款公司面临的发展困境，认为一方面国家应出台积极的扶持政策，增强小额贷款公司的盈利能力；另一方面有关的监管部门应明确各自的监管职责，对小额贷款公司发挥持续的监管作用。还有学者对小额贷款公司存在的风险进行了研究。严昀镝（2009）认为我国小额贷款公司存在着贷款资金来源单一、资金回笼困难等诸多风险。为了控制小额贷款公司发展存在的风险，严昀镝建议在构建严格的信用评级制度、拓展公司发放贷款的资金来源渠道以及提高农户的偿还能力等方面采取措施，着力消除在发展过程中遇到的障碍。

对国内研究文献的简要评述综合国内已有的研究成果可以发现，自从我国2006年开始试点农村小型金融机构以来，学术界已经形成了针对农村小型金融机构发展的基本认识，其中有对农村小型金融机构的整体认识，也有对各类农村小型金融机构的局部认识。

然而，国内的这些研究至少存在两方面的不足：一方面，大多数学者对农村小型金融机构的认识主要停留在实践的层面，没有上升到理论高度，缺乏对于农村小型金融机构的理论性研究成果，尤其是对于农村小型金融机构发展理论的研究较少。另一方面，对于农村小型金融机构的理论研究方法不够系统。虽然有学者从理论上对其进行了研究，但都是从某个角度入手去研究农村小型金融机构的某个方面的内容，而且研究角度不同，相应的理论内容也存在差异。由于各类理论内容之间缺乏应有的连贯性，所以至今尚未形成一整套完整的理论体系。

2.4.4 有关农村资金互助社发展的研究

在对农村资金互助社的研究方面，主要划分为三大类：第一类是研究农村资金互助社的特点；第二类是研究农村资金互助社的具体分类；第三类是研究农村资金互助社的发展现状。

首先，对于农村资金互助社的特点，王玮、何广文（2008）认为在运作机制上，各个地区的农村资金互助社存在着共同点，具体表现在四点：

一是实行多样化的股金设置,有助于互助社进行多渠道融资;二是对于风险控制与管理、保障资金安全流动的借款额度进行设定;三是资金只能在社员内部有偿使用,对非社员的借款来说具有限制性,且对不同的借款人实行差别化利率;四是设立了一种自动充实资本金的模式,随着农户资金需求的扩大,资本金自动充实增长。

其次,对于农村资金互助社的分类,中国人民银行合肥中心支行课题组(2008)将农村资金互助社划分为三类,分别是财政资金援助型、外部捐助型和完全互助型。张德元、张亚军(2008)对已成立的几种典型农民资金互助组织进行调查,从经营模式的角度对农村资金互助社的类型进行了归纳,认为可划分为四类,依次是生产合作社内生型模式、内生型集成合作模式、外因推动型资金互助合作模式和公益型资金互助合作模式。

最后,关于农村资金互助社的发展现状研究,大多数学者认为农村资金互助社的成立缓解了农村资金供给和需求的矛盾,对其所发挥的重要作用持肯定看法。罗荷花、李明贤(2008)对农村资金互助社试点进行调查,认为农村资金互助社将会是我国农村金融组织创新的突破口,是未来服务三农、建设社会主义新农村的重要力量,能够为发展农业生产及社会主义新农村建设提供更好的服务,从而实现发展农村经济和增加农民收入的目标。

徐元明(2007)通过研究江苏省盐城市三家资金互助社的发展实践结果表明:农民资金互助社是农户自我服务的金融组织,具有内联农户和外联市场的双重属性,具有现有商业性金融机构不可替代的作用。潘林(2008)对安徽省太湖县小池镇"银山农村资金互助社"和明光市潘村镇"兴旺农民资金互助合作社"进行调查,从经营方式、内部治理结构以及组织形式等多个方面进行比较分析,调查结果显示:农村资金互助社在农村经济发展中具有重要作用,在满足农村地区多样化的资金需求,促进农民消费、投资以及应对风险上具有无法替代的作用。也有学者认为农村资金互助社不可能完全解决农村的资金供求矛盾,所提供的金融服务不可能满足所有农户的需求。如张德元(2007)以试点于安徽小井庄的农村资金互助社为例,提出了农村资金互助社难以涵盖农户所有的资金需求的问题。张德元认为由于农村地区存在着多元化的农户需求,不同地区、不同阶层农户的金融需求存在差异，因此农村资金互助社只能满足农村短期的、小额的资金需求。

2.5 本章小结

本章主要通过文献梳理再次定义了农村金融组织的内涵，另外通过数据对比，界定了农村小型金融机构，并确定了研究的对象。

对于农村金融以及农村小型金融机构的发展研究，国内外主要成果大致分成两大方面：一是在其金融理论的拓展和理论验证，二是对于小型农村金融组织发展过程中具体遇到的现实问题研究。农村金融可分为正规农村金融和非正规农村金融，而本书主要研究对象侧重于分析正规金融机构。根据机构服务的目的，目前国外小额信贷机构主要可分为福利主义、制度主义和混合主义三种模式。福利主义的小额信贷以社会发展为首要目标，强调"扶贫"宗旨；制度主义的小额信贷强调小额信贷机构的财务、操作和组织等方面的可持续性；混合主义的小额信贷以福利主义为宗旨、以制度主义为手段，是制度主义和福利主义两种模式的有机结合，目前已基本发展演变为普惠性金融制度安排。

针对农村正规金融机构研究所具有的意义主要考究了政策自上而下的引导与其自身内生式发展是否冲突，既要满足政策铺设的目标，又希望其能自行可持续发展，相对于传统的民间非正规金融，其目标更加多元化。

第3章 农村金融机构发展的理论基础

关于内生金融理论的提出,如何吸收原有理论精华,如何认识到原有理论的不足,然后再提出内生金融理论的视角,是本书理论逻辑构建的关键。

学者们主要从两个方向来研究内生金融:一是以经济货币化程度为对象来探寻制约金融发展的产权、法律制度、金融自由化程度等内生变量及其作用机理(姜烨,2004;江春,2006;等);二是将生态学的概念引申到金融领域,强调通过完善法律制度等途径来改进金融生态环境,从而推动整个金融系统的改革和发展。后者,学者们虽然将系统论引入了金融领域,但多数关注的是城市金融,且只研究金融生态环境对金融机构发展的制约及环境的优化,缺乏反向或双向互动研究(周小川,2005;李扬,2005;等);少数关注农村金融的学者,以城市金融生态环境为蓝本,比较分析农村金融生态环境的优劣(王辉,2006;李毓,2007;等),严重偏离了内生金融的本意。

研究农村小型金融机构发展理论,主要具有以下三个方面的理论意义。第一,农村小型金融机构内生发展理论是对农村金融发展理论的重要补充。农村金融发展理论的内容包含着一系列农村金融组织的发展理论,包括农业信贷补贴理论、农村金融市场理论、不完全竞争市场理论、金融结构与金融效率理论等,这些发展理论都来源于农村金融机构发展的具体实践。农村小型金融机构的设立和发展是对原先计划经济体制下农村金融组织的发展模式突破和发展理论创新,不仅在理论上提出了缓解我国农村金融市场供求矛盾的解决思路,而且新增了村镇银行发展理论、农村资金互助社发展理论和贷款公司发展理论,为我国农村金融市场理论体系的进一步完善提供了直接的理论支撑。第二,农村小型金融机构内生发展理论是对农村经济发展理论的丰富和发展。农村金融同农村经济是相辅相成、互为促进的,农村金融是农村经济的重心,农村金融理论是在农村经济发展理论体系中处于核心地位的理论,同时农村小型金融机构发展理论又是农村金融理论的重要组成部分。本研究从内生的视角探索农村小型金融机构发展过程中面临"三角冲突"的根源,并构建了解释的模型,该模型对开展农村金融组织研究提供了一个重要学术研究基础,不仅完善了原有农村金融理论的不足之处,而且也丰富和发展了农村经济发展理论,对农村经济发展实践具有重要的理论指导意义。第三,通过数据包络分析法构建农村小型金融机构效率评价模型,利用村镇银行数据实证研究发现中介效率、规模效率、资本与劳动力投入效率和支农效率并不存在冲突,表明改善的农村小型金融机构制度设计可以克服"三角冲突"并实现覆盖率、机构可持续性和支农使命三个目标的激励相容。第四,农村小型金融机构在机构设立成本、利率主动权和消除信息不对称等方面有着天然优势。其可以依据不同的市场规模匹配最适投资规模;在监管允许的利率空间下针对不同客户不同产品调整到最适利率;通过软信息的获取和利用能够很好地规避小额贷款风险,可以为农村和社区推出更多小额贷款服务,形成新的金融供需市场,这既是对传统农村金融理论的拓展,又是信息经济学理论在农村金融服务领域的崭新运用,以下是相关的理论基础。

3.1 金融结构与经济发展

美国金融学家戈德史密斯教授1969年提出了金融结构理论,他在著作《金融结构与金融发展》中提出几个概念,金融结构即金融工具和金融机构的相对规模;各种金融工具和金融机构的形式、性质及其相对规模共同构成了一国金融结构的特征;金融结构随时间而变化的方式在各国不尽相同(戈德·史密斯,1994)。金融结构的核心思想认为,一个国家的金融结构由这个国家现有的各种金融工具和金融机构共同构成,包括金融工具和金融机构规模、经营特点和经营方式,以及金融中介机构的集中程度等,而且该结构会随着时间发生变化。

金融结构理论提出，金融结构是由低层次逐步往高层次演进，金融工具种类也会越来越多，而债权证券占金融工具总额的比例逐渐降低，股权证券所占比逐步提高。金融机构结构的变化表现为机构种类越来越多，占金融资产总额比例也不断增加。在整个金融机构体系中，银行的主导地位逐渐被削弱，非银行金融机构的地位随之不断提升。可以看出，金融结构的优化表现为金融工具和金融机构的多元化发展。而农村当前直接融资渠道仍十分狭小，而进一步对该理论进行推展，即单一的资金供给主体地位被打破，形成更多的资金有序供给有助于农村经济的盘活发展。关于集中程度的打破，具体可验证在多种中小型、新型农村金融机构的设立，令金融供给主体集中程度降低。

长期以来，农村金融体系处于滞后状态。农村地区银行业金融机构营业网点覆盖率较低，国有大型银行对中小企业、农村的供给不足。在当前社会经济结构发生深刻变化的背景下，客观上产生了以村镇银行、小额贷款公司为代表的农村小型金融机构的制度需求（王爱俭，2005）。多元化的金融机构和金融工具才能够促进金融结构优化，进而推动经济的发展。

3.2 金融抑制、金融深化和金融约束

20世纪70年代中期，麦金农和肖提出"金融抑制"和"金融深化"理论，他们认为发展中国家经济落后的原因在于其金融发展受到了抑制，这种抑制主要是由于发展中国家的市场经济体制不够健全和完善，直接影响了金融发展的速度和效率，政府的干预不但没有起到促进本国金融发展的效果，反而阻碍了金融体系的自我完善和发展，造成了金融发展的滞后，而金融的滞后又进一步阻碍了经济的发展，形成了金融与经济双重滞后、相互制约的不良局面。

3.2.1 金融抑制

罗纳德·麦金农（R. I. McKinnon）最早提出"金融抑制"理论，该

理论认为由于政府过多干预金融活动和金融体系，阻碍了金融体系的正常发展，进而导致发展经济缺少金融的充分支持，造成两者之间的恶性循环。更具体的是指围绕低利率和低汇率而由政府机构去实施的一系列措施，主要是由政府干预金融市场，人为地规定利率的上限，将利率和汇率等压低至市场均衡水平之下，造成金融体系的发展严重滞后。在较低的利率控制下，虽然使社会有较高的投资意愿，却由于社会储蓄严重不足，无法支撑高的投资需求，即这种短缺的资金供给无法适应社会高的投资需求。此时，如果社会必要的投资需求都得不到满足，将直接影响国民收入的增加，同时也延缓了经济的增长速度。此外，发展中国家实施的金融抑制措施不利于缓解财政赤字和通货膨胀，反而会加剧通货膨胀，这将促使政府采取为治理通货膨胀而进行金融抑制的措施，而金融抑制又可能带来金融停滞，束缚了金融的发展。

因此，从这个意义上看，金融抑制的产生是由于发展中国家的经济落后，金融体系不健全，市场机制不够完善，金融机构的基础设施建设跟不上国内金融的需求，其本质在于金融资源的匮乏。

在前些阶段，中国由于利率管制，城市和农村地区的利率几乎统一，该利率水平在以往的文献论述，相对于城市来说，基本合理，而对于风险高的农业部门，其处于实际上的低水平，那么金融机构不愿意在这些低的利率水平状态提供进一步的金融供给，由此形成的金融抑制所带来的负面作用阻碍着我国农村金融的发展，国家对于金融和利率的管制，使得原有的金融机构自然地形成脱离农村转向城市发展的趋势，农户的金融需求不能从正规金融机构处得到满足，造成了农村地区金融供给不足等问题。

3.2.2 金融深化

爱德华·肖（Edward S. Shaw）提出若取消政府过多干预金融活动的行为，就会使金融与经济得到良性发展，该理论被称为"金融深化论"。金融深化论提出三个具体的表现：一是不断扩大的金融资产规模，可以用金融相关比率来衡量；二是金融工具与机构的优化；三是逐步健全与完善的金融市场运行机制。金融抑制论与金融深化论这两个理论实际上是从两个不同的角度，分析同一个问题。后来学者使用不同的方法也证明和补充了该理论并进一步修正了该理论，有学者通过实证分析发现，若取消金融管制并且提高利率，则会使投资回报率呈相关增长。但实际情况却是，大多数发展中国家对利率市场的管制程度不一，并没有放开利率市场。

综上分析，金融抑制和金融深化论的解释为，金融发展与经济增长相辅相成、相互促进，只有摒弃金融抑制，才能发挥金融对经济增长的促进作用。

金融机构的改善与经济的发展是一种互为促进的关系，而金融深化可以被看作是体现这种互动关系的两个阶段的动态规划，即第一阶段是通过金融体制改革，放宽市场利率限制，促进利率的市场化和金融机构的自由化发展，为经济发展创造良好的金融环境；第二阶段是当金融发展到一定程度，以金融业的繁荣来带动经济的发展。因此，金融抑制强调政府干预，而金融深化又反对政府干预，强调金融市场的自由。

西方经济学界认为金融抑制和金融深化是认识发展中国家金融发展问题的两个常用角度，金融抑制是过度的政府干预金融市场，而金融深化却又是完全的政府放任。然而，金融深化隐含着一个重要的前提假定，即利率的市场化需要具备完全的信息对称，金融市场的交易双方都能及时准确地获得对方的真实信息，每当利率发生变化时，投资者便可以立即获得信息并做出相应的投资决策。现实当中的金融市场却并非如此，金融市场的交易信息是瞬息万变的，投资者是不可能获取完整的真实信息的，存在着信息不对称现象，这种信息不对称现象又导致了金融市场不能自发地引导金融资源流向投资利润高、经济效益好的项目，使得金融市场出现失灵的现象。

市场的一个基本规律，投资风险越高，金融机构的期待利率越高。意味着在农村地区利率越高，而往往资金会偏离正常贷款者的需求。真正需要贷款的指望于高企的利率，而类似赌徒这类群体反而更愿意承担高利率来冒险，若金融机构将款项借给该类群体，将面临更大的风险，进而形成农村金融供给的"柠檬市场"。正因为金融市场的失灵，金融深化措施不能引导金融市场发展到理想的状态，需要政府加以适当的行政干预，通过适当采取一些制度性措施来纠正金融市场的失灵状况，引导金融市场趋向金融深化。

3.2.3 金融约束

基于这种背景，经济学家赫尔曼、斯蒂格利茨等人从信息不对称的角度提出了政府应对金融市场给予适当的制度约束，以规范金融市场的交易行为，同时规避金融市场存在的交易风险，并使该行为成为金融约束。在现实的交易过程当中，由于信息不对称，使得金融市场的交易行为存在着逆向选择现象，具体表现在利率不是资本市场的均衡利率，不能真实地反应资本市场的资本品价格。

逆向选择是指这样一种现象，即当存在信息不对称的情况时，通过改变利率提高某些资本品的价格，生产厂商不会增加对此类资本品的供应量，投资者对此类资本品的需求量却呈现增加趋势；降低这些资本品的价格，生产厂商也不会减少资本品的供应量，而投资者却减少了对此类资本品的消费。进而出现劣质资本品驱逐优质资本品的反常现象，导致市场交易产品的平均质量下降。

综上所述，本书认为金融约束是连接金融抑制和金融深化的中间环节，是从金融抑制转向金融深化的过渡阶段，发展中国家应当吸纳金融约束倡导者所提出的一些政策主张，争取把握住政府干预和调节的力度，以金融深化为最终的理想目标，实现经济和金融相互促进、共同发展的良好局面。

金融约束论具体于中国的实践体现在当前引导正规小型金融机构的铺设，正规金融与非正规金融的区别主要在利率与规模可处于政府控制状态，而金融约束主要从外生金融视角来解决农村金融问题，相对于如何盘活整个小型金融机构与经济的关系，理论上仍欠支持视角。

3.3 农业信贷补贴论、农村金融市场论与不完全竞争市场论

经济学家根据金融发展理论的轨迹，结合农村发展现实，提出农村金

融的三大理论——农业信贷补贴论、农村金融市场论以及不完全竞争市场论。这三大理论都对农村金融发展进行了理论分析，并提出了具有代表性的政策主张。

3.3.1 农业信贷补贴论

农业补贴论形成于20世纪80年代以前，其倡导者认为农村居民由于自然禀赋和历史因素等，农业产业较其他部门效益为低，收益具有较多的不确定性，农民收入长期处于低下的水平，基本上没有储蓄的能力，也缺乏储蓄的动力，再加上农业产业的回报具有天然不稳定性，这违背了商业银行的利润最大化原则，商业银行等正规性金融机构一般都不愿意为农业产业融资，从而加剧了农村资金严重不足的局面，进一步恶化了农户的贫困程度。

基于以上原因，农业信贷补贴论提出，改善这种局面的有效途径就是政府有必要干预农村金融市场，通过采取适当的政策从农村外部注入资金，以满足农村企业和农户的资金需求，并且这种针对农村地区的注资是完全非营利性的，可以考虑构建政策性农村金融机构；另外，规定农村金融机构的利率要低于城市地区的利率，支持农业产业发展的金融机构利率也要低于支持其他产业发展的利率，较低的利率是为了保证农村企业或农户有机会从金融机构获得资金，抑制存在的高利贷现象，从而积极地投入到农业生产中去。

然而该理论亦有偏颇之处，第一，亚洲国家的经验显示，即便是贫困户或者低收入农户，此时如果增加一些相关的激励和引导措施，这些贫困群体中的大多数也是有储蓄倾向和储蓄能力的。第二，政府的干预，导致了较低市场利率，这严重抑制着农村金融机构的发展；并且曹胜林(2012)认为随着农业信贷补贴额度的增加，贫困农户获得贷款的难度就越大。若长期施行信贷补贴政策，则会促使农村金融机构形成依赖外部资金的习惯，从而难以构建一个真正服务于农村的金融市场。因此，政府干预利率市场的行为很难从根本上解决农村资金供给困难的局面。

3.3.2 农村金融市场论

为探索农村金融发展道路，填补农村信贷补贴论的不足，在20世纪80年代之后，以亚当斯为代表的一些学者认为政府的干预不仅压制了农村金融机构的可持续发展，而且对于解决农村地区的贫困人口的收入问题没有起到有效的促进作用，因此他们提出了农村金融市场理论。与农业信贷补贴论恰恰相反，农村金融市场论认为，农村的低收入群体，即便是最贫困的农户，都是有储蓄能力的，只是在现实当中表现得不够充分。他们还认为，为抑制高利贷而采取的低利率政策不利于鼓励当地农户的存款，如果农村地区长期施行低于城市地区的利率规定，将使得农户更加愿意将资金存放在城市地区的金融机构，而不愿意存放在农村金融机构，这造成了农村资金从农村流向城市地区，加重了农村地区的资金不足，而且较低的利率也无法保证农村金融机构的营业收入。换个角度看，高利率在农村地区存在具有一定的合理性。而且，该理论认为政府不需要干预农村金融市场的利率，政府该做的仅仅是提供一个良好的外部金融环境。

因此，农村金融市场论的倡导者主张农村金融机构改革至少应包括三方面：第一，应当根据农村地区的储蓄实际，鼓励和动员当地农户进行储蓄，这样不仅有利于盘活农村地区的资金，平衡农村地区的资金供求，而且有利于充实农村的自由资本，增强农村金融机构的信贷能力。第二，不应人为地对利率进行强行规定，如规定利率的上限，这样会造成负利率现象，抑制了金融机构的发展，正确的做法是将利率交由市场，让利率随市场行情的变化自由浮动。第三，政府应当允许农村非正规性金融机构存在，将非正规性金融机构同正规性金融机构的优势联系起来，形成优势互补、共同发展的局面。

首先，从该理论的实践经验来看，利率的市场化以及农业信贷补贴的取消使得非正规金融机构获得了一定程度的发展，但同时，农户的借贷成本被相应地放大。农村大部分是弱势群体，再加上农户抵押担保物的缺失，更得不到低成本、高质量的贷款，而面临着高成本甚至受到胁迫的非正规金融贷款，有失公平。其次，利率的二元化存在，会导致市场存在无风险套利机制（若在农村区域的存款利息比城市贷款利息还高的话，将会出现此现象：在城市获得贷款，在农村进行存入），危害金融体系。其三，金融市场化不利于政府的监控，尤其非正规金融的监控难度相当大，而近年较多金融事件的爆发亦是由非正规金融组织引发。

3.3.3 不完全竞争市场论

20世纪90年代，东南亚等国家爆发了规模较大的金融危机，相关学者通过反思亚洲金融危机及一些发展中国家在经济转轨阶段所暴露出的金融问题，意识到一个严重的问题，即政府不能完全放开对金融市场的管制，这会导致金融市场的混乱。农村金融市场论提出的完全依靠市场去推进农村金融机构发展有明显的理论局限性，完全依靠市场并不能保持金融机构的长期稳定和可持续发展，市场机制并不是无所不能的，在某种情况下也存在着失灵现象。

基于此，Stiglitz、Weiss（1981）提出了不完全竞争理论，从信息不对称的角度出发，提出信息不对称问题较大范围地存在于发展中国家的农村金融市场，因此，为了有效遏制逆向选择和道德风险现象的产生，需要当地政府的合理介入。通过对农村的金融市场做出较为深入的分析，认为在农村市场机制失灵的领域适当地介入政府干预是必要的。

政府的合理干预可以通过以下三点来实现：一是提供有利的宏观金融环境；二是逐步放开管制，但要控制好存贷利率；三是鼓励非正规金融机构的发展，扩大金融供给总量。

在这种思路的指导下，不完全竞争市场理论的倡导者进一步提出如何培育和发展农村金融市场的政策建议，主要体现在三个方面：第一，在农村金融市场发展的初期，主张适当采取抑制农村金融机构存贷利率，但是要保持利率的非负性和银行等金融机构的基本利润，避免农村储蓄缩水。第二，在农村地区出现信贷供求失衡时，尤其是产生过度资金需求时，可以考虑从外部引入资金，此时农业信贷补贴论中有关政府干预的措施是有效的。第三，为减少信息不对称带来的信用风险，可以考虑采取让贷款农户进行互助合作、联合担保的方式，同时可以采取以实物进行担保的方式进行融资，这样不仅可以最大限度地提高贷款的回收率，而且可以扩大农村的融资规模，增加农村的自有资金数量。

3.4 农村内生金融发展理论的提出

在金融和经济发展的关系上，20世纪90年代的金融理论家延续并改进了麦金农－肖学派的观点。一方面，他们也认为金融发展与经济增长之间能相互产生影响；另一方面，他们探讨金融发展更深层次的问题：什么是金融发展的内生根源？金融体系是如何内生形成的？为什么有的国家发展出了较好的金融体系，而其他的没有？带着这些问题，金融理论家在前人研究的基础上，将内生增长以及内生金融中介体加入模型中，对这两者的内生形成以及相互之间的关系等问题进行论述。

在早期，Schumpeter（1912）、Hicks（1969）、Goldsmith（1969）及McKinnon et al.（1973）都有大量深刻的论述。到20世纪90年代，经济学家分别从跨国的层面（King et al., 1993）、行业的层面（Rajan et al., 1998）、企业的层面（Demirguc），以及运用时间序列的方法（Rousseau et al., 1998; Rousseau et al., 2000）、面板计量的方法（Beck et al., 2000）、历史的方法（Rousseau et al., 1998; Rousseau et al., 1999; Rousseau et al., 2001）、案例的方法（Guiso et al., 2002）来研究金融对经济发展的影响，大量研究发现，金融对经济发展至关重要。

什么是金融发展的内生根源？金融体系是如何内生形成的？为什么有的国家发展出了较好的金融体系，而其他的没有？现在关于这些问题的研究主要集中在以下三个方面：①风险管理与金融发展。衡量金融发展程度的一个重要的指标是风险管理水平的高低，风险管理水平随着金融的发展而提高。②交易成本与金融发展。金融最为核心的功能之一是减少交易成本，金融市场相对其他市场在信息获取和传播方面具有比较优势，这有利于交易成本的降低。因此，交易成本会随着金融的发展而降低。③信息不对称与金融发展。通过搜寻和披露投资者的信息有利于信息不对称现象的缓和。因此，信息不对称现象会随着金融的发展而减少。

国外的研究具有开创性，得出了一些非常有价值的结论，特别是农村金融内生化发展战略的提出，但由于这些研究并非针对我国国情，因而其所构建的模型及提出的政策建议在我国的可操作性不强。国内文献在内生金融领域的研究，要么是以国内宏观数据来对国际上成熟的金融内生发展模型进行实证，得出的政策建议局限于宏观领域；要么是单向式研究城市金融生态中金融生态环境对金融机构发展的约束，缺乏内生性金融体系的视角，也导致对农村小型金融机构发展的研究局限于以城市金融为蓝本的比较式分析或就事论事，对策建议有一定的缺陷。

发展农村小型金融组织，需要以相应的金融发展理论作为其发展的基础，并具备相应的理论依据，同时，也要运用相关的理论来指导其发展的实践。在金融机构与经济发展相关理论中，表明农村小型金融机构的制度的产生是促进经济发展的一个内在动力，结合3.2小节和3.3小节的描述的金融发展理论和农村金融相关理论的变迁发展，其中围绕的一个核心问题就是政府对金融市场应采取何种干预手段，但反映出单一理论体系的缺陷，难以做出一个周全的考虑和政策部署。因为金融市场在经济发展中的每个阶段是不一样的，当发展到一定程度，政府干预政策的改变将会有助于某些金融组织得到生存与发展，从而有利于经济的发展。为此，应在满足农村金融机构涉农发展、支农扶贫、迅速提升覆盖率和能够拥有自身可持续发展的多元目标下，提出农村金融机构的内生式发展。本书所提出的农村金融内生式发展理论并不是自行创造的一套新理论，而是基于前文所涉及理论进行相应剖析，在既有的理论背景铺垫下，根据约束条件变化进行新的吸纳和整合形成，尤其强调区域内金融发展与本地区内部因素的关系。

因而，本研究将农村小型金融机构的发展置于农村金融生态环境的约束下，遵循内生性原则重构农村小型金融机构发展制度，以利益诱导方式引导农村小型金融机构在实现财务可持续的条件下不断提高覆盖力，最终以帕累托改进方式推进农村小型金融机构内生式发展。因此，分析问题的视角更为贴近现实，对农村小型金融机构发展问题的剖析也更为透彻，政策建议也更具有针对性和有效性。

3.5 本章小结

本章主要通过对理论的梳理，提出农村内生金融发展理论。对于农村金融理论的发展路线，先是罗纳德·麦金农的"金融抑制"理论，认为由于政府过多干预金融活动和金融体系，阻碍了金融体系的正常发展，进而导致发展经济缺少金融的充分支持，造成两者之间的恶性循环。接着爱德华·肖提出"金融深化论"，认为若取消政府过多干预金融活动的行为，就能使金融与经济得到良性发展。然后经济学家赫尔曼、斯蒂格利茨等人从信息不对称的角度提出了"金融约束论"，认为政府应对金融市场给予适当的制度约束，规范金融市场的交易行为，同时规避金融市场存在的交易风险，并将该行为称为金融约束。

按照金融发展理论的核心思想，结合农村金融发展的现实，经济学家相继提出了农业信贷补贴论、农村金融市场论和不完全竞争市场论。农业补贴论的倡导者认为农村居民由于自然禀赋和历史因素等，收益具有较多的不确定性，商业银行等正规性金融机构一般都不愿意为农业产业融资，因此政府有必要采取措施干预农村金融市场，通过政策注入资金，以满足农村企业和农户的资金需求。而农村金融市场论认为农户都是有储蓄能力的，低利率将使得农户更加愿意将资金存放在城市地区的金融机构，并主张政府奉行金融市场自由化机制。不完全竞争理论从信息不对称的角度出发，认为发展中国家的金融市场尤其是农村金融市场存在严重的信息不对称问题，逆向选择和道德风险问题需要政府的合理介入才能解决。

因此农村小型金融机构应置于农村金融生态环境的约束下，遵循利益诱导方式进行资源配置，才能实现财务可持续发展，并不断提高覆盖力，最终以帕累托改进方式推进农村小型金融机构内生式发展。

第4章 当前农村经济金融环境与小型农村金融机构现状

经过30多年的改革开放，我国已经从一个传统的农业大国进入了工业促进农业、城市带动农村的发展阶段。我国2000—2012年生产总值及三个产业分别的生产总值增长趋势如图4-1所示。从图4-1可以看出，我国的生产总值呈现出逐年上升的趋势，从2000年的99 214.55亿元逐步增长到2012年的519 322.10亿元，且增长速度不断加快。这说明我国的经济增值呈现良好的态势。其中第一产业、第二产业和第三产业的生产总值均呈现出逐年上升的趋势，其中第二产业和第三产业的生产总值上升的趋势较为明显，第一产业生产总值的上升趋势相对趋于平缓。

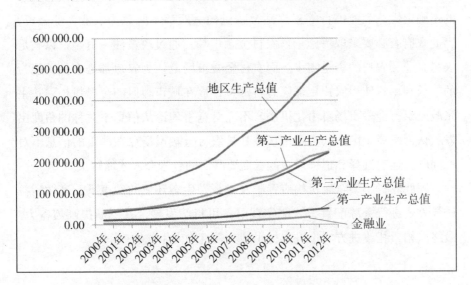

图4-1 2000—2012年生产总值增长

数据来源：中国统计年鉴及中国金融年鉴。

金融业的生产总值相比三大产业来说虽然很小，但从图4-2中可以看出，金融业的生产总值增长趋势十分明显，金融业的生产总值从2000年的4 086.69亿元增长到了2011年的24 958.29亿元。这说明在近几年的发展中，我国的金融业得到了极大的发展。

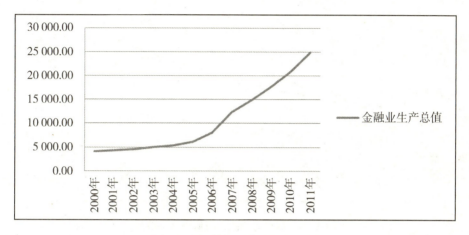

图4-2 金融业生产总值增长趋势

4.1 农村经济环境概览

国家的经济发展，离不开居民的参与。居民的消费理念、消费水平、消费方式直接体现了国家的经济发展状况。本书通过统计分析全国全体居民人均消费水平，以及城乡居民分别的人均消费水平和收入来从侧面反映农村的经济发展状况。

从图4-3可以看出，全国居民人均收入及消费均呈现良好的增长趋势，其中城镇居民人均收入从2002年的9 061.22元增长到了2011年的23 979.2元，且增长速度不断加快。相比之下，农村居民纯收入的增长速度则平缓了许多，2002年为2 475.6元，2011年为6 977.29元，虽然在数额上与城镇居民相差甚远，但其增长速度却比城镇居民快。同时，农村居民的人均消费水平2011年为5 633.03元，而城镇居民2011年的人均消费水平为 18 749.59 元，是农村居民的人均消费水平的三倍多。这说明城镇居民的消费水平相对农村而言要高很多。

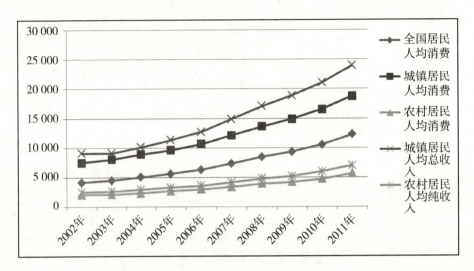

图 4-3　居民人均收入与消费水平趋势

4.2　农村金融环境概览

金融发展状况是经济发展的重要基础，也是重要的参考指标。本书通过城乡储蓄总额、城镇储蓄总额和农村储蓄总额这三个指标来分析当前农村金融环境。图 4-4 为我国 2000—2010 年的储蓄总额趋势图。2000 年我国城乡储蓄总额为 64 332.4 亿元，2010 年为 303 302.15 亿元，增长速度很快。这说明我国在经济发展的同时，储蓄总额也在不断增加。储蓄总额由城镇储蓄总额和农村储蓄总额构成，从图中可以看出城镇储蓄总额显著大于农村储蓄总额，且城镇储蓄总额的增长速度明显比农村储蓄总额快。

我国的经济发展的同时，金融业的增长速度也是十分可观的，但也可以看出，农村金融的发展远落后于城镇，农村金融的落后导致了农村经济发展的滞后，这也不利于我国发展农村经济目标的实现。

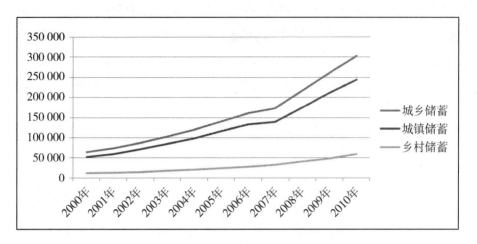

图4-4 储蓄总额增长趋势

4.3 农村金融市场的供给与需求现状

4.3.1 农村金融市场的相关研究

所谓农村金融市场,是指农村金融主体通过一定的机制将农村金融资源提供给农村经济的主体,直接为农村、农业、农民服务的一种金融形态,以此来为农村经济发展提供金融资源的支持(梁邦海、黄顺绪,2009)。一般而言,农村金融市场是一个金融体系。国内外关于农村金融市场的研究成果颇为丰富。总体来看,国外对于农村金融的研究起步早,较为系统、成熟,国内研究内容大体与国外相似,多为在国外相关研究的基础上结合中国国情所进行的深化研究。具体来看,国外相关研究成果主要集中在以下五个方面:农村金融市场功能、利率、供求关系、管理体制、绩效评价。国内的主要研究成果大体上也包括:供求平衡与供给主体分析(多集中于对非正规金融和农村信用社改革的分析)、组织体系与管理体制、市场结构、市场风险、成长机制与模式、未来发展方向、市场绩效。

Schmidt, Kropp and Weires (1987) 提出，农村金融市场具有三个功能：第一，生产信贷功能，即通过提供生产信贷来提高借款者的生产能力和收入；第二，消费信贷功能，即通过提供消费信贷来平稳收入和平滑消费；第三，保险功能，即通过提供农户获得信贷的潜在可能性来提高农户应对潜在风险的能力。Adams (1988) 则将农村金融市场、金融中介组织和金融工具视为一个整体的农村金融系统，其主要功能在于为农村居民提供中介、储蓄、信贷、汇款、保险等一系列的金融服务。Gonzalez Vega (1994) 研究得出，农村金融市场与贫困的关系非常复杂，主要表现为以下三个方面：其一，有时农村金融服务通过消除信贷约束，促使现有生产机会的充分利用，使农民脱贫；其二，有时金融服务通过帮助农民进行风险管理，稳定收入，鼓励生产性投资，使农民减轻贫困；其三，有时金融服务有助于积累物质财富和人力资本，使农民克服贫困陷阱，但是当生产机会不存在，支付能力通常便会消失，债务合同的强制执行将使农民陷入贫困。在此基础上，Zeller et al. (1997) 还研究得出农村金融服务会影响农户食品安全，其渠道有三：一是通过削减贫困来促进农户收入的增加；二是降低农户自我保险的成本，改善信贷获得、储蓄和保险服务从而诱使农户资产负债的改变；三是消费信贷。Meyer (2002) 则指出农村金融服务除了促进生产和投资的良性循环外，还可以平滑消费和增进食品安全。

4.3.2 农村金融的供给与需求

国外学者从各个不同角度研究了农村金融市场供给和需求，提出"需求追随"模式及"供给领先"两种模式，随后 Mark Drabenstott 和 Larry Meeker (1997) 通过对农村金融需求特点的分析，提出了扩大社区银行的可贷资金；发展农村二级市场；开发农村股票资本市场，以扩大农村金融产品和服务的供给。也有学者着眼于发展中国家，Claudio Gonzalez Vega (2003) 提出贷款难的主要问题在于正规金融的供给不足。

国内学者对于中国农村金融抑制类型的观点有三：供给型、需求性、供需共存型。

乔海曙 (2001) 等学者提出，中国正规金融部门只能给予农户提供很有限的贷款资金，因而中国农村金融抑制类型为供给型（叶兴庆，1998）。在此基础上，谢平（2001）对经济落后地区情况进行探讨，指出并不能将因信息渠道原因引起的农村居民对现代金融的不了解，当成是农村金融需求不足；他赞同萨伊定律，认为供给创造需求。

  曹立群（2000）则从需求的角度研究得出，一方面正规金融部门对农户贷款的资金有限，另一方面农户也存在融资需求约束。马晓河、蓝海涛（2003），则进一步指出农户的融资需求不足，一方面是由于自然需求不足，主要原因是农村商品化程度低，农户自给自足消费高，货币化程度低，降低了农户对资金的交易性需求；另一方面是人为需求不足，这是产生需求性金融抑制的主要原因，它是政策压抑的结果，其根源在于制度供给短缺，例如由于消费信贷服务严重滞后，导致农民将消费信贷需求转向了非正规金融部门，从而减少了对正规金融部门的资金需求。

  房德东、王坚等（2004）认为我国农村金融抑制供给型与需求性共存。早在2002年，高帆就指出我国农村当前所面临的一个特征性事实是，在农村金融供给不足的同时，农户对正规金融部门的资金需求却相对有限，故我国农村金融抑制也有需求型金融抑制的特点。具体来说，就是农业较高的自然风险、农产品较明显的市场风险、土地制度的制约、较低的农村市场化程度、不健全的农村社会保障体系等抑制了农户的生产性借贷资金需求，同时农村非正规金融组织对正规金融组织具有挤出效应，这些都使得农户对正规金融部门的资金需求相对有限。何志雄（2003）研究结论是：供给型金融抑制起着主导作用，其他形式的金融抑制处于从属地位。对一些欠发达农村地区，表面上看是金融有效需求不足，其实质是金融供给类型不对，政策性金融乏力，合作金融不发达，从根源上讲是金融供给的总量不足。

  目前，我国农村金融市场已初步形成了由农村信用社、邮政储蓄银行、农业银行、农业发展银行、村镇银行、小额贷款公司和资金互助合作社等正规与非正规金融机构共存与竞争的多元化小额信贷市场供给结构（见图4-5）。

  一是NGO运作的小额信贷业务。以扶贫宗旨为主，由非（半）政府组织以NGO形式操作运行。如中国扶贫基金会、中国妇女发展基金会、中

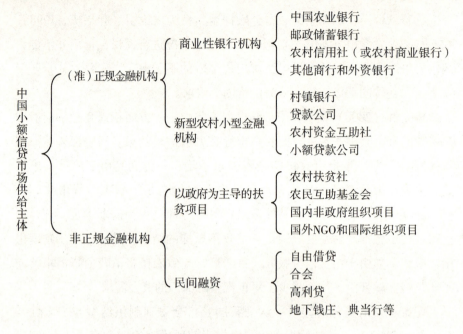

图4-5 我国小额信贷市场供给主体结构

国人口福利基金会、中国社会科学院"扶贫社"及由联合国开发计划署（UNDP）、世界银行（WB）、澳大利亚开发署（Aus AID）等国际组织和海外NGO提供捐赠资金援助的小额信贷机构或项目。

二是以政府为主导的小额信贷扶贫项目。主要是以政策性为目标导向，以国家财政和扶贫贴息贷款为资金来源，以政府或金融组织为运作机构的政策性小额信贷项目。此类项目实质上属于政策性、补贴性的低息贷款，一般在欠发达地区开展，目前中国有300多个类似项目，但缺乏长期的战略和持续目标。

三是传统意义上的商业银行小额信贷。中国农业银行、农村信用社、农村合作银行、农村商业银行、中国邮政储蓄银行为传统意义上开展小额信贷业务的正规金融机构。此外，国家开发银行[①]和股份商业银行也逐渐

---

① 2005年12月，国家开发银行联合世界银行、德国复兴信贷银行（EBRD）等国际金融机构启动"中国商业可持续微小企业融资项目"，采取"批发银行+零售机构"和"资金+技术+专家+IT"的模式，与地方金融机构合作开展微贷款业务，面向微小企业、个体户、农户等开展微贷款业务。

涉足小额信贷领域，外资金融机构（如德国复兴信贷银行 KFW、汇丰银行、渣打银行）和一些国际组织（如国际金融公司等）也参与其中，如参股农村商业银行或农村合作银行、独资或合资设立村镇银行、小额信贷公司等，在一定程度上直接参与小额信贷业务的发放。

四是微小型银行性金融机构。服务于一定区域和范围内的人群，如城市低端人群和农村人群，如村镇银行、农村资金互助社等农村新型金融机构。

五是商业性小额信贷机构。由民间资本、银行金融机构等投资成立的专业性小额贷款公司，不吸收存款，是纯粹的放贷机构；可以向商业银行借款，在政府有关部门的监管框架内运作经营，但并未纳入政府金融监管部门的监管系列，属于非（准）正规金融机构，但却成为目前我国发展小额贷款业务的重要力量。

六是民间融资。民间自发产生和存在的自由借贷、地下钱庄、个人放贷者、合会等，也成为非正规金融体系中的重要补充。

从表 4-1 可以看出 10 年前我国县域金融网点数在减少，虽然近年在政策的鼓励下开始增多，但总体上仍不及 2004 年，约为当时设立的一半，因此可以从现实上得出传统服务于农村的金融机构并不能满足当时农村经济的内生性增长。村镇银行是近年发展的新型农村金融机构，其增长是否能真正满足内生动力的要求仍需进一步分析。

表 4-1　县域金融服务网点情况

年份	县域金融服务网点总数	邮政储蓄网点数	农业发展银行网点数	农业银行网点数	农信社/农商行/农合行网点数	村镇银行网点数
2004	134 073	23 239	1 555	16 926	63 204	0
2005	128 728	23 468	1 533	15 511	58 619	0
2006	12 974	23 695	1 517	13 175	55 109	0
2011	65 060	17 768	1 109	8 099	37 165	919
2012	68 048	18 294	1 116	8 116	39 089	1 433

资料来源：中国人民银行统计司。

4.4 农村小型金融机构发展概况

据央行数据，截至 2013 年年末，银行业金融机构涉农贷款余额[①]为 20.9 万亿元，占全部贷款的比重为 27.3%，比年初增加 3.4 万亿元，同比增长 18.5%，涉农信贷投放力度不断加大。同年末，全国新组建农村小型金融机构 8 904 家，其中村镇银行 1 000 家，贷款公司 15 家，农村资金互助社 50 家，小额贷款公司 7 839 家（见表 4 - 2）。金融机构发展出现参差格局，从基数上看，小额贷款公司数目最多，其次到村镇银行，而贷款公司和农村资金互助社分别才 15 家、50 家；从近年机构增长速度来看，贷款公司和资金互助社几乎处于停滞状态，2013 年末村镇银行较上年增加了 202 家，增长率为 25%，小额贷款公司增加了 1 759 家，增长率为 29%，因此，承担起农村金融增量改革的主力军为小额贷款公司和村镇银行。从机构基数和增长率上进一步研究，小额贷款公司发展势头最好，近三年保持 45% 左右的增长。

表 4 - 2 新型金融机构发展概况

单位：家[②]

机构类型	2009 年	2010 年	2011 年	2012 年	2013 年
村镇银行	148	509	726	798	1 000
贷款公司	8	9	10	15	15
农村资金互助社	16	37	47	50	50
小额贷款公司	1 334	2 614	4 282	6 080	7 839

数据来源：中国人民银行、中国银行业监督管理委员会数据。

---

① 该指标不含票据融资。
② 村镇银行、贷款公司、资金互助社统计数据来源于银监会，小额贷款公司统计数据来源于中国人民银行。

4.5 本章小结

本章从宏观层面介绍了农村经济环境和农村金融环境,并且从农村供需视角探索了农村金融供给和需求现状,并交代了当前农村小型金融机构发展概况。

随着国家的经济发展,全国居民人均收入及消费均呈现良好的增长趋势,农村居民虽然在数额上与城镇居民相差甚远,但其增长速度却比城镇居民快。同时,农村金融的增长速度也是十分可观的,截至2013年年末,银行业金融机构涉农贷款余额为20.9万亿元,占全部贷款的比重为27.3%,比年初增加3.4万亿元,同比增长18.5%,涉农信贷投放力度不断加大。同年末,全国新组建农村小型金融机构8 904家,其中村镇银行较上年增加了202家,增长率为25%,小额贷款公司增加了1 759家,增长率为29%,但农村金融的发展仍远落后于城镇,金融的落后导致了农村经济发展的滞后,这也不利于我国发展农村经济目标的实现。

第5章 农村金融机构内生发展模型解释与评价维度

5.1 农村小型金融机构发展总体要求

2007年召开的全国农村金融工作会议和2008年银监会295号文件指出,当前农村金融发展应当建立健全适应"三农"特点的多层次、广覆盖和可持续发展的农村金融体系。多层次是要求农村金融结构的多元化趋势,多种不同类型的金融机构相互共存且各自发挥着特色功能;广覆盖要求农村金融机构分支网点扎根于农村,减少和降低农村金融服务空白区。而传统的农村金融组织由于自身功能的限制,难以解决好农村信贷信息不对称问题,因此提出小型金融机构的设立,其主要目的是促进农村融资,提高农村生产力和增加农户收入水平,解决传统农村金融机构无法覆盖到的服务面。而在满足政策的同时依旧要求农村小型金融机构可以获得可持续的发展,否则农村金融服务的建设仅能昙花一现,对此,农村小型金融机构发展总体目标可设定为要满足广覆盖、可持续及"支农支小"的要求。

5.2 综合绩效评价模型与农村小型金融机构构建的支持

发展新型农村金融组织会对传统农村金融组织有哪些改进的方面,究竟在服务"三农"方面的绩效是否会优于传统农村金融组织是本节研究的重点。组织的经济行为直接对组织的绩效产生影响,而组织的绩效又会间接地影响组织的经济行为,因此分析农村金融组织的绩效可以更好地理解农村金融组织的经济行为。先以成本和收入为视角构建一个农村金融组织的绩效评价方程式，再根据这个方程式对传统和新型两种形式的农村金融组织做出绩效的比较评价，通过比较分析去体现新型农村金融组织发展的优越性。

5.2.1 方程式的假定

现在假设农村金融机构只从事贷款业务，作为营利性组织，其盈利最大化是其首要目标，盈利主要来源为贷款，而相应的成为可分为融资成本、信息成本、经营成本等。假设 R 为小额贷款公司净利润，E 为收入，C 为成本。设 I 为每笔贷款额度，r 为贷款利率，n 为贷款笔数，$I \times r$ 为每笔利息收入，$I \times r \times n$ 为利息总收入。设 C 为成本，其包括作为组织调研、评估服务对象所产生的信息成本 C_i，以及满足公司日常经营所产生的经营成本 C_o 和融资成本 C_c。其中 C_i 受到调研对象与公司空间距离（L）、熟悉程度（B）、贷款额度（I）、贷款笔数（n）、金融组织基础设施构建的完善程度（J）的影响，距离越远、熟悉程度越低、贷款额度越小①、贷款笔数越多、金融基础设施构建越不完善，其信息成本（C_i）越高。C_o 可分为可变经营成本 VOC_o 和不变经营成本 FOC_o，其中 VOC_o 受贷款笔数（n）的影响，贷款笔数越多，则需要匹配更多的人力资源，进而产生较多的可变成本；FOC_o 受自身机构规模大小（S）的影响。融资成本 C_c 受到资本构成（F）、监管要求（D）的影响。

小型农村金融机构净利润

$R = E - C = I \times r \times n - [C_i(L,B,J) + VOC_o(n) + FOC_o(S) + C_c(F,D)]$

设金融机构可持续经营条件为 $R > 0$，则 $E > C$，所以

$I \times r \times n > C_i(L,B,I,n,J) + VOC_o(n) + FOC_o(S) + C_c(F,D)$ (5-1)

约束条件为：

---

① 普遍认为，贷款额度越小的对象往往缺乏越抵押、担保、财务报表等显性信息披露方式，需要做出更多的信息收集和取信工作。

$$\begin{cases} \dfrac{\partial C_i}{\partial L} > 0; \ < \dfrac{\partial C_i}{\partial B} < 0; \ \dfrac{\partial C_i}{\partial I} < 0; \ \dfrac{\partial C_i}{\partial n} > 0; \ \dfrac{\partial C_i}{\partial J} < 0; \\ \qquad\qquad \dfrac{\partial VOC_o}{\partial n} > 0; \\ \qquad\qquad \dfrac{\partial FOC_o}{\partial n} > 0 \end{cases} \qquad (5-2)$$

方程（5-2）基于以上模型，从净利润视角得知小型金融机构将每笔贷款额度（I）和利率（r）提升可提高 R 值，获得更好的回报。而代表覆盖率的贷款笔数（n）则存在争论，n 的增大可以获得更大的收益，但同时也带来更多的成本，在固定成本的约束下，小额贷款公司不存在扩大机构规模的动力。

加入社会绩效的讨论，社会绩效目标则要求 r 处于一个低的水平，同时增大 n 以提高覆盖率。再度简化模型，设 $\overline{C}$ 为每笔平均贷款成本，公司净利润为

$$R = R = I \times r \times n - \overline{C} \times n = (I \times r - \overline{C}) \times n \qquad (5-3)$$

当 $(I \times r - \overline{C}) > 0$，小额贷款公司有扩大规模的动力，此时与社会绩效目标实现激励相容；倘若 $(I \times r - \overline{C}) < 0$，则存在激励相悖，需要政府给予补贴 s，而覆盖率临界点 $n = \dfrac{s}{(I \times r - \overline{C})}$，在受限的财政补贴（$s$）下，农村小型金融机构的发展则会停滞不前。

方程（5-2）即为农村金融机构内生发展约束方程，下文将依据这个方程，论证农村小型金融机构存在的必要性和发展所遇到的"三角冲突"问题。

5.2.2 基于方程式的评论与进一步的解释

如方程（5-2）所示，金融机构的贷款利率、平均贷款额度与金融机构的利润呈现同方向变动趋势，金融机构的信息成本、经营成本、融资成本与金融机构的利润呈现反方向变化。但以上方程只能构建一个粗浅的视角，关于农村小型金融机构具体的模型建立及指标相互间的关系实际更为复杂。下文将结合方程（5-2）综合讨论，并针对不同发展规模的金融机

构,做进一步的解析,以下是比较评价分析。

第一,贷款规模由单笔贷款额度 I 与贷款笔数 n 的乘积构成,然而大型金融机构倾向于经营单笔贷款额度大的贷款,规模 S 较大的金融机构往往有足够大的可贷资金,在既定的人力资源安排下,其贷款笔数 n 是既定的,因此 $VOC_\circ(n)$ 亦较为固定,那么其只有通过寻求大额的单笔贷款获得较高的收益。

当贷款规模较小时,规模较小的金融机构绩效会优于规模较大的金融机构。理由是:其不变经营成本 FOC 较小,分摊到同样的贷款笔数成本更低;规模大的金融机构由于固定资产投入高,机构设立少,带来了空间距离 L 的增加和借贷双方的联系程度 B 较小,从而使得信息成本 C_i 较高,这相应地提高了风险管理成本。根据农村地区的金融发展实际状况,通常情况下农村的小额贷款较多,农村金融机构的每笔贷款规模都较小,如果从金融机构贷款规模的角度看,农村地区比较适合发展那些规模较小的农村金融机构。

第二,从金融机构配套设施构建的完善程度 J 的角度来考察。由方程(5-2)的约束条件式可知,信息成本 C_i 是 J 的减函数,当 J 值大时,C_i 值可调整到更低水平。但农村基础设施建设和信息化建设尚不完备,J 值较小,因此机构普遍面临着较高的 C_i,而无法降低 $FOC_\circ(S)$,在此情况下,小型金融机构将更胜一筹。

第三,中国的国情决定了还不能将利率完全市场化,国家对于利率的变动存在着某种约束,这种约束力量决定了规模较大的传统农村金融机构不可能擅自提高贷款利率,而且农村小型金融机构在政策上赋予其更多的自主权,在利率控制方面,可以针对不同的客户收取差异化的利率,弥补风险带来的损失。从整体来说,农村小型金融机构具有天然的禀赋优势。

5.3 内生"三角"冲突与评价指标

当前关于农村小型金融机构的研究主要集中在贷款的服务目标、还款方式、可持续性及市场结构特点等较为单一的方面,往往相关政策建议的提出有所偏颇。若倾向于机构组织自身发展的研究，政策建议使服务容易偏离最初设定的群体，甚至鼓励政策目标转移，让其追求更高的利润；若专注于社会服务功能，尤其以支农扶贫作为核心绩效考核，其结论往往忽略了其自身发展的内生因素，将进一步索取政策扶持，增加政府负担；若进行以覆盖面作为重点的绩效研究，将要求监管放松，甚至鼓励了风险。因此，关于微型金融组织的绩效评价，需要一个综合的视角。

国外对小微型金融机构的研究具有开创性，得出了一些非常有价值的结论，尤其是对微型金融机构如何得到商业化可持续性发展提供了很多借鉴意义。小微金融机构的可持续发展问题一直是国内外学术界关注的热点，主要从覆盖力、成本和可持续性的"大三角"视角对小额信贷机构的发展进行研究。但由于这些研究并非针对我国国情，特别是针对我国蓬勃发展的小额贷款公司，其所构建的模型及提出的政策建议仍需结合我国的实际情况来运作。

国内文献在农村小型金融机构领域的研究仍属于起步阶段，要么是根据国内宏观数据来对国际上成熟的农村小型金融机构和发展模型进行实证，得出的政策建议局限于宏观领域；要么是单项式研究个别地域农村小型金融机构发展的案例，缺乏内生性、整体性和对比性的视角，也导致对农村微型金融机构或农村小型金融机构发展的研究局限于以个别城市为蓝本的比较式分析或者就事论事，缺乏评价指标及系统研究方法，相对较为零散，其所形成的对策建议有一定的缺陷。

近年来，随着银监会、中国人民银行（以下简称"央行"）等对国内农村小型金融机构的门槛放宽和扶持发展，学术界对农村新型金融机构的关注热点也开始逐渐将"农村小型金融机构如何实现可持续发展"纳入分析体系中。但纵观目前现有研究成果，大部分都是从定性角度和简单分析的层面来考虑，甚少将其与运行机制和绩效评价联系在一起。因此，本研究将农村小型金融机构问题置于内生性和可持续性发展的框架下研究，宏观分析在我国本地土壤发展起来的农村小型金融机构所具备的运行机制，并以统计局和银监会数据，以及进行特定分析时采用广东省农村小型金融机构为数据样本，实证分析农村小型金融机构试点以来的绩效情况，使得分析问题的视角更加贴近现实；同时也从微观层面横向对比了不同经济水平地区条件下农村小型金融机构运行效率的高低问题,使得对构建农村小型金融机构可持续性发展体系的政策建议更具有针对性和有效性。

关于微型金融机构综合绩效效应评价是维度的,按制度主义观和福利主义观可分为自身发展的指标和社会绩效指标。自身发展指标主要有收益、成本、利率、规模、贷款期限、贷款损失等,社会绩效指标主要有支农效率、利率是否降低、贷款流向对象、覆盖范围等。无论指标如何选用,学术界认为都离不开三个关键论题:第一,该模式或者该类型的微型金融机构是否能够有效普及;第二,是否可以实现自身可持续发展;第三,是否切实服务了目标群体。关于这三个论题的提出,经历了以下理论的演绎。

微型金融"大三角"框架是由 Zeller & Meyer 于 2002 年首次提出①。该理论构建了农村微型金融组织的"大三角"框架,其含义为"覆盖力、可持续性和社会福利影响是评判微型金融运作成功与否的标准"。MFIs(微型金融机构)"大三角"基本框架如图 5-1 所示。

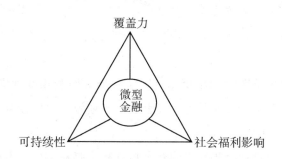

图 5-1 "大三角"理论基本框架

(1)覆盖力(outreach)。覆盖力主要包括四个层面:一是覆盖广度(breadth),即微型金融组织所覆盖的地区情况和所服务的对象数量;二是覆盖深度(depth),主要是衡量微型金融组织的目标客户瞄准问题,即MFIs 是否为被排除在传统金融之外的人(如低收入者或穷人、妇女、微小

---

① Zeller & Meyer 于 2002 年在《微型金融的大三角》一书中提出了评判微型金融成功与否的三个因素:财务可持续性、覆盖力和福利影响,成为 MFIs"大三角"分析框架的起源和基础。

企业及个体户等);三是覆盖长度(length),即每一笔信贷产品和服务所供给的时间长度和微型金融组织为客户提供信贷服务的长度;四是覆盖延伸度(scope),也即衡量信贷产品和服务的种类,如储蓄、保险、汇款、投资咨询等延伸系列产品将对微型金融组织的覆盖力产生影响。

(2)可持续性(sustainability)。MFIs商业可持续性通常包括三个层面:一是操作可持续性(operational cost self-sufficiency,OSS),即微型金融组织收取的利率和费、设计的信贷产品和服务及其业务流程等是否能够补偿操作的运营成本;二是经济可持续性(financial self-sufficiency,FSS),是指小额信贷机构获得的利息和非利息收入是否能够支付贷款的全部资金成本和非资金成本;三是组织可持续性,即微型金融组织在机构治理、组织运行和信贷员使用培训等方面能够独立运作。

(3)社会福利影响(social impact)。社会福利影响是一个综合概念,小额信贷的福利影响包括很多方面,其中最为重要的是扶贫,但福利影响不仅包括扶贫效果,农民食物、住房、教育和健康水平的改善、妇女地位的提升乃至信用环境的改善等也是小额信贷社会福利影响的一部分。由于衡量标准的不同和社会福利影响的复杂性,准确衡量社会影响是相对困难的。

覆盖力、可持续性和社会福利影响三个方面既相互冲突又相互平衡,可归结为以实现可持续性目标为代表的业务绩效和以实现社会发展目标为代表的社会绩效之间的矛盾与调和关系(罗伟浩、周天芸,2011)。在冲突方面,覆盖力和社会福利影响对客户和社会是有利的,但经营可持续性却要求微型金融机构获得商业化利润,这有可能会影响覆盖力和社会福利的拓展和延伸;在平衡方面,微型金融只有实现自身的可持续性才能不断扩大服务范围,提高信贷产品和服务的数量、质量和覆盖力,对改善弱势群体社会福利产生更加深远和持续的影响,从这个角度来说,可持续性与覆盖力是相容的。微型金融的"大三角"框架表明,在微型金融的经营实践中必须注意业务绩效和社会绩效。而克服这一"大三角"矛盾成为农村金融服务深化和发展的主要挑战,其问题的解决就在于建立"内生性的金融体系"。为了缓解"大三角"冲突,理论界认为建立内生性金融体系是农村金融发展的战略方向,八国峰会于2004年确立了建立内生性金融体系的基本框架，认为只有把为弱势群体服务的金融与大金融系统的微观、中观及宏观三个方面紧密整合在一起，才能解决"大三角"冲突，实现微型金融机构的可持续经营和内生式发展。

5.4 各个目标之间冲突的讨论

（1）覆盖效率与可持续性。

福利主义认为发展微型金融机构或小额贷款行业的主要目的是扩大对穷人的支持，其服务的人群数量、接受服务的贫困人群比例是一项重要的指标，通常用覆盖力（outreach）[①] 来代表。Navajas等（2000）通过6种指标对覆盖效率进行评价，分别是：深度（穷人的比例）、价值（借款者因为借款获得的收益）、成本（包括财务成本和机会成本）、广度（获得者的数量）、长度（提供贷款服务的期限）、适用范围（各种信贷合约产品数量）。这6个指标后来也为Schreiner（2002）所参照，并且构建了一个社会绩效评价的框架，实证于玻利维亚。

穆罕默德·尤努斯在20世纪70年代创建的格莱珉银行小额贷款模式的持续运作，推动了人们对小额贷款事业可持续发展的关注。可持续发展可理解为：在既定的金融环境下，能按照自身发展的客观规律进行运作，金融资源合理有效配置、体制健全、机制完善，且满足财务上的延续。当可持续发展作为一个目标提出时，再加上覆盖力，那么小额贷款组织具有双重目标，但这两个目标存在着相互冲突的争议。Dichter（1996）认为小额贷款机构追求财务可持续会产生贷款偏见，导致对穷人和弱势群体覆盖减少，偏离初衷。Perera（2010）证实了可持续性与覆盖力之间出现替代关系，Hermes等（2011）更是发现覆盖力和机构效益存在显著的负相关。

但也有学者认为，这两个目标并没有根本冲突，小额贷款机构覆盖效

[①] "outreach"翻译成"覆盖"却不仅仅只有覆盖率（coverage）这一层含义，它有更深层的含义体现在支农所触及的效率、程度，所以笔者认为翻译成"覆盖力"更为妥当，不容易造成与二级指标的混淆。

率与财务可持续性是兼容的,并且实现可持续发展的小贷机构才能在长期内产生提高社会绩效的激励,逐渐提高对穷人的覆盖能力。

(2) 社会绩效。

2000年后,关于覆盖面与财务可持续性的争论逐渐扩展为社会绩效与财务绩效间的平衡问题。采用社会绩效的评价会引导微型金融机构切实服务目标客户,达到支农扶贫的社会作用,有助于降低使命漂移。

农村金融具有较强的外部性,社会绩效是农村金融市场外部性的一个概括指标。外部性具体可体现在支农扶贫、拉动农村内需、促进农村经济增长、稳定农村社会治理等方面。假设D为农村金融需求曲线,且在一定条件下是既定的,市场供给曲线是S,初始均衡在a点,金融供给量为q。在考虑正的外部性情况下,其最适均衡应该在b点,因此需要通过财政补贴、税收优惠、管制放松等政策激励原始供给S移动到S^*,此时,农村金融最适供给量为q^*,如图5-2所示。

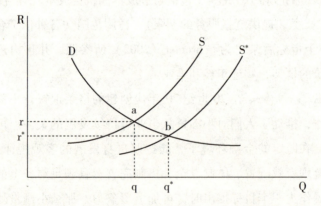

图5-2 加入社会绩效外部性因素的农村金融市场新均衡

社会绩效的衡量较早采用客户平均贷款规模作为指标,平均贷款规模越小,意味着服务的群体偏离程度越小。目前权威的有微型金融信息交换机构(MIX)与社会绩效工作小组(SPTF)开发出11个指标来衡量小额信贷机构的社会绩效,并且成为世界各地的小额信贷机构社会绩效测试和分析的平台①。

---

① http://www.themix.org/social-performance/Indicators.

(3) 三角冲突与综合评价。

Zeller 和 Meyer（2002）认为社会绩效与财务可持续性、覆盖面①是微型金融天然的"三角冲突"，但同时指出三者之间存在着互融、协同和平衡的潜在可能。本书基于 Zeller 和 Meyer"三角冲突"的提法，结合 5.2 节的分析，深化了其内涵并提出如下 3 点假设，如图 5-3 所示。

1）假如需要满足高覆盖率的目标（n 的提高），同时兼顾微型金融组织的可持续性的发展，微型金融组织往往会选择上移目标，朝着收益高的地区和大客户群体发展，提高 r 和 I，而对穷人支持减少，社会绩效的目标满足程度就降低。

2）假如选择覆盖率和社会绩效的兼顾，那么微型金融机构受到利率限制（$r \leqslant r_0$），将面临自身可持续发展困境。涉农贷款本来就面临着高风险、高成本，若需要兼顾社会绩效，仍需要维持着低利率的支农贷款或小微贷款，不能通过利率回报来满足自身经营利润的需要，其可持续性自然受到限制，且投资者意愿将进一步降低。

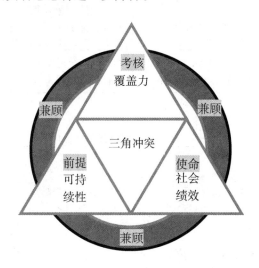

图 5-3 微型金融机构三角冲突概念

---

① 当提出"社会绩效影响"这一指标，之前包含在覆盖力的一些属于描述社会绩效的指标就可以迁移，而覆盖效率的内涵也可以缩小。

3) 若选择兼顾可持续性和社会绩效，那么内生的小型金融组织难以自行满足，其需要财政支农补贴、资助等才能获得发展，那么推动微型金融机构的动力往往受制于政府财力、社会公益组织捐款的限制，覆盖率自然下降，在这三角冲突里，最多只能兼顾两者，难以三全。

社会绩效是使命，覆盖率是发展的评判标准，可持续性是前提，虽然这三个维度的目标具有天然的冲突，但通过三方面的权衡，实施社会绩效管理和可持续发展的兼顾，微型金融机构可以有效地降低目标间的冲突，甚至能够兼顾协同地发展。

Yaron（1994）从这三个维度的综合思考，给出了微型金融机构业绩优化评价体系。处于第一象限的微型机构覆盖率、可持续性、社会绩效三方面皆可兼顾，这亦是学者和政府所期望的，而落在第三象限的微型金融机构应该取缔，如图5-4所示。

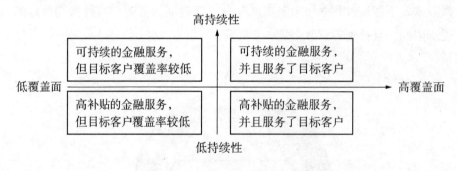

图5-4　小额贷款业绩优化评价体系

5.5　本章小结

通过本节方程式的论证可知，在服务"三农"方面，我国传统农村金融机构的绩效较低，同农村小型金融机构的绩效比较可以发现，传统农村金融机构在贷款规模、组织发展的配套设施建设和影响组织发展的不确定因素三个方面明显处于劣势。具体表现在：其一，在贷款规模方面，传统农村金融机构的贷款规模较大，而农村小型金融机构贷款规模较小，贷款规模较小的农村小型金融机构经营绩效大于贷款规模较大的传统农村金融机构；其二，在组织发展的配套设施建设方面，我国农村金融机构的配套设施建设不够完善，在这种条件下，发展规模较小的农村小型金融机构的绩效明显较高；其三，在自然灾害等不确定因素的影响方面，传统农村金融机构由于在农村地区缺乏分支机构，受自然灾害等不确定因素的影响，承担了较大的金融风险，而农村小型金融机构由于本身发展规模较小，因而承担的风险成本也较小，受不确定因素的影响较小，所以具有更高的绩效。因此，农村小型金融机构比传统农村金融机构的绩效更高，应当加快发展农村小型金融机构来弥补传统农村金融机构在服务"三农"方面的不足。

接着，本文通过方程解释农村小型金融机构天然的"三角冲突"，其中社会绩效是使命，覆盖率是发展的评判标准，可持续性是前提，虽然这三个维度的目标具有天然的冲突，但通过三方面的权衡，实施社会绩效管理和可持续发展的兼顾，微型金融机构可以有效地降低目标间的冲突，甚至能够兼顾协同地发展。

第6章 村镇银行

当前，我国一方面民间利率较高，与紧缩货币政策并行，另一方面CPI（居民消费价格指数）持续高位，造成这一问题的关键在于融资需求与融资供给之间的结构性不配比（陆磊，2011）。在农村，中小型经济主体存在的融资需求无法得到有效满足，而具有一定规模和实力的经济主体在客观上同时具备在直接和间接融资市场上的优先权。因此，建立一种新型商业性的、草根的、社区的农村金融机构——村镇银行，已经成为当前我国金融改革和农村经济发展的必然要求（刘亮，2011）。

理论界和学术界对村镇银行的设立和发展进行了较多的研究。在当前我国农村金融网点覆盖率低、金融供给不足的情况下，通过发展和培育村镇银行，可以增强农村地区金融供给和服务能力，并可初步形成有效竞争的市场格局，也为农村民间金融提供了一条正规化发展的合理渠道。钱水土（2009）认为村镇银行不仅是农户民间信贷向正规金融转型的重要方式，而且在推行小额贷款利率市场化、运作商业化的过程中发挥重要作用，并能使小额信贷发挥在扶贫之外的支农作用。韩俊（2009）则提出在村镇银行业务发展初期给予政策扶持，在村镇银行本身实力得到充实后可以其他业务的盈利反哺农户小额贷款业务。部分学者认为村镇银行服务"三农"特征不明显。杨东和姚璐（2010）认为目前已经开业的村镇银行很多都设在地级市和县域，尤其是经济比较发达、金融服务并不十分缺乏的大城市郊区和县域。而在最需要金融服务的乡镇和农村，尤其是经济相对比较落后地区的乡镇和农村，设立村镇银行的几乎没有。在市场定位上，绝大多数村镇银行都以所在县域的企业客户为主，很少主动下乡，那些真正急需贷款的农户实际上很难获得贷款。在企业客户的选择上，村镇银行也存在"抓大放小、嫌贫爱富"的现象，放贷的主要对象多为相对优质的农业产业化龙头企业或中型企业。即使有少数村镇银行向农户发放贷款,也大都选择"企业+农户"的模式,要求必须有企业为农户提供担保。更多学者对村镇银行业务发展做了考察。虽然村镇银行规模比较小,但由于属于一级独立法人,管理上具有扁平化特点,因此具有决策链条短、信贷审批快、经营机制灵活等优势。制约村镇银行进一步发展的障碍很多,马九杰和沈杰(2010)认为资金规模不足仍是村镇银行扩展业务的主要障碍。徐小青和樊雪志(2010)认为社会认同的缺失与市场定位的游移将对村镇银行的发展产生较大的影响。葛倩倩(2011)认为与其他银行类金融机构相比,村镇银行面临吸存能力差、资金投向难以保证、面临风险高、业务种类单一,以及过度依赖于发起行等问题。

6.1 村镇银行发展状况

自 2007 年第一家村镇银行——四川仪陇惠民村镇银行开业以来,我国村镇银行发展情况保持着较为稳定的增长,截至 2013 年,村镇银行总行数共 999 家,全年增加 202 家;机构总数 2 186 家,全年增加 754 家,如图 6-1 所示。

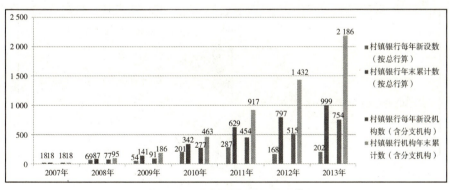

图 6-1　村镇银行增长情况①

---

① 全文统计数据资料来源:中国银监会网站,http://www.cbrc.gov.cn,按持有证统计情况进行整理。

从地区分布看，华北地区 159 家，东北地区 112 家，华东地区 325 家，华南地区 199 家，西南地区 148 家，西北地区 56 家①。主要分布在山东（76 家）、江苏（66 家）、浙江（64 家）、内蒙古（62 家）、辽宁（59 家）、河南（57 家）、安徽（50 家）、河北（44 家）、四川（44 家），如图 6-2 所示。

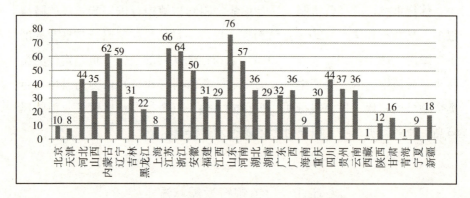

图 6-2　全国村镇银行地区分布（以总行算）

从金融机构空间布局和金融市场结构看，农村信用社和农村商业银行是农村金融服务的主体（见图 6-3），加上已有的政策性银行、中国农业银行、农村合作银行、典当行等和新近设立的村镇银行、贷款（小额贷款）公司、资金互助社，农村金融结构呈现多元化发展趋势。

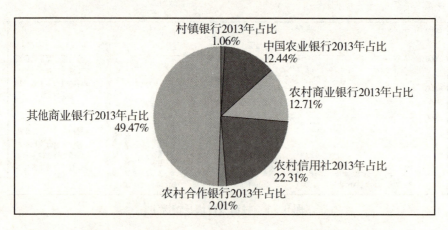

图 6-3　截至 2013 年年末全国银行网点数比例分布

---

① 地区归属分类参考中国统计年鉴。

但从村镇银行各地和全国设立的机构数目增长（见图6-4）和存贷款额度增长来看（见表6-1），其近年保持着较好的发展势头，在这蓬勃设立发展的过程中，自然面临着市场竞争和生存的问题。村镇银行应该如何寻求发展空间？如何满足可持续的经营与设立使命的兼顾？下文将从理论层面进行分析。

表6-1 村镇银行贷款增长情况

单位：亿元

年份	2010年	2011年		2012年	
存款余额	752	1 696	同比增长125.53%	3 025	同比增长78.36%
贷款余额	597	1 304	同比增长118.43%	2 324	同比增长78.22%

数据来源：中国金融年鉴。

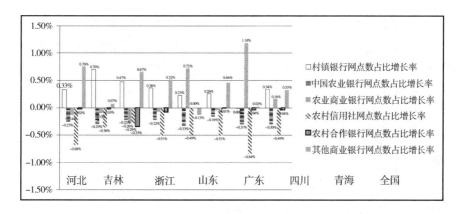

图6-4 2013年涉农商业银行网点占比增长情况

6.2 村镇银行生存空间探析

从文献的梳理来看，大部分学者对村镇银行的发展持肯定态度，认为其能在未来获得较为充分的发展，成为农村金融的有力补充，促进整体金融改革。但亦有学者认为，村镇银行已"使命漂移"，面临着同行业无差异化的激烈竞争,业务生存空间将被挤占,甚至会走向破产之路。

当前大部分村镇银行面临着成长瓶颈,但迄今为止没有出现经营失败个案,村镇银行究竟有多大的生存空间,还未被预见。本书利用迪阳社区银行生存理论构建一个村镇银行生存空间模型。暂先撇开村镇银行设立的政策目标,本书从其内生发展的视角,探讨其生存和发展空间布局。最后再反思政策的目标是否有可能被满足。倘若村镇银行在满足自身生存空间的情况下与政策目标能达到一致,那么对村镇银行的发展应持鼓励态度。

6.2.1 迪阳模型

迪阳于2004年构建银行规模、空间布局、产品与服务战略模型,如图6-5,为便于讨论,本书将该图赋予专门名称,称为"迪阳图"。

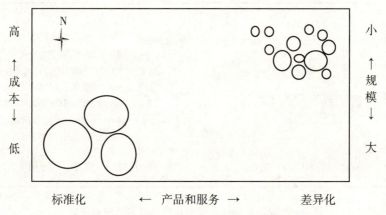

图6-5 银行规模、空间布局、产品与服务战略①

迪阳图中左边纵轴表示银行经营的单位成本,越往北向意味其单位成本越高,右侧坐标轴表示银行经营的规模,越往北向表示其经营规模越小。关于银行单位经营成本的大小和规模的大小成反向关系已得到一些学者的验证(胡继之,1997;Berger et al.,2011;Cyree et al.,2012;Gilbert

---

① Deyoung R, Hunter W C, Udell G F. The past, present, and probable future for community banks [J]. Journal of Financial Services Research, 2004, 25 (2-3): 85-133.

et al.，2008 等）。横向坐标轴表示银行提供的产品和服务的类型，越往西向表示银行提供的产品和服务越趋于标准化和大众化，越往东向表示银行提供的产品和服务越具有差异化和定制化，满足不同类型顾客的需求。气泡位置代表不同类型的银行布局的方位，为了直观地展示，采用气泡大小代表银行规模。

从迪阳等人的研究中发现，银行在迪阳图中布局沿东北和西南方向对角线分布，规模越大的银行，其提供的产品和服务往往更倾向标准化，因此容易获得规模效应，单位产品和服务的成本比较低，分布在迪阳图中西南角；而社区银行、小型银行主要服务于社区居民，由于要满足客户多样化需求，其产品和服务具有较强的差异化和特质化，难以实现标准化的产品和服务设计，因此并不具有规模效应，单位成本较高，但却可以通过高的定价策略和更好的服务获得发展，往往布局在迪阳图东北角。

6.2.2 中美金融布局的演进

在此模型下，亦可以直观地探讨中美银行布局演化路径。美国在银行业放松管制之前（Regulation Q 的限制），社区银行规模一直受到地域经营限制，阻碍了银行实现规模经济，绝大部分银行集中在东北角，而放松管制之后，随着银行间的兼并和技术进步的影响，一些银行摒弃个性化服务，通过标准化、规模化产品的提供来削减单位成本，降低服务价格，实现规模效应，大银行的数量逐渐增多，美国金融布局由迪阳图东北方向向西南方向演化，演化路径如图 6-6 所示。

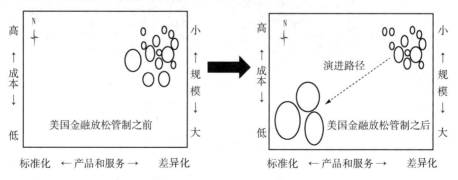

图 6-6 美国金融布局演化路径

而中国银行业一直以大银行为主导，银行业呈现国有银行、股份制商业银行、城市/农村商业银行/合作社等层次分布。大银行整体实现着相对的规模经济，但由于对小银行准入政策比较严格，2007年以前未出现以村镇银行为代表的小微型银行，并且银行的产品和服务同质化较为严重，缺乏差异性，在迪阳图东北方布局属于空白。随着近年金融改革深化和政策放宽，村镇银行如雨后春笋般设立。中国金融的布局在迪阳图上整体体现由西南向东北演进，见图6-7。

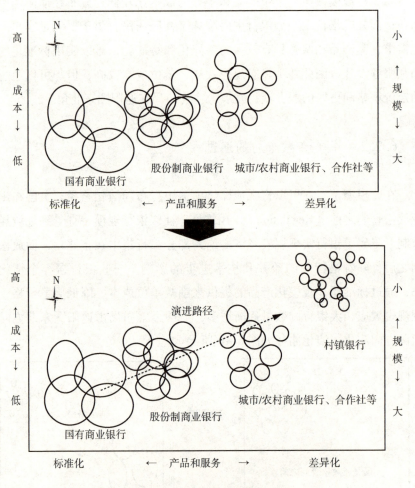

图6-7 中国金融布局演化路径

但村镇银行在设立后能否在迪阳图东北角区域布局和发展？其服务应

该面向更小更细微的客户还是大客户？以上问题可转化为村镇银行应走规模化发展还是专业化发展道路的讨论。有学者认为社区银行走规模化发展道路是一个好的做法，也只有规模化才能使银行的单位成本降低，这是一种天然的动力，且在现实上村镇银行推出后不久便出现了明显的"脱农化"趋势，这是否也说明了村镇银行存在着向迪阳图西南方向演进的动力？但村镇银行由于经营的地域限制、其自身的资本实力弱、技术水平低和品牌效应缺乏，无力招架银行业规模化竞争。再者，中国金融业面临的竞争亦越加激烈，已有的银行或许会通过技术的改进和服务的提升来挤占村镇银行的迪阳西南方向发展空间，迫使其迁回东北方。如果村镇银行选择在迪阳图东北方向发展，其通过提供差异化的产品和个性化的服务来制定高价，只要有良好的管理仍能收获较高的回报率。

6.3 村镇银行发展的优势与劣势

6.3.1 村镇银行天然的禀赋优势

大银行往往提供标准化产品和服务，依赖于客户的"硬信息"，如具有较强市场价值的抵押物、质押物、企业的财务报表、标准化的信用评级等，而农村地区中小微企业和居民往往由于缺失规范的财务报表、历史交易信息少、信用信息不健全、缺乏合适的抵押品等，加上贷款往往呈现出"小、频、急"的要求，使大银行无法适应其金融生态环境。村镇银行的组建理念、产品和服务很大程度上类似于国外的社区银行，其具有基于社区的"软信息"获取优势和灵活迅速决策机制的天然禀赋优势。针对不同客户提供异质化的产品，形成的关系型金融服务（relationship finance）。

（1）基于乡镇社区的软信息获取优势。

这主要体现在，基于地缘优势，可以降低村镇银行和居民间相互拜访的成本。居民获得更便利的现场服务，有些客户更喜欢面对面业务交流，同时银行将获得更为便利的居民拜访条件和贷款监督。基于业缘优势，村镇银行可以突破传统银行对企业和个人的征信状况和财务报表等硬信息的依赖,长期的信贷业务合作可以降低业务成本、提高业务效率。基于人缘优势,村镇银行信贷员对交往居民信用能力及信用程度能做到心中有数,有助于村镇银行放宽对抵押品的要求,且居民在社区活动中出于个人形象的维护将增强其信用能力,更有助于降低村镇银行的风险。

(2) 灵活迅速的决策机制。

村镇银行相对于大银行所具有的灵活迅速决策优势体现在:①距离成本低,村镇银行总部往往设在村镇当地,信息搜寻成本会相对较低;大型商业银行总部或分支行往往设立在城市地段,距离村镇与农户距离远。②法人层次结构少,目前村镇银行最多有2层结构,同等网点服务辐射范围的审批贷款自主权高,委托代理链条短,代理成本较低,能够迅速地做出决策并提供客户所期望的服务;大型商业银行法人层次结构多,低层机构决策权有限,导致效率低。③机构权限完备,44%的村镇银行仅以总行单独机构存在(截至2013年年末),其他村镇银行开设的分行网点距离总行近,整个银行的审批流程迅速便捷。

6.3.2 基于禀赋优势的产品和服务设计

中国传统大银行已具有规模优势,对村镇银行在迪阳图西南方的发展将产生竞争挤压,但会在东北方留下发展空间。结合自身的禀赋优势,村镇银行的客户定位以及产品和服务的设计应该朝着私人化、小规模、高效率的理念发展,具体的产品设计和服务如下。

(1) 定位于服务中小企业与农户。

在技术、人力资本、网点数量和资产规模的限制下,村镇银行的客户目标需定位清晰,应主动寻求小客户,建立小银行与小客户同生存、同发展的理念。小企业、小额贷款不等于经济效益低下,只要找到合适的信息搜集与风险控制办法,便可以收获更多资金边际产出率高的小客户,并且收益更高,风险更小。针对小企业贷款则要积极探索不同的抵押方法,如将其存货、收费权益等作为抵押担保物,仓单质押贷款、开发信用一证通循环放贷，及时吸储，建立中小企业项目库和一企一策服务方案，以增强灵活性。

　　涉农并不意味着低回报和高风险。当前农村经济发展的速度增快，村镇银行恰应以敏锐的视角搭上农村经济加速发展的快车，并为其助力。村镇银行明显优势是建在县域，贴近农村和农民；易掌握"软信息"；信贷审批管理链条短、决策高效；相对经营成本较低等。在抵押贷款产品的创新上，拓展贷款抵押品的范围，不局限于房产和有价证券，如农地、林地、存货、订单等都可以通过适当的合约设计和抵质押管理充分授信。

　　在信用贷款的产品创造上，应该借鉴尤努斯乡村银行小额信贷模式，通过开展微型金融业务和创新农村金融产品及服务，努力满足农户和农村微小企业的多样化金融需求，主动瞄准小客户，培育其信用，增强其经济能力。

　　涉农产品特性需满足农户客户需求时间急、频率高、数额小的特点。不能拘泥于普通的贷款方式，而使客户错过投资的最佳时期。其应简化借贷手续，提高借贷效率；灵活设计还款模式，降低一次性还款压力。根据农户的信用额度和是否有抵押品来选择贷款的利率和期限，积极推行一次抵押、集中授信、余额控制、循环使用的管理方法，如果农户能够做到及时还款或提早还款，还应该采取相应的激励机制与之配合。（表6-2）

表6-2　部分村镇银行具体实践

村镇银行名称	服务特征
永嘉恒升村镇银行[a]	建立了"合并式"审批机制，企业贷款400万元以下，授权及审批合并，30万元以下的贷款，申请、调查、审批合三为一，缩短办贷时间；对小额个人贷款，设计了简单的文本，简化办贷手续，甚至农户凭借其人品，仅凭借身份证就可贷款10万元。一笔贷款从受理到发放一般在2个工作日内，快则不到1个工作日
RX村镇银行[b]	开发具有针对性的信贷产品，且赋予形象和容易记忆的名称，如"农家乐"
仁寿民富村镇银行[c]	量身定做了"富民贷"系列产品，并针对不同行业的特色个人，又细分出"农鸽乐""农机致富贷"等产品

续表 6-2

村镇银行名称	服务特征
东莞长安村镇银行、东莞大朗东盈村镇银行等[d]	依据当地经营特色对村民宅基地和小型作坊进行迅捷放款,甚至做到主动预测资金流动方法,并提前做好放贷邀请和吸储邀请,并且对信用对象,可以在没有抵押物、同时没有担保人的情况下给予 20 万元左右的贷款发放。且银行通过行长和信贷员亲自实地拜访、电话拜访、短信或邮件拜访、共同约见客户等形式来维护客户关系和收集金融信息

资料来源:

a: 吴国联,《村镇银行可持续发展样本研究——以温州市为例》,载《中国金融》2011 年第 2 期,第 50－52 页。

b: 沈杰、马九杰,《我国新型农村金融机构发展状况调查》,载《经济纵横》2010 年第 6 期,第 75－79 页。

c: 来源于汪开成 2013 年调研。

d: 来源于笔者 2014 年调研。

(2) 关系型经营与服务的提升。

基于社区的优势,村镇银行应充分发挥关系型业务的经营,可很大程度使借贷双方信息完全对称,最大限度降低交易成本,通过社会关系网络做有力的监督保障资金的安全。具体可依托当地股东资源吸收储蓄资源和拓展贷款业务,依靠当地企业业务关系整合产业链各个环节的客户①,依托村组织、合作经济组织联动发展,依托当地企业吸引企业员工客户,依托社区政府整合社区居民客户。通过关系型经营对客户的整合,还可以增加产品设计,例如消费类信贷产品、农业保险类信贷产品和卡类业务等。

当前政策对村镇银行业务地域上的约束,限制着村镇银行规模横向的扩展,因此其经营理念更应该像餐饮行业中的农庄,而不是连锁酒店。农庄设计理念能贴近当前的金融生态环境,村镇银行致力于关系的维护而注重服务质量的提升,更注重对当地资源的利用和针对客户需求提供令客户满意的产品和服务设计,例如,更具人性化的社区交流平台搭建和更亲和的服务提供。大型银行由于客户密集,就算是 VIP 客户也要排队,但村镇

---

① 如供应链融资贷款。汇丰村镇银行对农村特色产业供应环节上的农村中小企业和大农户提供一系列的贷款服务(李晓春,2010)。

银行却不需要长时间地排队,并且排队等待期间还提供饮水、咨询等服务,这些都是注重与客户的感情维系的表现①,并且可更进一步了解客户资金动态。

(3) 合作与新业务的开发。

村镇银行首先谋求与当地政府合作,加强联系,了解当地重点发展农业产业的相关政策和规定,基于对其在当地社区化的经营中掌握的中小企业、涉农企业以及大部分农户的资金流信息资源进行充分的数据挖掘,了解当地产业动态、产业布局,了解当地的经济热点,为乡镇政府提供产业规划和布局的政策建议,对经济发展前景好的中小企业和农户投资提供充分的贷款支持和献策献计。这样不仅可以为客户提供更好的发展视角,而且可以获得更高的回报,降低风险。再者,可以和当地政府和网络企业共同搭建一个社会化的公共服务平台,建立农产品的价格预测系统、报价系统和信息物流系统;结合农机机械设备企业提供农机租赁服务,提高当地农业产业效率;为了规避风险,可以与农业保险机构、担保机构进行深度合作,分担风险和共享收益。与大中型金融机构进行信贷合作,从大中型金融机构获得批发资金,然后将资金零售给中小企业和农户,这样既解决了村镇银行的资金短缺问题,又可有效降低大中型金融机构直接开展三农金融业务的交易成本,从而实现大小银行合作双赢的长效机制。

6.3.3 村镇银行服务定位及资金回流路径创造

资本与经济增长密不可分,中国农村的发展和建设需要大量的资金投入,但现实是多年来,中国农村资金外流造成农村经济失血。学者分别从宏观和微观上解释了资金外流的原因,认为解决农村金融交易的信息不对称和一个有效的可持续金融供给制度尤为关键,在具体的建议上却是基于传统金融供给制度进行改良,但效果甚微。而村镇银行的设立突破了改良思想,更是一种改革的节奏,其更能结合自身禀赋能力和强烈发展意愿进行农村金融服务。

---

① 通过对东莞长安村镇银行、东莞大朗东盈村镇银行调研得到对该理念的认识。

为更进一步刻画村镇银行为农村创造的资金回流路径，本书拓展了迪阳图，增加了存款空间布局图。大银行由于网点多，规模大，品牌效应好，其在城市和农村都可以布局吸储通路，因此其不但可以获得城市存款也可获得村镇存款，但贷款的投向往往偏向城市和大客户，于是从农村吸收出来的资金，最后难以回到农村，造成农村资金外逃。而村镇银行天然的社区服务功能和支农支小的禀赋能力让其贷款投放瞄向农村小客户，加上可以吸收存款的功能，创造了一条资本回流的新路径，这将是农村金融市场一个重要补充，并且深化和发展了农村金融相关理论。（图6-8）

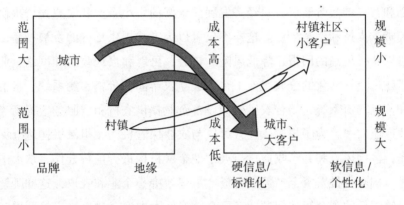

图6-8 迪阳模型扩展

6.4 村镇银行运行效率分析

"效率问题"是经济学讨论的最根本的议题，本质上讨论资源配置的效率，早自亚当·斯密就开始研究，关于资源配置效率研究议题有资源配置效率的评价，配置效率影响因素和资源配置方式、手段。资源配置效率的评价研究是后两个研究议题的基础，国外关于银行效率的研究机构主要有：①英国《银行家》杂志对世界大银行排名的研究。每年英国《银行家》杂志都对世界1 000家大银行按一级资本进行排名，其排名主要参照的指标有：银行的一级资本（即核心资本）、资产规模（包括总资产、比上年的增长率）、银行经营稳健状况（包括总资产、比上年的增长率），以及其他综合指标。②世界经济论坛（WEF）和瑞士洛桑国际管理与发展学院（IMD）的国际竞争力研究，其是世界上最有影响力的竞争力研究机构之一，在 WEF 和 IMD 的竞争力评价分析中，都是采用自上而下的总体分析方法，即在国家层次上定义竞争力，确定影响国家竞争力的因素后加以综合分析。分析的基本单位是国家，而他们对金融体系的研究，主要也是从国家的视角出发，是对国家金融竞争力的宏观测评研究，反映了一国金融体系整体经济的作用和影响程度（Mishkin，1995）。③信用评级机构对商业银行的信用评级。国际上著名的信用评级机构如穆迪公司和标准普尔等每年对国际大公司和商业银行进行信用评级（闫俊，2007；张梅，2009）。④CAMELS 评价系统。CAMELS 评价系统即骆驼评价系统，也被称为"统一金融机构评级系统"，目前被国外主要金融监管机构和国际金融分析师所广泛采用。该系统主要是监测和评价金融机构经营状况。

国内的相应研究机构有：①中国《银行家》杂志暨中国商业银行竞争力"研究中心"对商业银行竞争力的研究；②中国人民银行营业管理处对银行竞争力的排名。

国内外学者对效率评价的研究方法大致可以分为两类。第一种是确定性分析，基于确定的财务指标，使用通用的财务比率指标对银行效率进行对比，其描述客观、含义明确，但由于分析指标过多，系统性较差，难以进行综合优势判断。第二种是模糊评价法，其评价效率较高，包含信息量大，但原始数据解释难度加大，常见的例如 BP（back propagation）神经网络模型，根据神经网络原理，对银行竞争力综合评价模型的构造，网络的系统训练过程、BP 学习过程等进行了讨论（陈洪转等，2003）；灰色系统理论评价模型，从市场占有能力、盈利性等 4 方面的竞争力评价指标体系，先构建理想银行或者选取典型银行作为标杆银行，计算被评价银行与标杆银行之间的关联度，其关联度大小的排序即为银行竞争力强弱的顺序（迟国泰等，2006；席慧波，2010）；层次分析模型（AHP），在指标的选择方面，综合考虑了银行显性竞争力指标和影响银行的潜在性指标，解决了现有指标体系大都忽视潜在性指标而造成的评价失真现象；因子分析法，可以用少数因子描述众多指标之间的联系，以较少的几个因子反映原始资料的大部分信息，并形成评分系统，解决了现有研究中评价方法主观随意性较大的弊端；数据包络分析法（DEA），常用的有规模收益不变模型（CRS）、规模收益可变模型（VRS）、Malmquist（马奎斯特）指数模型，以及在此基础上衍生出来的多阶段等其他模型。

综上所述及文献统计，近二十年研究普遍采用"前沿效率分析法"，前沿效率是一种相对效率概念，莱宾斯坦等（1966）学者直接将前沿效率定义为X-效率，是关于整合技术、人力资源以及其他资产来生产给定的管理水平的测度。根据构造前沿函数的具体形式不同，前沿效率测定方法可分为"参数法"和"非参数法"。"参数法"包括：随机前沿法（SFA）、自由分布法（DFA）（Berger,1993）、厚前沿法（TFA）。"非参数法"包括：数据包络分析法（DEA）（Sherman & Gold, 1985）、无界分析法（FDH）。

其中目前以DEA为基础的分析模型比较多，且发展得比较快。主要得益于该模型既可以规避过分主观权重色彩，也能够得到效率具体评价值，并且通过"投入冗余"或者"产出不足"指导到原始生产状态，具有良好的实践作用，因此被广泛学者乐于应用。该方法用于研究内容主要集中在规模效率、范围效率、成本效率、利润效率等方面上。

在国外学者的研究中，Alhadeff（1954）是最早研究的学者之一，利用1938—1950年加利福尼亚州210家银行的数据，以总费用/信贷和投资的比率为成本指标，以信贷和投资等收益资产为产出指标，得出考察期内样本银行产出规模效率递增和成本规模效率递减并存的结论。

Sherman和Gold（1985）用DEA方法对某商业银行14家分行的效率进行了研究，其结论认可DEA作为银行分支机构营业方面绩效效率的评价方法。Pigu（1996）用DEA方法对密苏里州60家商业银行的经营效率进行了分析测算，利用DEA的相关指标对个别银行经营效率之间的差异进行比较，并在此基础上提出了非效率银行改善绩效的方向和方法。Altunbas和Evans（2001）用DEA方法研究了德国的民营银行、公共储蓄银行和互助合作银行的效率，他们对德国1 195家民营商业银行、2 858家公共储蓄银行和3 486家互助合作银行1989—1996年间的效率进行测算分析，区分了不同规模的银行，并运用自由分布法和随机边界法进一步分析了银行的纯技术效率和规模效率，结果表明，德国民营银行的效率并不比国有银行和合作银行更高。

Berger 等（1992）较早运用 Malmquist 指数评估 1980—1989 年挪威银行的生产率增长，认为银行管制期间生产率下降明显，但在放松管制时增长迅速。Alam（2001）采用了与 Berger 类似的方法探讨了 20 世纪 80 年代美国商业银行生产率变化，发现 1983 和 1984 年生产力显著增长，随后在 1985 年增长速度下降。

在效率影响因素方面，大部分学者较为关心成本效率。Berger 和 DeYoung（1997）研究了美国商业银行 1985—1994 年不良贷款率和成本效率两者的关系，认为随着美国商业银行不良贷款的增加，其成本效率得到了提升。Carvallo 等（2005）学者对拉丁美洲银行的成本效率的研究结果显示，非利息收入对改善传统银行的成本效率具有积极作用。

Berger 等（1992）和 Humphrey（1997）认为利润效率给银行经营带来的影响亦十分显著，而鼓励研究者不仅仅关注成本因素。Berger 和 Mester（1997）进一步指出，如果发现成本效率和标准利润效率的基础假设不成立，选取替代利润效率指标是一个更佳选择，因为替代利润效率在一定程度上更加真实地反映了商业银行实际所具有的效率。继而，通过对美国银行业效率进行实证研究，认为美国银行业的利润效率普遍要比成本效率高，标准利润效率要比替代利润效率高。

Maudos 和 Pastor（2002）的研究则更进一步，其通过对西班牙银行业 1985—1996 年成本效率和利润效率进行测度，认为成本效率要高于利润效率，同时标准利润效率要高于替代利润效率。Nakane 和 Weintraub（2004）研究了 1990—2002 年约 250 家巴西银行的生产率变化情况，其研究发现生产力的变化来源于效率的变化或技术变革。

Paradi 等（2011）对加拿大 816 家银行分支机构的效率影响因素进行了研究，认为银行规模效率、分支所处地理位置和市场环境对银行效率的影响显著。

国内基于 DEA 方法对银行效率的研究近十年也取得了较为迅速的发展。以 DEA 和银行作为关键字在知网总库搜索，较早收录的有薛峰和杨德礼于 1998 年发表在《数量经济技术经济研究》的《评价银行经营与管理综合效益的 DEA 模型》，主要引用了 DEA 分析模型对商业银行投入产出效率进行了评价。从 2000 年至今相关研究文章数量的不完全统计见图 6-9。

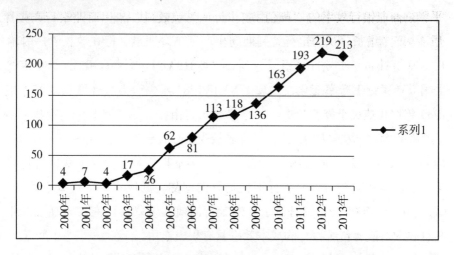

图 6-9 基于 DEA 方法对银行效率相关研究文献数量统计

王丽和魏煜（2000）对中国商业银行 1997 年的效率进行了实证研究，并在测算结果的基础上对国有商业银行和其他新型商业银行的效率之间的差别进行了比较。赵昕、薛俊波和殷克东（2002）运用 DEA 方法研究了中国商业银行的效率，以四大国有银行和三家股份制商业银行为样本，实证研究的结果表明国有银行的效率低于股份制商业银行，该结论与姚树洁、冯根福等（2004）的研究较为一致，后者研究结论具体地认为非国有银行比国有银行效率高 11%～18%。随后的研究，整体分析思路较为相似，主要贡献在效率值测算的学者有张健华（2003），刘汉涛（2004），郑鸣和张燕（2004），陈洪转、郑垂勇和羊震（2005），郑录军和曹廷求（2005）等。主要体现在模型的改良和选择上，张健华（2003）运用 DEA 方法的基本模型及其改进模型，对中国三类商业银行从 1997—2001 年的效率状况进行了解析，并对各家银行的效率进行了排序。

关于效率的影响因素的研究，赵旭（2000）基于 DEA 模型研究，认为国有商业银行非利息支出的大幅度增加即内部管理费用失控是国有商业银行效率低的主要原因。迟国泰等（2006）证明国内商业银行的成本无效率主要由技术效率低引起。王付彪等（2006）认为我国商业银行技术效率损失主要源于规模效率损失，说明我国商业银行存在与其规模不相适应的管理能力。张金清、吴有红（2010）运用类似方法分析了外资银行进入水平影响商业银行效率的"阈值效应",认为该效应并未因商业银行产权性质不同而存在显著差异。

唐齐鸣、付雯雯(2011)运用非参数 DEA 方法对 2006—2008 年 18 家国际大银行的效率变化情况进行了实证研究,研究表明不论国际银行业还是中国银行业,全要素生产率的减少主要是由技术退步引起的,而技术变动的原因在于风险的变动。

解晟实、杨青楠(2011)曾以 2007 年为考察期对我国刚刚改制的 11 家农村商业银行进行了效率分析,认为我国农村商业银行总体运行效率普遍有效,整体上运营效率较高,资源浪费、配置无效的问题基本上得到了很好的解决。

6.4.1 模型及指标选择

数据包络分析法(data envelopment analysis,DEA)是由 Charnes、Cooper 和 Rhodes 等在 1978 年提出的一种基于相对效率的多投入多产出评价决策单元相对有效性的系统分析方法。其主要优点有:不需要对不同单位的数据进行无量纲化处理,不需要对投入变量做任何权重假设,不必确定输入与输出之间的函数表达式。DEA 模型应用比较广泛的有 C^2R 模型、BC^2 模型。

Charnes 等(1978)构建的 C^2R 模型,假设对 n 个决策单元(经济系统称为决策单元:decision making units,DMU)进行评价,每个单元 k 种"投入要素"及 m 种"产出要素",记第 j 单元的投入向量为 $X_j = (x_{1j}, x_{2j}, \cdots, x_{kj})^T$,其对应的权重向量为 $V_j = (v_1, v_2, \cdots, v_k)^T$;相应的产出向量为 $Y_j = (y_{1j}, y_{2j}, \cdots, y_{mj})^T$,其对应的权重向量为 $U_j = (u_1, u_2, \cdots, u_k)^T$,那么第 j_0 个决策单元的相对有效性规划模型如下。

$$\begin{cases} \max \dfrac{u^T Y_0}{v^T X_0} \\ \dfrac{u^T Y_j}{v^T X_j} \leq 1; j = 1, 2, \cdots, n \\ u > 0, v > 0 \end{cases} \quad (6-1)$$

经过 Charnes-Cooper 变换，令 $t = \dfrac{1}{v^T X_0} > 0, \omega = tv, \mu = tu$，

$$\begin{cases} \max \mu^T Y_0 \\ s.t.\ \omega^T X_j - \mu^T Y_j \geq 0; j = 1,2,\cdots,n \\ \qquad \omega^T X_0 = 1 \\ \qquad \omega \geq 0, \mu \geq 0 \end{cases} \quad (6-2)$$

并引入松弛变量 S^- 与 S^+，可得到 C^2R 模型的对偶线性规划方程：

$$\overline{D}_{C^2R} = \begin{cases} \min \theta \\ s.t.\ \sum_{i=1}^{n} X_i \lambda_i + S^- = \theta X_0 \\ \qquad \sum_{j=1}^{n} Y_j \lambda_j - S^+ = Y_0 \\ \qquad \lambda_i, \lambda_j \geq 0; i,j = 1,2,\cdots,n \\ \qquad S^- \geq 0, S^+ \geq 0 \end{cases} \quad (6-3)$$

C^2R 模型中，θ 为该决策单元 DMU_0 的投入相对于产出的有效值，当 $\theta = 1$ 且 $S^- = S^+ = 0$ 时，则称 DMU_0 为 DEA 有效，即在 n 个决策单元组成的经济系统中，在原投入 X_0 基础上所获得的产出量 Y_0 已达到了最优；当 $\theta = 1$ 且 $S^- \neq 0$ 或 $S^+ \neq 0$ 时，则称 DMU_0 为 DEA 弱有效，即在 n 个决策单元组成的经济系统中即使把投入 X_0 减少 S^- 仍可以保持原产出量 Y_0 不变，或在投入 X_0 不变的情况下可得到产出提高 S^+；当 $\theta < 0$ 时，则称 DMU_0 为 DEA 无效，即在 n 个决策单元组成的经济系统中，可通过组合将投入降至原投入 X_0 的 θ 比例而保持原产出量 Y_0 不降低。

设 $k = \sum \lambda_i / \theta$，则 k 为 DMU_0 的规模收益值。当 $k = 1$ 时，表示 DMU_0 规模收益不变，此时 DMU_0 达到最大产出规模；当 $k < 1$ 时，表示 DMU_0 规模收益递增，且 k 值越小、规模递增趋势越大，此时 DMU_0 在投入 X_0 基础上再适当增加投入量，产出量将有更大比例的增加；当 $k > 1$ 时，表示 DMU_0 规模收益递减，且 k 值越大、规模递减趋势越大，此时 DMU_0 在投入 X_0 基础上即使再增加投入量，也难以带来更大比例的产出量，故没有再增加投入的必要。

将决策单元中各分量的 S_{ij}^- 与对应指标分量 x_{ij} 的比值定义为投入冗余率，记为 $\alpha_{ij} = S_{ij}^-/x_{ij}$，表示该分量指标可节省的比例；同样设 $\beta_{ij} = S_{ij}^+/y_{ij}$，$\beta_{ij}$ 称为产出不足率。通过横、纵向比较各时期不同地区的 DMU_0 投入冗余率和产出不足率，可反映出决策单元发展过程中尚待改进或加强管理的方面。

Banker 等（1984）放宽 C^2R 模型"最有规模"假定，增加对权重的约束，令 $\sum_{j=1}^{n} \lambda = 1$，构建了 BC^2 模型［见公式（6-4）］，将技术效率分解成纯技术效率（PTE）和规模技术效率（SE），且可以判断 DMU_0 的规模报酬状况。

$$\overline{D}_{BC^2} \begin{cases} \min\theta' \\ \sum_{j=1}^{n} X_j\lambda_j + S^- = \theta'X_0 \\ \sum_{j=1}^{n} Y_j\lambda_j - S^+ = Y_0 \\ \sum_{j=1}^{n} \lambda_j = 1 \\ \lambda_j \geq 0; j = 1,2,\cdots,n; \theta' \text{无限制} \\ S^- \geq 0, S^+ \geq 0 \end{cases} \quad (6-4)$$

随着研究的深入，DEA 模型也有很丰富的改进，如 Anderson 和 Petersen（1993）提出的 SE-DEA 模型，Caves、Christensen 和 Diewert（1982）将 Malmquist 模型（1953 年由 Malmquist 提出）应用于生产效率变化的测算，随后二阶段 DEA 模型、三阶段 DEA 模型、网络 DEA 模型等也被广泛应用。

由于金融机构不同于一般的生产企业，不具有有形的产品，而是资金的流入与流出，因此在投入与产出的指标选择上存在很大争议。目前，国内外关于金融机构投入产出指标的选择主要有生产法、中介法、资产法、用户成本法、价值附加法等。表 6-3 是关于模型和指标选择的概览。

表6-3 相关研究者投入产出模型和指标选择概况

研究者	投入指标	产出指标	模型
Sherman 和 Gold（1985）	员工人数、营业费用和租金费用	根据个别交易时间及其占用资源的多少分成4种	证实DEA的评价效率
顾洪梅、谢淑萍、温秀玲（2014）	可贷资金、固定资产账面价值、总成本	贷款、其他收益性资产	成本效率模型/中介法
郭威（2013）	劳动力、实物资本和可贷资金	利息收入和非利息收入	网络DEA
刘汉涛（2004）	实物资产、员工人数和各项支出	采用利息收入和非利息收入	CCR
芦锋和史金凤（2013）	模型1：固定资产净值、职工总数、存款总额	模型1：贷款总额、其他盈利性资产总额、存款总额	Malmquist
	模型2：固定资产净值、员工总人数	模型2：贷款总额、其他盈利性资产总额	
时乐乐、赵军（2013）	劳动力人数、总资产、营业成本	利息收入、非利息收入	CCR
孙金岭（2013）	工人数、固定资产、存款余额、业务及管理费用	以贷款余额、净利息收入和净非利息收入作为产出指标变量	Malmquist
唐天伟、余青、潘岳萍（2013）	工人数、实物资本、可贷资金	贷款、净利润	BCC（VRS）
张健华（2003）	模型1：利息支出、非利息支出	模型1：净利息收入、非利息收入	成本效率DEA
	模型2：利息支出、非利息支出、固定资产	模型2：总贷款、总存款、其他收益资产、非利息收入	
张岭、张胜、王情、李向（2014）	资本净额、员工人数、业务及管理费	风险加权资产、存款、营业总收入	—
张勇、李冬、周丹（2013）	员工人数和营业费用	存贷款总额、拨备前利润和中间业务收入	普通DEA模型

续表6-3

研究者	投入指标	产出指标	模型
赵昕、薛俊波和殷克东（2002）	员工人数、营业费用率和一级资本	产利润率和人均利润	—
郑录军和曹廷求（2005）	固定资产净值和运营费用	存款、贷款和利润	—
郑鸣、段梅、陈福生（2013）	核心资本、股本、附属资本、资本净额	资本充足率、利润、资产收益率、资本收益率	—
郑鸣和张燕（2004）	采用员工人数、固定资产和利息支出作	贷款和存款	—
周汝卓（2013）	实收资本和员工薪酬	净利润	—

从上表得知，DEA的投入产出指标选择并没有较多规律和统一标准，往往由于研究者研究议题不同而进行不同的选择。本书根据研究需要构建了5个模型，分别测度银行中介效率、规模效率、劳动力与资本效率（生产效率）、风控效率、"支农支小"效率（社会绩效效率），具体指标选择见表6-4。

本书数据根据广东省各家村镇银行非现场监管数据和银行年报数据收集整理。2013年村镇银行样本数24家，2012年24家，2011年16家。由于各家村镇银行成立时间不同，因此难以形成工整的面板数据，模型选择上无法利用Malmquist指数模型，但为了体现面板数据的特质，本书通过加入时间限制来形成平面化数据，并采用BC^2模型，最大限度地保持了每个决策单元的综合信息（包括环境因素、时间因素信息等），并且容易进行局部异常数据排除和处理，利用Deap2.1软件进行分析。

表6-4 本书研究投入产出指标选择

	投入指标	产出指标	分析目标
模型1：中介效率	资本净额、员工人数、营业总支出	风险加权资产、存款、营业总收入	测度不同年份各个银行中介效率大小
模型2：规模效率	负债规模、所有者权益合计	净利润、净资产回报率	测度不同规模银行规模相对效率

续表 6-4

	投入指标	产出指标	分析目标
模型 3：劳动力与资本效率（生产效率）	职工报酬、固定资产净值（除工资外营业支出）	利息净收入、贷款总额	测度劳动力、固定资产生产相对效率
模型 4：风控效率	贷款总额、职工报酬	正常贷款比率、资本充足率	测度风险管理相对效率
模型 5："支农支小"效率（社会绩效效率）	资产总额、营业支出	涉农贷款余额、中小企业贷款余额、个人贷款	测度支农程度相对效率

6.4.2 中介效率的测度结果及评析

通过模型 1 进行测度，中介效率测量结果见表 6-5。从该表发现，广东省村镇银行近三年中介效率综合均值为 0.743，技术效率均值为 0.877，规模效率值为 0.837。综合效率值在 2011、2012、2013 年分别为 0.662、0.712、0.828，逐年递增，证明村镇银行随着不断发展，越能满足作为一个银行中介所承担起的当地融资的功能。从规模报酬情况统计，2013 年仅有 1 家村镇银行处于规模报酬递减，2012 年有 2 家。据笔者调研，东莞长安金融发展比较密集，银行林立，而且竞争相对激烈，笔者在此提出是银行业过度竞争的外部原因导致其规模报酬处于递减水平。广州白云民泰村镇银行、中山古镇南粤村镇银行在 2012 年处于规模报酬递减阶段，但随着城镇经济的开发建设，资金在区域整体面临供不应求，因此在 2013 年又处于规模经济递增状态。

表 6-5 中介效率测量结果

DMU \ 项目	综合效率值（crste）	技术效率值（vrste）	规模效率值（scale）	规模报酬情况
2013 年德庆华润村镇银行	0.893	1.000	0.893	irs
2013 年东莞长安村镇银行	0.998	1.000	0.998	drs

续表6-5

DMU / 项目	综合效率值（crste）	技术效率值（vrste）	规模效率值（scale）	规模报酬情况
2013年东源泰业村镇银行	0.559	0.770	0.726	irs
2013年佛山高明顺银村镇银行	0.798	0.835	0.957	irs
2013年广东澄海潮商村镇银行	0.849	0.949	0.895	irs
2013年广东恩平汇丰村镇银行	0.833	0.977	0.853	irs
2013年广东普宁汇成村镇银行	0.997	1.000	0.997	irs
2013年广东中山小榄村镇银行	1.000	1.000	1.000	—
2013年广州白云民泰村镇银行	0.809	0.815	0.992	irs
2013年广州从化柳银村镇银行	0.742	0.801	0.926	irs
2013年广州番禺新华村镇银行	1.000	1.000	1.000	—
2013年广州花都稠州村镇银行	1.000	1.000	1.000	—
2013年广州增城长江村镇银行	0.546	0.649	0.841	irs
2013年鹤山珠江村镇银行	1.000	1.000	1.000	—
2013年惠州仲恺东盈村镇银行	1.000	1.000	1.000	—
2013年梅县客家村镇银行	1.000	1.000	1.000	—
2013年三水珠江村镇银行	0.833	0.883	0.943	irs
2013年始兴大众村镇银行	0.580	0.795	0.729	irs
2013年云浮新兴东盈村镇银行	0.595	0.894	0.666	irs
2013年中山东凤珠江村镇银行	0.901	0.936	0.963	irs
2013年珠海横琴村镇银行	0.995	1.000	0.995	irs
2013年中山古镇南粤村镇银行	0.599	0.668	0.896	irs
2013年东莞大朗东盈村镇银行	0.654	0.857	0.763	irs
2013年东莞厚街华业村镇银行	0.682	0.779	0.875	irs
2013年均值	0.828	0.900	0.911	
2012年德庆华润村镇银行	0.625	0.815	0.767	irs
2012年东莞大朗东盈村镇银行	0.346	0.775	0.446	irs
2012年东莞厚街华业村镇银行	0.307	0.561	0.547	irs
2012年东莞长安村镇银行	1.000	1.000	1.000	—
2012年东源泰业村镇银行	0.413	0.602	0.685	irs

续表 6-5

DMU / 项目	综合效率值（crste）	技术效率值（vrste）	规模效率值（scale）	规模报酬情况
2012年佛山高明顺银村镇银行	0.704	0.779	0.903	irs
2012年广东澄海潮商村镇银行	0.910	0.911	1.000	—
2012年广东恩平汇丰村镇银行	0.838	1.000	0.838	irs
2012年广东普宁汇成村镇银行	0.599	0.719	0.833	irs
2012年广东中山小榄村镇银行	0.878	0.905	0.970	irs
2012年广州白云民泰村镇银行	0.886	1.000	0.886	drs
2012年广州从化柳银村镇银行	0.768	0.956	0.804	irs
2012年广州番禺新华村镇银行	1.000	1.000	1.000	—
2012年广州花都稠州村镇银行	0.551	0.574	0.960	irs
2012年广州增城长江村镇银行	0.394	0.699	0.564	irs
2012年鹤山珠江村镇银行	0.818	1.000	0.818	irs
2012年惠州仲恺东盈村镇银行	1.000	1.000	1.000	—
2012年梅县客家村镇银行	0.993	0.993	1.000	—
2012年三水珠江村镇银行	0.783	0.881	0.889	irs
2012年始兴大众村镇银行	0.540	1.000	0.540	irs
2012年云浮新兴东盈村镇银行	0.540	0.972	0.555	irs
2012年中山东凤珠江村镇银行	0.755	0.861	0.877	irs
2012年中山古镇南粤村镇银行	0.814	0.821	0.991	drs
2012年珠海横琴村镇银行	0.614	0.626	0.980	irs
2012年均值	0.712	0.852	0.827	
2011年德庆华润村镇银行	0.241	0.681	0.354	irs
2011年东莞长安村镇银行	1.000	1.000	1.000	—
2011年东源泰业村镇银行	0.260	0.773	0.336	irs
2011年佛山高明顺银村镇银行	0.829	0.941	0.881	irs
2011年广东澄海潮商村镇银行	0.616	0.640	0.963	irs
2011年广东恩平汇丰村镇银行	0.464	0.815	0.569	irs
2011年广东中山小榄村镇银行	1.000	1.000	1.000	—
2011年广州番禺新华村镇银行	0.947	1.000	0.947	irs
2011年鹤山珠江村镇银行	0.618	0.879	0.704	irs
2011年惠州仲恺东盈村镇银行	0.983	1.000	0.983	irs
2011年梅县客家村镇银行	1.000	1.000	1.000	—

续表6-5

DMU	项目	综合效率值 (crste)	技术效率值 (vrste)	规模效率值 (scale)	规模报酬情况
2011年三水珠江村镇银行		0.592	0.733	0.807	irs
2011年始兴大众村镇银行		1.000	1.000	1.000	—
2011年云浮新兴东盈村镇银行		0.014	1.000	0.014	irs
2011年中山东凤珠江村镇银行		0.678	0.806	0.841	irs
2011年珠海横琴村镇银行		0.346	0.801	0.432	irs
2011年均值		0.662	0.839	0.739	
全局均值		0.743	0.877	0.837	

从图6-10更能直观地看到各家银行不同年份的综合效率值，大多数村镇银行的中介效率在2013年明显比其他年份更高，但亦出现一些较为特殊的个案，综合效率的高低，主要受到宏观环境、自身的战略的影响。

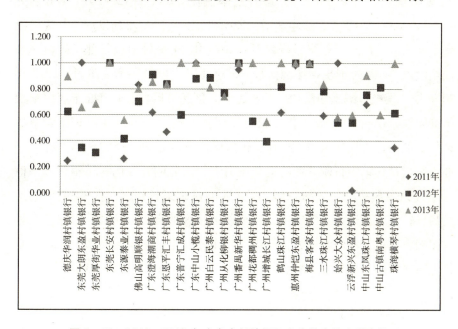

图6-10　2011—2013年广东省村镇银行中介效率综合效率值

6.4.3 规模效率的测度及评析

规模效率通过模型2（表6-4）进行测度。由于净利润这一指标有负值，不能使用 Deap 2.1 软件进行运算，因此需要进行数据处理。常用的处理方式有统一调整、比例法归一化、无穷小正数替代等。针对该数据结构，统一调整会导致某些投入规模小的村镇银行效率值剧增，而规模大的银行评判降低，导致分析错误；比例法归一化会整体降低数据 DEA 效率，由于难以进行双边协同归一化，导致产出结果区分度减小，亦容易出现分析错误。因此本书采取正无穷小化转换，在处理过程中，本书尊重客观的既定客观数据排序，按照权重法进行正无穷小化转换，但同时能够体现原始数据排序。具体规模效率测量结果见表6-6。

广东省村镇银行近三年规模效率综合均值为 0.420，技术效率均值为 0.598，规模效率值为 0.628。综合效率值在 2011、2012、2013 年分别为 0.277、0.357、0.577，逐年递增，证明村镇银行随着不断发展，其规模效率不断提高。从规模报酬情况统计，2013 年 14 家村镇银行处于规模报酬递增阶段，7 家处于规模递减阶段，3 家处于规模报酬不变阶段；2012 年 20 家处于规模报酬递增阶段，3 家处于规模递减阶段，1 家处于规模报酬不变阶段，说明了 2012 年村镇银行发展潜能较大，2013 年出现了竞争的挤压，但银行规模运营绩效提高，仍然保持着良好的综合效率值。表6-6 亦反映出，村镇银行刚开业的运营压力大，因此刚开业的村镇银行效率值低下（见表6-7，绝大部分都是刚开业的村镇银行），经过一段时间的运营后，很快就能进入正常轨道，甚至取得较大的突破，例如广东恩平汇丰村镇银行、广东澄海潮商村镇银行、广东普宁汇成村镇银行等。因此，政策上对村镇银行前期的支持和鼓励能体现出必要性。（图6-11）

表6-6 规模效率测量结果

DMU \ 项目	综合效率值（crste）	技术效率值（vrste）	规模效率值（scale）	规模报酬情况
2013年德庆华润村镇银行	0.825	0.850	0.970	irs
2013年东莞长安村镇银行	0.760	0.804	0.945	drs
2013年东源泰业村镇银行	0.189	0.407	0.465	irs
2013年佛山高明顺银村镇银行	1.000	1.000	1.000	—
2013年广东澄海潮商村镇银行	0.264	0.313	0.844	irs
2013年广东恩平汇丰村镇银行	1.000	1.000	1.000	—
2013年广东普宁汇成村镇银行	0.369	0.374	0.986	irs
2013年广东中山小榄村镇银行	1.000	1.000	1.000	—
2013年广州白云民泰村镇银行	0.677	0.684	0.989	drs
2013年广州从化柳银村镇银行	0.210	0.225	0.934	irs
2013年广州番禺新华村镇银行	0.615	0.648	0.950	drs
2013年广州花都稠州村镇银行	0.528	0.539	0.980	drs
2013年广州增城长江村镇银行	0.000	0.164	0.001	irs
2013年鹤山珠江村镇银行	0.784	0.798	0.984	drs
2013年惠州仲恺东盈村镇银行	0.972	1.000	0.972	drs
2013年梅县客家村镇银行	0.837	0.841	0.996	irs
2013年三水珠江村镇银行	0.854	0.855	0.998	irs
2013年始兴大众村镇银行	0.403	0.779	0.518	irs
2013年云浮新兴东盈村镇银行	0.379	0.441	0.860	irs
2013年中山东凤珠江村镇银行	0.711	0.713	0.997	irs
2013年珠海横琴村镇银行	0.628	0.629	0.998	drs
2013年中山古镇南粤村镇银行	0.188	0.191	0.983	irs
2013年东莞大朗东盈村镇银行	0.666	0.694	0.959	irs
2013年东莞厚街华业村镇银行	0.000	0.228	0.000	irs
2013年均值	0.577	0.632	0.847	
2012年德庆华润村镇银行	0.460	0.517	0.889	irs
2012年东莞大朗东盈村镇银行	0.000	0.445	0.000	irs

续表 6-6

DMU	项目	综合效率值（crste）	技术效率值（vrste）	规模效率值（scale）	规模报酬情况
2012年东莞厚街华业村镇银行		0.000	0.406	0.000	irs
2012年东莞长安村镇银行		0.920	0.949	0.968	drs
2012年东源泰业村镇银行		0.000	0.443	0.001	irs
2012年佛山高明顺银村镇银行		1.000	1.000	1.000	—
2012年广东澄海潮商村镇银行		0.762	0.764	0.997	irs
2012年广东恩平汇丰村镇银行		0.002	0.674	0.002	irs
2012年广东普宁汇成村镇银行		0.456	0.516	0.883	irs
2012年广东中山小榄村镇银行		0.828	0.851	0.973	drs
2012年广州白云民泰村镇银行		0.000	0.102	0.000	irs
2012年广州从化柳银村镇银行		0.000	0.241	0.000	irs
2012年广州番禺新华村镇银行		0.327	0.332	0.984	irs
2012年广州花都稠州村镇银行		0.133	0.154	0.864	irs
2012年广州增城长江村镇银行		0.014	0.341	0.040	irs
2012年鹤山珠江村镇银行		0.694	0.699	0.992	irs
2012年惠州仲恺东盈村镇银行		0.958	0.983	0.974	drs
2012年梅县客家村镇银行		0.408	0.445	0.916	irs
2012年三水珠江村镇银行		0.960	0.964	0.996	irs
2012年始兴大众村镇银行		0.000	1.000	0.000	irs
2012年云浮新兴东盈村镇银行		0.000	0.357	0.001	irs
2012年中山东凤珠江村镇银行		0.613	0.656	0.934	irs
2012年中山古镇南粤村镇银行		0.000	0.074	0.000	irs
2012年珠海横琴村镇银行		0.044	0.178	0.249	irs
2012年均值		0.357	0.545	0.528	
2011年德庆华润村镇银行		0.001	0.703	0.001	irs
2011年东莞长安村镇银行		0.515	0.544	0.947	drs
2011年东源泰业村镇银行		0.000	0.575	0.001	irs
2011年佛山高明顺银村镇银行		0.936	0.943	0.993	irs
2011年广东澄海潮商村镇银行		0.000	0.301	0.000	irs

续表 6-6

DMU	项目	综合效率值(crste)	技术效率值(vrste)	规模效率值(scale)	规模报酬情况
2011年广东恩平汇丰村镇银行		0.000	0.911	0.000	irs
2011年广东中山小榄村镇银行		0.923	0.974	0.948	drs
2011年广州番禺新华村镇银行		0.915	0.921	0.994	irs
2011年鹤山珠江村镇银行		0.195	0.293	0.668	irs
2011年惠州仲恺东盈村镇银行		0.103	0.144	0.719	irs
2011年梅县客家村镇银行		0.317	0.592	0.535	irs
2011年三水珠江村镇银行		0.318	0.368	0.864	irs
2011年始兴大众村镇银行		0.027	0.932	0.029	irs
2011年云浮新兴东盈村镇银行		0.003	1.000	0.003	irs
2011年中山东凤珠江村镇银行		0.132	0.331	0.400	irs
2011年珠海横琴村镇银行		0.042	0.448	0.094	irs
2011年均值		0.277	0.624	0.450	
全局均值		0.420	0.598	0.628	

表 6-7　规模效率综合效率值低下村镇银行一览

银行	综合效率值	是否新增	银行	综合效率值	是否新增
2011年始兴大众村镇银行	0.027	是	2012年东莞厚街华业村镇银行	0	是
2012年广州增城长江村镇银行	0.014	是	2012年东源泰业村镇银行	0	是
2011年云浮新兴东盈村镇银行	0.003	是	2012年广州白云民泰村镇银行	0	是
2012年广东恩平汇丰村镇银行	0.002	否	2012年广州从化柳银村镇银行	0	是
2011年德庆华润村镇银行	0.001	是	2012年始兴大众村镇银行	0	否

续表6-7

银行	综合效率值	是否新增	银行	综合效率值	是否新增
2013年广州增城长江村镇银行	0	是	2012年云浮新兴东盈村镇银行	0	否
2013年东莞厚街华业村镇银行	0	否	2012年中山古镇南粤村镇银行	0	是
2012年东莞大朗东盈村镇银行	0	是	2011年东源泰业村镇银行	0	是

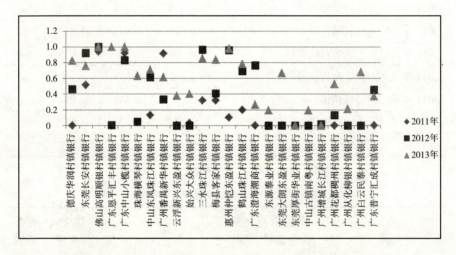

图6-11 2011—2013年广东省村镇银行规模效率综合效率值

6.4.4 资本与劳动力效率测度及评析

通过模型3（表6-4）进行测度劳动力与资本效率（生产效率）。本书构建2个子模型进行测试，一个投入指标为职工报酬、固定资产净值、除工资外营业支出，产出指标为利息净收入、贷款总额，第二个投入指标为职工报酬、固定资产净值，产出指标为利息净收入、贷款总额。两者关联度相当，如图6-12、图6-13及表6-8所示。

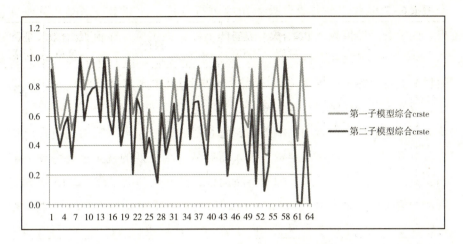

图 6-12　模型 3 第一子模型与第二子模型相关性

表 6-8　模型 3 第一子模型与第二子模型回归分析

	df	SS	MS	F	Significance F
回归分析	1	2.081 997	2.081 997	103.715	7.34018E-15
残差	62	1.244 601	0.020 074	—	—
总计	63	3.326 598	—	—	—

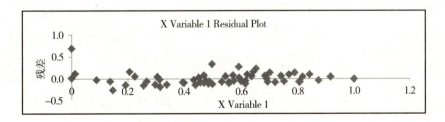

图 6-13　残差分布

为保持尽量多的信息，本书选择第一子模型结果进行展示。具体结果见表 6-9。广东省村镇银行近三年规模效率综合均值为 0.691，技术效率均值为 0.831，规模效率值为 0.834。综合效率值在 2011、2012、2013 年分别为 0.655、0.654、0.752。2013 年明显体现到劳动力和资本的投入效率的提高。再者,本书通过投入角度进行分析,计算工资薪酬、营业支出、固定资产净值投入冗余率。从整体上看,固定资产净值投入冗余率为28.66%,比工资薪酬(18.10%)、除工资外营业支出(16.92%)高,表明村镇银行固定资产前期投入仍然相对较大。在此本书有两点思考,第一,或许大部分村镇银行在投资建设时过度注重办公设备和营业的场所,认为可以以此体现银行的高端形象,增强品牌效应,可以吸引到更多的优秀就业者;第二,或许固定资产投入需要从一个长期的视角进行考察,前期相对效率仍未展示出来,随着不断运作,其冗余率会下降,2013年固定资产净值平均冗余率为29.24%,比2012年的34.10%下降4.86个点,在一定程度上证实了第二个观点。由于2011年村镇银行数目偏少,尽管固定资产净值冗余率偏低,但难以加入比较,因此不做详尽分析。(图6-14)

表6-9 劳动力与资本效率

项目 DMU	综合效率值	技术效率值	规模效率值	规模	投入冗余率		
					工资薪酬	除工资外营业支出	固定资产净值
2013年德庆华润村镇银行	1.000	1.000	1.000	—	0.00%	0.00%	0.00%
2013年东莞长安村镇银行	0.747	0.936	0.798	drs	11.11%	6.44%	91.22%
2013年东源泰业村镇银行	0.505	0.524	0.964	irs	47.56%	47.56%	85.60%
2013年佛山高明顺银村镇银行	0.613	0.630	0.973	drs	36.97%	36.97%	93.13%
2013年广东澄海潮商村镇银行	0.749	0.761	0.984	irs	23.91%	23.91%	23.91%
2013年广东恩平汇丰村镇银行	0.507	0.779	0.651	irs	22.15%	22.15%	22.15%
2013年广东普宁汇成村镇银行	0.626	0.632	0.990	irs	36.81%	36.81%	66.50%
2013年广东中山小榄村镇银行	1.000	1.000	1.000	—	0.00%	0.00%	0.00%

续表 6-9

项目 DMU	综合效率值	技术效率值	规模效率值	规模	投入冗余率		
					工资薪酬	除工资外营业支出	固定资产净值
2013年广州白云民泰村镇银行	0.783	1.000	0.783	drs	0.00%	0.00%	0.00%
2013年广州从化柳银村镇银行	0.898	0.907	0.991	irs	9.32%	9.32%	9.32%
2013年广州番禺新华村镇银行	1.000	1.000	1.000	—	0.00%	0.00%	0.00%
2013年广州花都稠州村镇银行	0.809	1.000	0.809	drs	0.00%	0.00%	0.00%
2013年广州增城长江村镇银行	0.622	0.633	0.983	irs	36.71%	36.71%	36.71%
2013年鹤山珠江村镇银行	1.000	1.000	1.000	—	0.00%	0.00%	0.00%
2013年惠州仲恺东盈村镇银行	1.000	1.000	1.000	—	0.00%	0.00%	0.00%
2013年梅县客家村镇银行	0.596	0.684	0.871	drs	31.61%	31.61%	93.21%
2013年三水珠江村镇银行	0.931	0.973	0.957	irs	40.30%	2.70%	2.70%
2013年始兴大众村镇银行	0.498	0.668	0.746	irs	33.20%	33.20%	33.20%
2013年云浮新兴东盈村镇银行	0.667	1.000	0.667	irs	0.00%	0.00%	0.00%
2013年中山东凤珠江村镇银行	1.000	1.000	1.000	—	0.00%	0.00%	0.00%
2013年珠海横琴村镇银行	0.612	0.615	0.996	drs	51.70%	38.54%	38.54%
2013年中山古镇南粤村镇银行	0.731	0.827	0.884	drs	26.55%	17.26%	17.26%

续表6-9

DMU 项目	综合效率值	技术效率值	规模效率值	规模	投入冗余率 工资薪酬	除工资外营业支出	固定资产净值
2013年东莞大朗东盈村镇银行	0.808	1.000	0.808	irs	0.00%	0.00%	0.00%
2013年东莞厚街华业村镇银行	0.340	0.370	0.918	irs	62.99%	62.99%	88.29%
2013年均值	0.752	0.831	0.907		19.62%	16.92%	29.24%
2012年德庆华润村镇银行	0.647	0.708	0.914	irs	29.18%	29.18%	29.18%
2012年东莞大朗东盈村镇银行	0.382	0.873	0.437	irs	12.67%	12.67%	12.67%
2012年东莞厚街华业村镇银行	0.152	0.242	0.630	irs	75.84%	75.84%	97.02%
2012年东莞长安村镇银行	0.843	0.990	0.851	drs	0.96%	0.96%	93.67%
2012年东源泰业村镇银行	0.411	0.500	0.822	irs	50.03%	50.03%	95.06%
2012年佛山高明顺银村镇银行	0.544	0.553	0.983	drs	44.69%	44.69%	94.49%
2012年广东澄海潮商村镇银行	0.860	1.000	0.860	irs	0.00%	0.00%	0.00%
2012年广东恩平汇丰村镇银行	0.566	1.000	0.566	irs	0.00%	0.00%	0.00%
2012年广东普宁汇成村镇银行	0.599	0.756	0.793	irs	24.43%	24.43%	24.43%
2012年广东中山小榄村镇银行	0.885	0.896	0.987	drs	14.51%	10.36%	10.36%
2012年广州白云民泰村镇银行	0.469	0.500	0.937	irs	49.99%	49.99%	49.99%
2012年广州从化柳银村镇银行	0.729	0.903	0.808	irs	9.68%	9.68%	9.68%

续表 6-9

项目 DMU	综合效率值	技术效率值	规模效率值	规模	投入冗余率		
					工资薪酬	除工资外营业支出	固定资产净值
2012年广州番禺新华村镇银行	0.938	0.967	0.970	irs	3.29%	3.29%	3.29%
2012年广州花都稠州村镇银行	0.716	0.720	0.996	irs	28.04%	28.04%	28.05%
2012年广州增城长江村镇银行	0.436	0.641	0.680	irs	35.90%	35.90%	35.90%
2012年鹤山珠江村镇银行	0.792	0.805	0.985	irs	19.55%	19.55%	19.55%
2012年惠州仲恺东盈村镇银行	1.000	1.000	1.000	—	0.00%	0.00%	0.00%
2012年梅县客家村镇银行	0.533	0.537	0.992	drs	46.25%	46.25%	88.20%
2012年三水珠江村镇银行	0.951	1.000	0.951	irs	0.00%	0.00%	0.00%
2012年始兴大众村镇银行	0.302	0.740	0.408	irs	25.97%	25.97%	25.97%
2012年云浮新兴东盈村镇银行	0.542	1.000	0.542	irs	0.00%	0.00%	0.00%
2012年中山东凤珠江村镇银行	1.000	1.000	1.000	—	0.00%	0.00%	0.00%
2012年中山古镇南粤村镇银行	0.809	0.921	0.878	irs	7.94%	7.94%	44.49%
2012年珠海横琴村镇银行	0.583	0.588	0.992	drs	41.22%	41.22%	56.37%
2012年均值	0.654	0.785	0.833		21.67%	21.50%	34.10%
2011年德庆华润村镇银行	0.523	1.000	0.523	irs	0.00%	0.00%	0.00%
2011年东莞长安村镇银行	0.918	0.989	0.928	drs	1.10%	1.10%	89.68%

续表 6-9

DMU \ 项目	综合效率值	技术效率值	规模效率值	规模	投入冗余率		
					工资薪酬	除工资外营业支出	固定资产净值
2011年东源泰业村镇银行	0.347	0.744	0.466	irs	25.61%	25.61%	25.61%
2011年佛山高明顺银村镇银行	1.000	1.000	1.000	—	0.00%	0.00%	0.00%
2011年广东澄海潮商村镇银行	0.341	0.915	0.373	irs	8.50%	8.50%	8.50%
2011年广东恩平汇丰村镇银行	0.330	1.000	0.330	irs	0.00%	0.00%	0.00%
2011年广东中山小榄村镇银行	0.780	0.879	0.888	drs	12.15%	12.15%	58.03%
2011年广州番禺新华村镇银行	1.000	1.000	1.000	—	0.00%	0.00%	0.00%
2011年鹤山珠江村镇银行	0.590	0.648	0.910	irs	35.20%	35.20%	35.20%
2011年惠州仲恺东盈村镇银行	1.000	1.000	1.000	—	0.00%	0.00%	0.00%
2011年梅县客家村镇银行	0.694	0.797	0.870	irs	20.31%	20.30%	39.30%
2011年三水珠江村镇银行	0.668	0.815	0.820	irs	19.39%	18.47%	18.47%
2011年始兴大众村镇银行	0.430	1.000	0.430	irs	0.00%	0.00%	0.00%
2011年云浮新兴东盈村镇银行	1.000	1.000	1.000	—	0.00%	0.00%	0.00%
2011年中山东凤珠江村镇银行	0.538	0.778	0.691	irs	22.15%	22.15%	22.15%
2011年珠海横琴村镇银行	0.324	0.828	0.391	irs	22.96%	17.17%	17.17%
2011年均值	0.655	0.900	0.726		10.46%	10.04%	19.63%
全局均值	0.691	0.831	0.834		18.10%	16.92%	28.66%

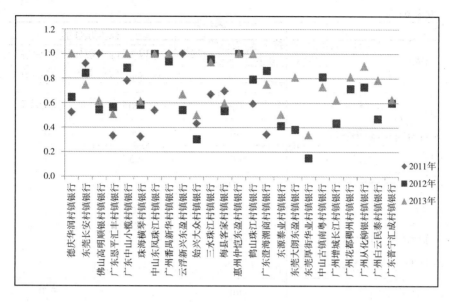

图6-14 2011—2013年广东省村镇银行劳动力与资本效率综合效率值

6.4.5 风险效率的测度及评析

通过模型4（表6-4）进行测度风控效率。本模型考究在一定的人力资本投入和一定量的贷款总额下，村镇银行的风险管控情况。从统计上看，村镇银行不良贷款率整体保持着一个较低的水平，资本充足率维持着较高水平。本模型投入指标为职工薪酬和贷款总额，产出指标为正常贷款和资本充足率。从结果看出，当前村镇银行在风险控制效率的表现挺好，全局综合效率值平均为0.978。虽然模型结果认为村镇银行风险控制状况当前较好，但依然未能充分说明村镇银行风险控制的优势，或许由于村镇银行成立时间普遍较短，面临的风险暴露较少，关于其风险的研究，仍需一个长期的观察。（表6-10）

表6-10 风控效率

	2011年	2012年	2013年
德庆华润村镇银行	1.000	1.000	0.973
东莞大朗东盈村镇银行	1.000	1.000	1.000
东莞厚街华业村镇银行	null	1.000	1.000
东莞长安村镇银行	null	0.995	1.000
东源泰业村镇银行	1.000	1.000	1.000
佛山高明顺银村镇银行	1.000	1.000	1.000
广东澄海潮商村镇银行	1.000	0.952	0.984
广东恩平汇丰村镇银行	0.996	0.952	0.957
广东普宁汇成村镇银行	null	1.000	1.000
广东中山小榄村镇银行	1.000	1.000	1.000
广州白云民泰村镇银行	null	1.000	1.000
广州从化柳银村镇银行	null	1.000	1.000
广州番禺新华村镇银行	0.999	0.999	0.928
广州花都稠州村镇银行	null	1.000	1.000
广州增城长江村镇银行	null	1.000	1.000
鹤山珠江村镇银行	1.000	0.960	0.948
惠州仲恺东盈村镇银行	1.000	1.000	1.000
梅县客家村镇银行	1.000	1.000	0.987
三水珠江村镇银行	1.000	1.000	0.973
始兴大众村镇银行	1.000	0.992	0.988
云浮新兴东盈村镇银行	0.016	0.999	1.000
中山东凤珠江村镇银行	1.000	1.000	1.000
中山古镇南粤村镇银行	null	1.000	1.000
珠海横琴村镇银行	1.000	1.000	1.000

6.4.6 支农效率的测度及评析

通过模型 5（表 6-4）进行支农效率测度。该模型主要评判村镇银行社会绩效，测度其是否能满足政策设置的初衷，朝着"支农支小"的使命出发。投入指标选择资产总额、营业支出，产出指标选择涉农贷款余额、中小企业贷款余额、个人贷款余额。综合效率、技术效率、规模效率全局均值分别为 0.585、0.725、0.783，从综合效率值情况上看，2011 年、2012 年、2013 年分别为 0.304、0.527、0.829，其支农效率不断提高。从图 6-15 能直观看到各家村镇银行在 2013 年的支农效率比前两年更好。在此认为村镇银行在很大程度上朝着政策设定的目标发展，体现着"支农支小"的使命。（表 6-11）

表 6-11 支农效率

DMU 项目	综合效率值（crste）	技术效率值（vrste）	规模效率值（scale）	规模报酬情况
2013 年德庆华润村镇银行	1.000	1.000	1.000	—
2013 年东莞长安村镇银行	0.462	0.504	0.917	drs
2013 年东源泰业村镇银行	0.745	0.820	0.908	irs
2013 年佛山高明顺银村镇银行	0.963	0.972	0.991	drs
2013 年广东澄海潮商村镇银行	1.000	1.000	1.000	—
2013 年广东恩平汇丰村镇银行	0.811	0.975	0.832	irs
2013 年广东普宁汇成村镇银行	0.952	1.000	0.952	drs
2013 年广东中山小榄村镇银行	0.869	1.000	0.869	drs
2013 年广州白云民泰村镇银行	0.805	0.872	0.923	drs
2013 年广州从化柳银村镇银行	1.000	1.000	1.000	—
2013 年广州番禺新华村镇银行	1.000	1.000	1.000	—
2013 年广州花都稠州村镇银行	1.000	1.000	1.000	—
2013 年广州增城长江村镇银行	0.778	0.782	0.995	irs

续表 6-11

DMU	项目	综合效率值（crste）	技术效率值（vrste）	规模效率值（scale）	规模报酬情况
2013年鹤山珠江村镇银行		1.000	1.000	1.000	—
2013年惠州仲恺东盈村镇银行		0.631	0.643	0.981	drs
2013年梅县客家村镇银行		0.782	0.807	0.970	drs
2013年三水珠江村镇银行		1.000	1.000	1.000	—
2013年始兴大众村镇银行		0.903	1.000	0.903	irs
2013年云浮新兴东盈村镇银行		0.489	0.584	0.837	irs
2013年中山东凤珠江村镇银行		1.000	1.000	1.000	—
2013年珠海横琴村镇银行		0.243	0.309	0.787	irs
2013年中山古镇南粤村镇银行		1.000	1.000	1.000	—
2013年东莞大朗东盈村镇银行		0.848	0.922	0.920	irs
2013年东莞厚街华业村镇银行		0.612	0.646	0.947	irs
2013年均值		0.829	0.868	0.947	
2012年德庆华润村镇银行		0.746	0.825	0.904	irs
2012年东莞大朗东盈村镇银行		0.316	0.644	0.492	irs
2012年东莞厚街华业村镇银行		0.308	0.472	0.652	irs
2012年东莞长安村镇银行		0.453	0.469	0.966	drs
2012年东源泰业村镇银行		0.583	0.731	0.797	irs
2012年佛山高明顺银村镇银行		0.528	0.574	0.920	irs
2012年广东澄海潮商村镇银行		0.984	1.000	0.984	irs
2012年广东恩平汇丰村镇银行		0.663	0.884	0.750	irs
2012年广东普宁汇成村镇银行		0.934	0.952	0.981	irs
2012年广东中山小榄村镇银行		0.508	0.539	0.942	drs
2012年广州白云民泰村镇银行		0.421	0.445	0.946	irs
2012年广州从化柳银村镇银行		0.348	0.523	0.665	irs
2012年广州番禺新华村镇银行		0.629	0.647	0.973	irs
2012年广州花都稠州村镇银行		0.674	0.682	0.988	irs
2012年广州增城长江村镇银行		0.516	0.688	0.750	irs
2012年鹤山珠江村镇银行		0.727	0.794	0.916	irs

续表 6-11

DMU 项目	综合效率值（crste）	技术效率值（vrste）	规模效率值（scale）	规模报酬情况
2012年惠州仲恺东盈村镇银行	0.556	0.562	0.989	irs
2012年梅县客家村镇银行	0.633	0.661	0.958	irs
2012年三水珠江村镇银行	0.203	0.355	0.570	irs
2012年始兴大众村镇银行	0.599	1.000	0.599	irs
2012年云浮新兴东盈村镇银行	0.432	0.691	0.625	irs
2012年中山东凤珠江村镇银行	0.391	0.561	0.696	irs
2012年中山古镇南粤村镇银行	0.427	0.576	0.741	irs
2012年珠海横琴村镇银行	0.076	0.235	0.321	irs
2012年均值	0.527	0.646	0.757	
2011年德庆华润村镇银行	0.342	0.962	0.355	irs
2011年东莞长安村镇银行	0.511	0.526	0.972	drs
2011年东源泰业村镇银行	0.198	0.602	0.330	irs
2011年佛山高明顺银村镇银行	0.671	0.739	0.907	irs
2011年广东澄海潮商村镇银行	0.071	0.383	0.186	irs
2011年广东恩平汇丰村镇银行	0.750	1.000	0.750	irs
2011年广东中山小榄村镇银行	0.298	0.306	0.974	irs
2011年广州番禺新华村镇银行	0.085	0.282	0.302	irs
2011年鹤山珠江村镇银行	0.556	0.670	0.830	irs
2011年惠州仲恺东盈村镇银行	0.284	0.312	0.912	irs
2011年梅县客家村镇银行	0.764	0.824	0.927	irs
2011年三水珠江村镇银行	0.117	0.309	0.380	irs
2011年始兴大众村镇银行	0.010	1.000	0.010	irs
2011年云浮新兴东盈村镇银行	0.000	0.932	0.000	irs
2011年中山东凤珠江村镇银行	0.213	0.484	0.441	irs
2011年珠海横琴村镇银行	0.000	0.713	0.000	irs
2011年均值	0.304	0.628	0.517	
全局均值	0.585	0.725	0.783	

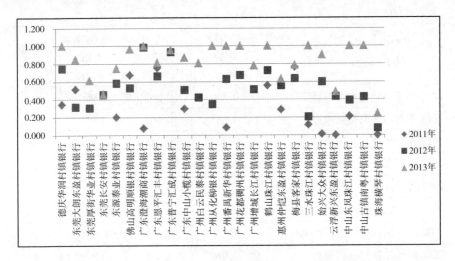

图6-15 2011—2013年广东省村镇银行支农效率综合效率值

6.4.7 效率相关与村镇银行使命漂移的判断

村镇银行作为一个独立的营利性企业法人,其发展过程中自然追求利益最大化,但在政策设定上,有着赋予其"支农支小"的社会使命,为进一步研究村镇银行在发展过程中,其多目标状态是否存在冲突,本书进行了5个效率模型测度与协同性分析。从直观折线图上看,有个别指标波动趋势较为一致,进而进行了Pearson(皮尔森)相关性检验。从表6-12可以看出,除风险控制效率外,其他几个指标都能呈现出较为明显的正相关性,并且检验显著。该结论表明村镇银行在自身发展和政策设定目标上并没有呈现偏离,因此,对村镇银行发展的鼓励是作为农村正规金融"支农支小"的一个很好的举措。(图6-16)

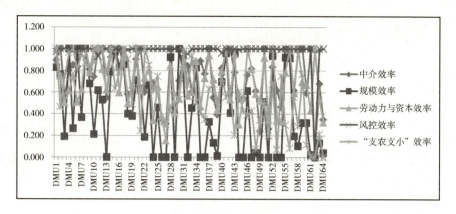

图 6-16 相关性

表 6-12 相关性分析

		中介	规模	资本和劳动力	风控	支农
中介	Pearson Correlation	1	0.611*	0.544*	0.354*	0.324*
	Sig.（2-tailed）	—	0.000	0.000	0.004	0.009
	N	64	64	64	64	64
规模	Pearson Correlation	0.611*	1	0.609*	0.112	0.343*
	Sig.（2-tailed）	0.000	—	0.000	0.379	0.005
	N	64	64	64	64	64
资本和劳动力	Pearson Correlation	0.544*	0.609*	1	-0.196	0.271**
	Sig.（2-tailed）	0.000	0.000	—	0.120	0.030
	N	64	64	64	64	64
风控	Pearson Correlation	0.354*	0.112	-0.196	1	0.190
	Sig.（2-tailed）	0.004	0.379	0.120	—	0.132
	N	64	64	64	64	64
支农	Pearson Correlation	0.324*	0.343*	0.271**	0.190	1
	Sig.（2-tailed）	0.009	0.005	0.030	0.132	—
	N	64	64	64	64	64

注：*相关性通过显著水平为1%的统计检验。

＊＊相关性通过显著水平为5%的统计检验。

6.5 村镇银行可持续运营及影响因素

可持续发展是新型农村小型金融机构发展的前提,亦是衡量其运行绩效的一个重要指标。对于金融机构,研究其可持续发展的一个重要指标是贷款利率的设定是否能够满足,本节将能获得可持续发展的贷款利率定义为可持续利率,并探析可持续发展影响因素。

6.5.1 可持续利率模型

本书参考 CGAP(Consultative Group to Assist the Poor)的高级顾问 Richard Rosenberg(2002)提出测度小额信贷机构可持续发展所必需实行的贷款利率水平的简化模型[①],即"Rosenberg 公式法",具体表示为:

$$R = \frac{AE + LL + CF + K - II}{1 - LL}$$

其中:R——贷款的有效年利率(annualized effective interest rate);

AE——管理费用率(administrative expenses rate);

LL——贷款损失率(loan losses rate);

CF——资金成本率(cost of funds rate);

K——预期资本化率(desired capitalization rate);

II——投资收益率(investment income rate)[②]。

---

① 用于计算财务可持续利率的更严谨的和更富挑战性的方法是用电子表格软件根据计划期内的月度财务预测数据进行计算。CGAP 发布了一个模型,使用 Micro fin 3.0;操作计划和金融模型构造手册,CGAP 技术工具第 2 号(Washington D. C.:CGAP,2001 年 9 月)。

② AE、LL、CF、K 和 II 的计算方法分别为行政成本、贷款损失额、资金成本、预期利润和投资收入分别与平均贷款余额相比的比值,所以各项均表示为小数或百分数。而计算平均贷款余额最简单的方法是用期初值加上期末值除以 2;更加精确的方法是将第一年的期初值加上每年的期末值求和,然后除以年份加 1。为简化研究,本书采用的是前者估算方法。

在 Rosenberg 公式中，贷款有效年利率 R 包括五个变量：

其一，管理费用率（AE），包括所有的年度经常性费用（不包括资金成本和贷款损失），诸如：工作人员薪金、补助福利开支，办公场所租金和水电费用，还有固定资产折旧（更换厂房或设备的费用预提），以及为使其发展壮大，早日实现商业化运作所需的人员培训费用、技术援助开销、组织会议开销等费用支出。Rosenberg（2002）基于现有资料研究，认为当微型金融机构拥有 5 000～10 000 名客户时才能实现规模经济。当小于这个区间时，增加每单位客户的边际管理费用是递减的；在其他条件不变的情况下，超过这个区间，客户量的过度增加将带来管理上的压力甚至混乱，故而边际管理成本就会上升。因此，计算新设的微型金融机构（MFI）的 AE 时，可假设其未来的规模既定，且一个有效、成熟的 MFI 的 AE 值一般介于平均贷款余额的 10%～25%。

其二，贷款损失率（LL）指的是贷款到期（通常逾期一年以上）而不能如期收回所造成的年度损失所占平均贷款规模的比率。贷款损失率 LL 有别于贷款拖欠率 a，LL 往往比 a 低很多：前者反映的是实际上被注销的贷款，而后者则是未按时偿还的贷款，但最终多数贷款是可以收回的。如果 MFI 的贷款损失率 LL 超过 5%，将被认为是不可行的，一般运作良好的微型金融机构，其贷款损失率的值多在 1%～2% 之间（Rosenberg，2002）。

其三，资金成本率（CF）中的资金成本并非是通过依赖政府补贴或捐赠款项而获得的实际资金成本，而是作为商业化运作的微型金融机构，其筹集资金的渠道更可能来源于大型金融机构的借款或其吸收公众存款等商业化的渠道，因此 CF 是对将来"市场"资金成本的预测。粗略地估计资金成本可以根据当地商业银行的金融资产①（贷款）乘以有效贷款利率；更精确的计算方法是通过区分各种有可能在将来成为 MFI 金融资产的资金来源预测出一个"加权平均资金成本"，即针对每一种资金（存款、贷款、所有者权益），估算出 MFI 年度成本的绝对值，将这个总数除以平均贷款

---

① 可根据"资产=负债+所有者权益"计算金融资产，但固定资产的融资不包括在资金成本的计算中，其结果也不受很大影响，因为固定资产的升值与通货膨胀相一致，或多或少地接近使用资金的成本。

余额得出上述公式中的 CF 项（Rosenberg，2002）。

其四，预期资本化率（K）是 Rosenberg 模型区别于盈亏平衡模型的关键所在，此比率代表了 MFI 计划要实现的净实际利润所占平均贷款余额（而不是所有者权益或全部资产）的百分比。积累这部分利润十分重要，由于微型金融机构能否安全地从外部融资受限于其总股本（所有者权益），如果债务率过高，再用借款融资的小额信贷就会使 MFI 陷入困境；而增加所有者权益，满足小额信贷业务日益增长扩张需要的最佳途径就是 MFI 自己的预期利润，且其取决于董事会和管理层有多大的增长信心。为支持 MFI 的发展壮大，一个至少占平均贷款余额 5%～15% 的资本化率是明智的①（Rosenberg，2002）。

其五，投资收益率（II）是 Rosenberg 公式中的最后一项，其为扣除额，是 MFI 金融资产而非信贷资产的预期收入，即 II 不是来源于发放的小额信贷，所以与最终计算的有效年利率水平负相关，应从总收益率中扣除。这里所指的投资收益中的一部分（如现金、支票存款、法定准备金）只产生很少的利息或没有利息，其他部分（如可转让存款）可能带来可观的收入。Rosenberg 公式将此收益除以平均贷款余额便可得 II 值。

6.5.2 村镇银行可持续运营利率判断

本节以对广东省的调研获得的 24 家已开业村镇银行为样本数据进行实证分析。首先求得广东省各个村镇银行的财务可持续利率，见表 6-13。然后，基于各村镇银行的实际运营数据，求出了 2012 年各村镇银行的实际贷款利息收益水平，并基于 Rosenberg 利率与实际贷款利息收益率的比较，对村镇银行是否实现了财务可持续做出判定（见表 6-14）。实际年均贷款利息收益率（average annual yield of the loan portfolio，AYLP）的计算公式如下：

---

① Rosenberg 的公式可推导出 MFI 要想实现商业可持续性，不再依赖补贴，即使它在近期内仍会收到补贴时所需收取的利率。但请注意，只要一个 MFI 正在接受大量的补贴，其净值的实际增长将快于此处预测的"资本化率"，因为 Rosenberg 公式在计算中未考虑这些补贴带来的财务收益。

$$\text{年均贷款利息收益率(AYLP)} = \frac{\text{利息收入}}{\text{年度平均贷款余额}}$$

表6-13 Rosenberg公式中主要变量取值

村镇银行名称	AE	LL	CF	K	II	Rosenberg可持续利率
澄海潮商村镇银行	8.34%	0	6%	5%	3.95%	15.39%
普宁汇成村镇银行	12.68%	0	6%	5%	6.27%	17.41%
始兴大众村镇银行	16.77%	0	6%	5%	0.00%	27.77%
东源泰业村镇银行	14.96%	0	6%	5%	0.00%	25.96%
梅县客家村镇银行	8.99%	0	6%	5%	0.00%	19.99%
新兴东盈村镇银行	9.03%	0	6%	5%	0.00%	20.03%
番禺新华村镇银行	7.00%	0	6%	5%	0.00%	18.00%
增城长江村镇银行	13.87%	0	6%	5%	0.00%	24.87%
横琴村镇银行	12.08%	0	6%	5%	1.20%	21.88%
高明顺银村镇银行	5.94%	0	6%	5%	0.14%	16.80%
三水珠江村镇银行	5.53%	0	6%	5%	0.00%	16.53%
恩平汇丰村镇银行	14.91%	0	6%	5%	0.00%	25.91%
鹤山珠江村镇银行	5.73%	0	6%	5%	0.00%	16.73%
长安村镇银行	6.17%	0	6%	5%	0.00%	17.17%
小榄村镇银行	5.48%	0	6%	5%	0.03%	16.45%
东凤珠江村镇银行	6.22%	0	6%	5%	0.00%	17.22%
仲恺东盈村镇银行	6.39%	0	6%	5%	0.70%	16.69%
德庆华润村镇银行	9.68%	0	6%	5%	0.00%	20.68%

资料来源：依据中国银监会广东监管局提供的相关数据计算而得。

年度平均贷款余额代表村镇银行该年度投放的贷款资金规模，即全部资金的投入；贷款利息收入是所投放的资金生产出的收益和回报，是资金的产出。因此，年均贷款利息收益率是村镇银行投入的全部贷款资金的平均回报率。

表6-14为我们揭开了不容乐观的事实真相：虽然开业一年以上的18家村镇银行绝大多数都实现了会计盈利，但能够真正达到商业化可持续运营标准的，只有惠州仲凯东盈村镇银行一家。

表6-14　广东省广东省村镇银行财务可持续性评价①

村镇银行名称	Rosenberg可持续利率	AYLP	是否财务可持续性
澄海潮商村镇银行	15.39%	14.56%	否
普宁汇成村镇银行	17.41%	13.70%	否
始兴大众村镇银行	27.77%	21.01%	否
东源泰业村镇银行	25.96%	14.10%	否
梅县客家村镇银行	19.99%	13.22%	否
新兴东盈村镇银行	20.03%	9.47%	否
番禺新华村镇银行	18.00%	10.68%	否
增城长江村镇银行	24.87%	14.31%	否
横琴村镇银行	21.88%	13.84%	否
高明顺银村镇银行	16.80%	8.80%	否
三水珠江村镇银行	16.53%	10.57%	否
恩平汇丰村镇银行	25.91%	15.38%	否
鹤山珠江村镇银行	16.73%	10.63%	否
长安村镇银行	17.17%	9.86%	否
小榄村镇银行	16.45%	9.28%	否
东凤珠江村镇银行	17.22%	11.46%	否
仲恺东盈村镇银行	16.69%	21.95%	是
德庆华润村镇银行	20.68%	14.85%	否

资料来源：依据中国银监会广东监管局提供的相关数据计算而得。

① 有学者直接拿村镇银行的一年期贷款执行利率与Rosenberg可持续利率做比较，来判断村镇银行的财务可持续能力。但笔者认为，这样的比较意义不大。实际上，Rosenberg可持续利率是一个投入-产出率概念，贷款资金、管理、资产是投入，利息收入是产出。也就是说，把所有的贷款看作一个投资组合，全部的利息收入就是这个投资组合的回报，而这个回报占投资金额的比率必须覆盖企业全部的运营成本和企业成长所需。从这个意义上来解释，一年期贷款执行利率只是贷款投资组合中的一种产品的收益率，因此，二者的比较是欠妥的。相比之下，笔者采用的年均贷款利息收益率与Rosenberg的可持续利率才是同一个维度的概念，这二者的比较，才能作为村镇银行财务可持续性判断的正确标准。

6.5.3 村镇银行可持续运营影响因素

本节采用 SPSS 17.0 对数据进行分析。正态分布的定量指标采用均数、标准差、最大值、最小值表示。指标间的相关性采用 pearson 相关分析；同时以年均贷款利息收益率（AYLP）为因变量，以银行规模（Size）、资产负债率（LEV）、银行年龄（Age）、管理成本（ACYL）、社会绩效（SP）、地理位置（Area）共 6 项指标为自变量，分析 6 个因素对年均贷款利息收益率的影响情况。本研究以 $P<0.05$ 为显著性标准。

（1）指标基本情况。

将 6 项定量指标采用单样本 Kolmogorov-Smirnov 检验进行正态性检验，检验显示除社会绩效指标不符合正态分布外，其余指标正态检验 $P>0.05$，数据符合正态分布。因大部分指标均为正态分布，故统一采用均数、标准差对指标分布情况进行描述。从样本描述性统计可以看出，年均贷款利息收益率平均值为 0.153、银行规模平均值为 10.982、资产负债率平均值为 0.692、银行年龄平均值为 1.778、管理成本平均值为 0.094、社会绩效平均值为 4.374。在 18 个样本村镇银行中，有 14 家位于珠江三角洲地区，占有效样本总量的 77.8%。（表 6-15）

表 6-15 指标描述分析

	N	均值	标准差	极大值	极小值
AYLP	18	0.153	0.047	0.219	0.088
Size	18	10.982	1.355	13.134	8.835
LEV	18	0.692	0.120	0.884	0.477
Age	18	1.778	0.732	3.000	1.000
ACYL	18	0.094	0.038	0.168	0.055
SP	18	4.374	0.336	4.605	3.912

（2）指标相关性分析。

采用 Pearson 相关性分析对 7 个指标间相关性进行分析，分析显示对于年均贷款利息收益率共有 3 个指标同其相关性显著，分别为：银行规模

(相关系数为 0.918)、资产负债表（相关系数为 0.893）、管理成本（相关系数为 -0.753），同时相关系数检验 P 值小于 0.01，相关性显著。进而说明银行规模越大、资产负债率越高，越有利于村镇银行提高贷款收益水平，而管理成本对年均贷款利息收益率产生负向影响作用。银行年龄、社会绩效与年均贷款利息收益率相关系数为负，地理位置与年均贷款利息收益率相关系数为正，但相关系数尚不存在显著性。（表 6-16）

（3）回归分析。

以年均贷款利息收益率为因变量，以银行规模、资产负债率、银行年龄、管理成本、社会绩效、地理位置共 6 项指标为自变量，采用多元线性回归，对指标作用进行分析。分析显示模型 R 值为 0.993、R^2 为 0.986，调整 R^2 为 0.978，说明回归模型选取的自变量对年均贷款利息收益率的解释度达到 97.8%，说明模型的拟合优度较好。（表 6-17）

表 6-16 模型各变量之间的 Pearson 相关分析

		AYLP	Size	LEV	Age	ACYL	SP	Area
AYLP	Pearson 相关性	1	0.918**	0.893**	-0.187	-0.753**	-0.281	0.459
	显著性（双侧）	—	0.000	0.000	0.458	0.000	0.258	0.055
	N	18	18	18	18	18	18	18
Size	Pearson 相关性	0.918**	1	0.915**	0.040	-0.545*	-0.147	0.179
	显著性（双侧）	0.000	—	0.000	0.873	0.019	0.562	0.477
	N	18	18	18	18	18	18	18
LEV	Pearson 相关性	0.893**	0.915**	1	-0.111	-0.498*	-0.171	0.147
	显著性（双侧）	0.000	0.000	—	0.662	0.035	0.498	0.561
	N	18	18	18	18	18	18	18

续表 6-16

		AYLP	Size	LEV	Age	ACYL	SP	Area
Age	Pearson 相关性	-0.187	0.040	-0.111	1	0.240	0.442	-0.167
	显著性（双侧）	0.458	0.873	0.662	—	0.337	0.066	0.508
	N	18	18	18	18	18	18	18
ACYL	Pearson 相关性	-0.753**	-0.545*	-0.498*	0.240	1	0.366	-0.568*
	显著性（双侧）	0.000	0.019	0.035	0.337	—	0.135	0.014
	N	18	18	18	18	18	18	18
SP	Pearson 相关性	-0.281	-0.147	-0.171	0.442	0.366	1	-0.094
	显著性（双侧）	0.258	0.562	0.498	0.066	0.135	—	0.709
	N	18	18	18	18	18	18	18
Area	Pearson 相关性	0.459	0.179	0.147	-0.167	-0.568*	-0.094	1
	显著性（双侧）	0.055	0.477	0.561	0.508	0.014	0.709	—
	N	18	18	18	18	18	18	18

注：N 表示样本数。* 表示在 0.05 水平（双侧）上显著相关。** 表示在 0.01 水平（双侧）上显著相关。

表 6-17 模型概况

模型	R	R^2	调整 R^2	标准误差	更改统计量					Durbin-Watson
					R^2 更改	F 更改	df1	df2	Sig. F 更改	
1	0.993	0.986	0.978	0.006 890	0.986	128.827	6	11	0.000	2.941

预测变量：（常量）、地理位置、社会绩效、资产负债率、银行年龄、管理成本、银行规模。

因变量：年均贷款利息收益率。

对回归模型进行模型拟合优度检验。分析显示检验 F 值为 128.827，$P=0.000<0.01$，说明回归方程拒绝总体回归系数均为 0 的原假设。可以通过建立线性回归模型对变量的关系进行线性回归分析。

方程共线性诊断显示方差膨胀因子（VIF）都小于 10，各变量之间不存在多重共线关系，可以纳入多元回归分析。银行规模回归系数为 0.019、资产负债率回归系数为 0.100、银行年龄回归系数为 -0.006、管理成本回归系数为 -0.215、社会绩效回归系数为 -0.005、地理位置回归系数为 0.022，其中银行规模、资产负债率、管理成本、地理位置回归系数显著性检验 $P<0.05$，说明对年均贷款利息收益率影响显著。其中，企业规模、资产负债率、地理位置对年均贷款利息收益率产生正向影响、管理成本对年均贷款利息收益率产生负向影响。（表 6-18）

表 6-18 模型各变量偏回归系数

模型	非标准化系数		标准系数	t	Sig.	B 的 95.0% 置信区间		共线性统计量	
	B	标准误差	beta			下限	上限	容差	VIF
（常量）	-0.092	0.032	—	-2.893	0.015	-0.161	-0.022	—	—
Size	0.019	0.004	0.551	5.399	0.000	0.011	0.027	0.123	8.160
LEV	0.100	0.038	0.256	2.646	0.023	0.017	0.183	0.136	7.327
Age	-0.006	0.003	-0.090	-2.025	0.068	-0.012	0.000	0.650	1.539
ACYL	-0.215	0.069	-0.175	-3.100	0.010	-0.367	-0.062	0.402	2.486
SP	-0.005	0.006	-0.034	-0.799	0.441	-0.018	0.008	0.706	1.415
Area	0.022	0.005	0.205	4.559	0.001	0.012	0.033	0.630	1.588

因变量：年均贷款利息收益率。

6.6 村镇银行内生发展中股权结构与属性的分析

国内外的很多研究都表明股权结构与治理结构之间存在密切的关系。股权结构作为公司治理结构的产权基础，它首先直接决定了股东结构和股东大会，对董事会以及监事会的人选和效率产生直接影响，从而对公司的决策机制和监督机制产生影响，这些作用和影响将最终在公司的经营业绩中得到综合体现。所以，一般而言，公司的股权结构是否合适决定着公司的经营业绩。再者，关于村镇银行实际股东来源与其所在经济环境适应性密切相关，因此有必要对其股权结构与股东性质进行研究。

6.6.1 股权结构与股权属性

股权结构这一概念来自于产权理论，根据以科斯为代表的现代西方产权理论，股权的合理界定和构成是促使经济运行效率实现的重要手段。股权结构是指在一个公司中，不同性质、不同身份的股东持有该公司的股份所占的比例及其这些股东之间的相互关系。它包括两方面的含义，一是数量层面，即股权集中度，指各股东持有公司股权的数量的不同；二是股东的所有者性质层面，即公司股东属于国有股、法人股或社会公众股的某一种，另外股东所属行政区域、行业划分等。下文主要从股权集中度和股权性质两个方面探讨股权结构对公司经营绩效的影响。

（1）股权集中度。

股权集中度表示公司股权分布集中的程度，是反映公司的股权分布状态的主要指标，它是由各个股东所占股份比例的大小决定的。它的衡量标准有很多，包括第一大股东持股比例、前十大（或前五大）股东持股比例之和、前十大（或前五大）股东持股比例平方和等。

股权集中度可分为三种类型：一是股权高度集中，当第一大股东持股比例超过50%，处于绝对控股地位，并且其他股东持股比例较小时，则为股权高度集中型；二是股权高度分散，公司没有控股股东，所有权与经营权基本完全分离，单个股东所持股份比例不超过10%，单个股东对公司的经营影响很小；三是股权适度集中型，公司拥有较大的相对控股股东，同时还拥有其他大股东，所持股份比例在10%～50%之间。

自 Berle（1933）提出股权分散程度与公司效率负相关的观点后，众多学者对公司股权结构与经营效率的关系进行了大量研究，并提出了不同的看法。总体而言，这些研究紧紧围绕着公司股权集中度是否与公司价值、效率存在相关关系，以及是正相关还是负相关等问题上。总体而言，关于股权集中度与绩效关系的研究主要有四种结论。

第一种观点认为集中的股权结构与公司价值正相关。如 Shleifer & Vishny（1986）、Agrawal（1990）等通过实证证明了这个观点。对于银行业而言，Laeven & Levine（2009）研究发现，银行大股东的现金流权和银行的风险承担行为呈现正相关关系，如果银行股权集中度越高，那么管理层和股东的利益冲突也更加容易协调。李维安与曹廷求（2004）以山东、河南两省 28 家城市商业银行为样本进行研究，发现这些城市商业银行股权集中度越高，越能促进绩效的提高。王丽与章锦涛（2005）利用我国 12 家股份制商业银行的数据进行研究，也得出了相同的结论。陈科与宋增基（2008）基于中国 8 家城市商业银行的数据，采用截面数据与序列数据相结合的方法，发现股权集中度与银行盈利性与安全性均呈现正相关关系。

第二种观点认为集中的股权结构与公司价值负相关。如 Burkart 等（1997）和胡国柳、蒋国洲（2004）等。在银行方面，李成与秦旭（2008）选取 2007 年我国十大上市银行的数据作为研究样本，通过实证分析发现，上市银行股权集中度与银行绩效呈显著负相关关系。谭兴民等（2010）将 2006—2009 年 11 家上市的全国股份制商业银行的数据制作成混合数据进行研究，结果发现这些银行股权集中度对绩效有着负面的影响。祝继高与饶品贵（2012）基于 2004—2009 年我国的城市商业银行数据，分析得出第一大股东的控股能力越强，银行的不良贷款率越高，经营绩效越差。

第三种观点认为股权结构对公司价值的影响非单一。即股权结构对公司绩效的影响既可能有利也可能不利，至于什么情况下有利，什么情况下不利，要视股权结构集中度的变化区间等因素而定，这方面最具代表性的文献有：Morck & Shleifer et al.（1986）、McConnell（2005）等、Cho（1998）、Short（1999）、孙永祥与黄祖辉（1999）、徐晓东（2005）等。

第四种观点认为股权结构与公司价值无关。Demsetz 是赞同此观点的著名经济学家之一（Demsetz，1983）。Holderness（1988）、施东晖（2000）经实证研究发现股权集中度与公司绩效之间不存在显著关系。

以上四种观点一直在争议中并存，至今仍然没有形成一致的意见。

在关于股权集中度与经营绩效的诸多研究中，也包含了第一大股东持股比例与银行绩效的关系研究，本书在此简单列一下相关观点。孙永祥与黄祖辉（1999）以1994—1998年深沪交易所上市的174家公司为样本，对第一大股东持股比例与公司绩效之间的关系进行了二次回归分析，得出结论，随着公司第一大股东持股比例的增加，托宾Q值先上升，直至第一大股东持股比例达到50%的时候，托宾Q值开始下降，即两者呈倒U型关系。苏武康（2003）以2001年沪深所有上市公司为样本，利用线性回归和分组研究的方法研究了股权集中度和控股类型与公司绩效之间的关系，结论认为第一大股东的持股比例与公司绩效呈现显著的正相关关系，而其余所有股东的持股比例与公司绩效的关系则是负相关。谢军（2006）研究了我国上市公司的股东激励效应，并分析了第一大股东持股比例和股权集中度与公司成长性之间的关系，结论认为第一大股东治理公司的动力随着其持股比率的增大而增大，并且股权越集中，大股东参与治理和改善公司的能力也就越强。

（2）股权属性。

股权属性是指不同股东的类型以及各股东所持有的比例。股权属性不同，其对公司治理机制施加影响的方式也不同。银行的股权属性大致包括以下几种：国有股、法人股、自然人股。其中，国有股又分为国家股和国家法人股。国家股是指代表国家投资部门和机构以国有的资产向公司投资而持有的股份，国家法人股是指具有法人资格的国有企业、事业单位以及其他国有单位投资并持有其他股份公司的股份。法人股是指具有法人资格的企事业单位和社会团体，以其依法可经营的资产投资并持有公司非上市流通股的股份，法人股包括境内法人股和境外法人股。自然人股可分为内部职工股和社会公众股。

不同性质的股权持有者具有各自独特的利益目标和行为特征，所以他们对公司治理的影响是完全不同的。国外股权性质的研究主要集中在内部人持股（管理层持股）与外部人持股方面，而国内股权性质具有自己的特色，主要研究国家股、法人股和流通股等对公司治理的作用。对于该问题的研究，学者们基本上都是从股权的国有性质入手的。

国外关于内部股和外部股对公司经营绩效的研究结果也不一致。Jensen & Meckling（1976）等经实证分析后认为内部人持股比例与公司价值正相关。Mcconnell（1990）经实证研究认为公司内部人持股比例与经营业绩具有非线性关系。

近年来，随着我国金融经济的发展，上市公司也越来越多。关于股权属性与经营绩效的研究也有很多，但研究结果却不尽相同。

在关于银行研究的方面，李维安与曹廷求（2004）以山东、河南两省28家城市商业银行为样本进行研究，结果发现样本城市商业银行普遍存在着国有股比例大、股权集中度过高的情况，但是他们的研究结果发现城市商业银行控股股东的性质对绩效的影响并不大。巴曙松与刘孝红（2005）认为地方政府干预城市商业银行的经营管理，将会降低整个社会金融体系的运行效率，并且提高城市商业银行的道德风险。赵嵘（2005）以我国股份制商业银行1999—2004年的43个观测点为样本，使用多元回归模型得到国家股比例系数显著为正，即国家股比例越高，银行效率越高的结论。Ferri（2009）对中国20家城市商业银行2000—2003年的情况进行问卷调查，发现当城市商业银行的控股股东越是国有性质时，其经营绩效越差。

从已有的研究结果看，关于股东性质与公司治理效率的研究观点不一，大多数的研究倾向于支持法人股对公司治理有正面影响，国家股对公司治理有负面影响的结论，而且行业性质不同的公司，股东性质对治理效率的影响各不相同。在银行业方面，关于国家股和法人股对经营绩效的影响也没有统一的结论。

总结来说，目前对股权结构与经营绩效的相关性的研究已经有很多，但得出的结论却各不相同，甚至截然相反。对于股权结构的研究大多集中于商业银行和上市公司，这些研究都是从股权集中度来进行研究的，也有一些文献从股权属性的角度来研究不同性质的股东对公司经营绩效的影响。虽然研究方法类似，但这些研究得出的研究结论却并不相同，这也说明了不同行业、不同性质的公司，股权结构与经营绩效的关系是不同的。

6.6.2 股权与村镇银行治理

从2007年村镇银行试点成立以来，国内学者对村镇银行进行了许多研究。研究范围涉及设立意义、指导思想、制度安排、市场定位、经营模式、存在的问题及制约因素、可持续性、政策与监管等诸多方面，形成了一些较有代表性的观点。

(1) 关于村镇银行治理结构。柴瑞娟(2010)等认为村镇银行的公司治理结构既灵活又有效。村镇银行简便灵活的组织结构非常简便实用,同时以银行作为主发起人的制度,使得村镇银行的主发起人都是大型、成熟的商业银行和外资银行。村镇银行在公司治理方面直接承接他们高效的公司治理结构,使村镇银行的运行机制具有相对的比较优势。

(2) 关于村镇银行市场定位问题。柴瑞娟(2010)等相关学者认为,村镇银行市场定位易偏离服务"三农"目标,支农性制度构建有待完善。

(3) 关于村镇银行运营管理。村镇银行在运营管理过程中出现的问题。学者们认为村镇银行存在网点不足、信誉不高、金融创新不足、政策支持体系不完善等问题。阮勇(2009)从产权结构、治理结构和经营目标定位村镇银行,并且分析了这三方面所面对的制约因素,提出了改进建议。

对于村镇银行的股东结构,银监会有着明确的规定。根据银监会的规定,村镇银行的股东可以由银行、非银行金融机构、非金融机构和自然人构成。2007年银监会下发的《村镇银行管理暂行规定》中明确说明:银行业金融机构必须是村镇银行最大股东或唯一股东;最大银行业金融机构股东持股比例不得低于村镇银行股本总额的20%;除主发起银行外,其他单个投资主体及其关联方持股比例不能超过10%。此项制度被称为主发起银行制度。随后为了鼓励民间资本发起或参与设立村镇银行,2012年5月,银监会下发《关于鼓励和引导民间资本进入银行业的实施意见》中村镇银行主发起行的最低持股比例由20%降低为15%,放宽了对村镇银行或社区银行中法人银行最低出资比例的限制。这一规定的出台,意在鼓励更多的民间资本投入村镇银行,为新农村建设服务。

村镇银行存在主发起人的特殊规定,使其在股权结构上较一般的商业银行有所不同,而经过调查显示,主发起人对村镇银行的影响是不容忽视、甚至是很重要的。村镇银行主发起人主要为业内经营状况良好的各类商业银行,为村镇银行的快速设立提供了技术(何辛锐,2013)、管理手段、制度设计等的支持。针对村镇银行的主发起行制度,国内相关学者也从不同方面给出了不同的意见。目前认为我国的村镇银行的"主发起人"

制度也具有两面性。

李晓春和崔淑卿（2010）认为，利用主发起行自身管理和运营的经验优势和网络技术，村镇银行从成立期初就具有较好的基础，进而保证了其金融服务的质量以促进村镇银行可持续发展。同时通过对银行的引进，可以保证经营存贷款的村镇银行能够有效降低金融风险，保护储户的利益。

柴瑞娟（2010）提出目前村镇银行的股权高度集中，并在分析了主发起银行制度的优劣后进一步分析了股权高度集中的治理结构的劣势。她认为，大股东可以更有效地监督经理层的行为，但处于绝对控股的控股股东，由于缺乏有力的约束和制衡，极有可能出现控股股东以牺牲小股东利益为代价为自己谋取利益的现象。

邓春宏（2010）认为主发起行制度不利于民间资本股东的意见表达，会导致民间资本对村镇银行的投资热情降低。同时，引进地方政府是否能解决村镇银行吸存难及确保其为"三农"服务的方向也有待检验，另外需要防止村镇银行成为地方政府的融资平台。

王曙光（2009）认为，在村镇银行的内部治理结构中，一般由主发起行委派的高管担任管理层，而由主发起行和出资最多的私营企业的代表担任董事会成员。一般来说，主发起行和私营企业都以追求利润最大化为目标，加上来自发起行的高管仅对城市业务比较熟悉，对农村金融业务相对较生疏。此时，村镇银行的管理者对农村金融业务要么会天然排斥，要么虽感兴趣却缺乏足够的深入认知。

王修华与贺小金等（2010）在分析村镇银行优越性的基础上进一步指出了村镇银行股权结构存在问题：选择大中型银行业金融机构作为大股东，基本沿袭了原有的业务管理模式和流程，使得村镇银行实质上成了大股东的专业化分支机构，内生性不足。

阮勇（2009）指出由于发起人为金融机构，其追求目标为利润最大化，而村镇银行设立目的是服务"三农"，在利益的驱动下会逐渐偏离村镇银行的办行宗旨，寻找新的市场定位，无助于农村经济的发展。

王健安（2010）分析了村镇银行法人治理结构的优势和劣势，认为优势是：①强调银行业金融机构作为最主要的发起人使得村镇银行能够吸纳主发起行的有效资源，部分接收其品牌影响力、管理模式和技术平台，进而促进村镇银行节约成本；②大量的民间资本进入村镇银行为村镇银行法人治理带来活力，使其法人治理结构更加灵活。他认为其劣势是：①主发起银行的法人治理结构甚至完全可能导致村镇银行直接成为发起银行的一个分支机构，使其自然匹配的合理性和科学性无法真正实现；②相关政策制定中没有对大股东进行制约，这同样对村镇银行形成符合市场经济的有效法人治理结构不利；③对高管人员任职资格的绝对限制也与村镇银行设立初衷不一致；④股东会、董事会、监事会的相互制约机制缺失现象较为严重。

总结来说，主发起行制度有利于规范村镇银行的公司治理结构和经营决策机制。村镇银行可以借鉴现有银行的成熟经验，使其在经营管理、网络技术、人力资源等方面具有较高起点。同时也有利于风险的防范，村镇银行在创业初期面临较多的风险隐患，主发起行可以对村镇银行予以帮助、防范、化解，甚至承担风险。当然，这种模式也存在矛盾，其中最突出的是小股东积极性和村镇银行自行决策的问题，村镇银行在成立初期便成为主发起行的分支机构，无法体现独立法人应有的自主经营权。

6.6.3 基于广东省数据的分析

村镇银行作为农村小型金融机构，其股权构成不同于其他商业银行，在此，我们以广东省为例，对24家村镇银行的股权结构及经营数据进行统计分析。根据前文的文献综述，我们选取净资产收益率及涉农贷款这两个指标来衡量不同股权结构下村镇银行经营绩效及支农效度。

表6-19　广东省村镇银行经营绩效及股权结构一览

名称	净资产收益率	涉农贷款占比	主发起行占比	银行股占比	企业股占比	自然人股占比	净利润增长率	涉农贷款增长率
德庆华润村镇银行	5.47%	79.30%	51.00%	0.00%	100.00%	0.00%	2.17%	-20.70%
东莞大朗东盈村镇银行	4.97%	40.93%	35.00%	35.00%	65.00%	0.00%	10.29%	15.25%

续表6-19

名称	净资产收益率	涉农贷款占比	主发起行占比	银行股占比	企业股占比	自然人股占比	净利润增长率	涉农贷款增长率
东莞厚街华业村镇银行	-1.36%	62.04%	35.00%	35.00%	65.00%	0.00%	9.89%	6.38%
东莞长安村镇银行	9.17%	54.88%	20.00%	20.00%	75.00%	5.00%	-0.34%	8.68%
东源泰业村镇银行	1.29%	77.76%	51.00%	51.00%	49.00%	0.00%	1.46%	-0.77%
佛山高明顺村镇银行	7.35%	71.43%	54.00%	54.00%	46.00%	0.00%	1.84%	8.39%
广东澄海潮商村镇银行	2.96%	84.31%	45.00%	45.00%	45.00%	10.00%	-3.63%	5.44%
广东恩平汇丰村镇银行	12.15%	100.00%	100.00%	100.00%	0.00%	0.00%	12.13%	17.39%
广东普宁汇成村镇银行	4.67%	100.00%	35.00%	35.00%	51.50%	13.50%	2.09%	0.00%
广东中山小榄村镇银行	12.89%	18.88%	25.00%	25.00%	75.00%	0.00%	2.51%	13.80%
广州白云民泰村镇银行	6.05%	68.51%	51.00%	51.00%	49.00%	0.00%	7.44%	-3.99%
广州从化柳银村镇银行	2.58%	35.00%	51.00%	51.00%	49.00%	0.00%	5.54%	25.91%
广州番禺新华村镇银行	7.50%	71.01%	34.50%	34.50%	48.28%	17.22%	5.10%	0.60%

续表6-19

名称	净资产收益率	涉农贷款占比	主发起行占比	银行股占比	企业股占比	自然人股占比	净利润增长率	涉农贷款增长率
广州花都稠州村镇银行	6.61%	91.73%	35.00%	35.00%	56.00%	9.00%	5.35%	11.32%
广州增城长江村镇银行	-3.29%	54.86%	30.00%	30.00%	68.00%	2.00%	-3.34%	-43.34%
鹤山珠江村镇银行	8.05%	84.84%	34.00%	34.00%	66.00%	0.00%	3.14%	6.26%
惠州仲恺东盈村镇银行	11.32%	91.54%	51.00%	51.00%	49.00%	0.00%	0.90%	-0.30%
梅县客家村镇银行	10.57%	89.30%	20.00%	20.00%	63.11%	16.89%	5.44%	5.43%
三水珠江村镇银行	5.42%	44.48%	33.40%	33.40%	66.60%	0.00%	0.96%	32.04%
始兴大众村镇银行	2.85%	100.00%	35.00%	35.00%	35.65%	29.35%	11.66%	0.00%
云浮新兴东盈村镇银行	3.09%	65.84%	51.00%	51.00%	49.00%	0.00%	3.34%	0.33%
中山东凤珠江村镇银行	5.58%	6.84%	35.00%	35.00%	50.00%	15.00%	2.18%	-7.78%
中山古镇南粤村镇银行	1.80%	5.29%	69.20%	69.20%	15.80%	15.00%	2.37%	-32.55%
珠海横琴村镇银行	5.13%	17.19%	51.00%	51.00%	35.00%	14.00%	4.82%	11.12%

在广东省 24 家村镇银行中，整体收益情况良好，净资产收益率最高为 12.886%，平均净资产收益率也达到了 5.534%，整体表现出良好的盈利趋势。而在支农效度方面，平均涉农贷款占比为 61.94%，24 家村镇银行，其中 18 家涉农贷款占比超过了 50%。基本达到其服务"三农"的大目标。

在股权结构方面，相关政策规定村镇银行主发起行最低持股比例为 20%。从表 6-19 可知，广东省的 24 家村镇银行，其主发起银行的平均持股比例约为 43%，在这 24 家村镇银行中，有 10 家村镇银行的主发起行出资比例不低于 51%，这说明主发起行总体上处于绝对控股地位。

从股权分布上看，村镇银行是由银行、企业及自然人发起设立。根据表 6-19 中的相关数据，也可以看出，企业股东和自然人股东的持股比例十分可观，越来越多的民间资本进入了村镇银行，这些民间资本大多是由本地的国企、民营企业以及自然人等组成。这也使得村镇银行的股权性质不同于其他股份制商业银行，带有了明显的本土色彩。

6.6.4 两个具体案例对比分析

单纯从非现场监管数据分析，研究大致得知村镇银行股权有别于传统银行，在股权设置上体现着民营性质，股东来源多样，国有和政府控股比例较少，其运营基本能够朝着"支农支小"的目标发展。但针对村镇银行股东来源、社区性质和行业性质以及经营绩效的关系需要更为具体的调查研究，因此笔者前往东莞对两家实际股权构成差异较大的村镇银行进行对比研究。为了尊重被调研机构的隐私信息，下文所涉及机构的具体名字用英文字母代替。

东莞市是我国沿海地区经济十分发达的城市，2012 年，该市 GDP 为 5 010.17 亿元，财政收入 845.6 亿元。目前，该市民营经济活跃，基本形成电子信息制造业、电气机械及设备制造业、纺织服装鞋帽制造业、食品饮料加工制造业、造纸及纸制品业等五大支柱产业。村镇银行在当地的出现，不仅为地区金融市场增加了一个金融产品的新的提供者，注入了新的活力，其发展定位更是弥补了许多国有银行由于各方面条件限制而难以触及的中小企业市场、个体户市场和农村市场，使金融产品多元化，有利于进一步改善地区金融业态和金融服务环境，为当地经济社会发展特别是产业转型升级提供了强有力的金融支持。

2014年4月，笔者前往广东省东莞市大朗镇和长安镇两地村镇银行进行了实地调研。主要调查了东莞大朗A村镇银行和东莞长安B村镇银行，并进行股权属性和绩效对比研究。调查结果显示，在不同的股权构成下，两家村镇银行的经营绩效和经营理念呈现出不同的状态，如表6-20所示。

表6-20 股权结构及经营绩效对比分析

	股权结构	经营绩效及支农效度
东莞大朗A村镇银行	主发起行：35% 企业股：65% 自然人股：0% 股东数量：13 企业股东数量：12	净资产收益率：4.97% 涉农贷款占比：40.93%
东莞长安B村镇银行	主发起行：20% 企业股：75% 自然人股：5% 股东数量：24 企业股东数量：22 自然人股东数量：1	净资产收益率：9.17% 涉农贷款占比：54.88%

结合股权结构和调研访谈所获信息可知，在股权分布方面，东莞大朗A村镇银行以某农村商业银行和12家企业共同发起设立，其中，某农村商业银行以35%的持股比例成为第一大股东，这也就使得东莞大朗A村镇银行在经营方面，受到某农村商业银行的牵制，沦为主发起银行的附属或分支机构。而相对来说，东莞长安B村镇银行由东莞银行股份有限公司和22家具备实力的民营企业、乡镇企业、上市公司及1位自然人共同以发起方式设立。其中东莞银行作为主发起行仅占20%的股份，当地企业东莞市长裕投资管理有限公司占9%的股份，第三大股东为东莞市长安工贸发展总公司，占7%的股份。

值得注意的是，东莞长安地区的12个村民社区，每个社区出资2%，共占24%的股份，这使得东莞长安B村镇银行的股东结构不同于其他村镇银行，其实际第一大股东为当地农村社区，也就是当地村民成为东莞长安

B村镇银行实际意义上的第一大股东。这也意味着，东莞长安B村镇银行拥有的经营自主权更大，其经营方向也会更加本土化。在经营绩效方面，东莞长安B村镇银行的净资产收益率明显高于东莞大朗A村镇银行，这是因为东莞长安B村镇银行以本土化的股东为主，对本地客户的信用状况了解，在风险控制方面有优势，信贷收益有保障。在涉农贷款方面，两家村镇银行的涉农贷款占比均在平均水平61.94%之下，考虑到东莞地区以加工制造业为主，农业生产总值占比很小，可以说这个比率也基本达到了服务农村、农业的目标。

在对两家村镇银行实际经营状况进行对比研究后，可以明显感觉到两家村镇银行对于各自发展前景的不同的期望，如表6-21所示。

表6-21 两家村镇银行不同股权与治理对比分析

	东莞大朗A村镇银行	东莞长安B村镇银行
发展理念	发起行的政治表态大于商业意图。（沦为发起行的附属）	长安B村镇银行，长安人自己的银行
管理结构	行长、董事长、风险管理部门均由发起行委派，多部门高管既有本地的，也有外地社区的，还有外省户籍的	董事长、行长由发起行委派，但行长和多数高管均为本地社区户籍人
经营理念	遵照完成某农村商业银行分配的指标和任务	提供差异化的服务：通过提供更良好的环境，更理想的柜面服务来留住客户
业务范围	专注于"支农支小"，与发起行形成互补，互相交流	立足长安，做好中小微企业和三农的服务
发展前景	村镇银行盈利空间锁定，规模小，希望发起行给予更多财力和人员上的支持	把基础业务做好，建成社区性的、长安人自己的银行，希望政策和监管能够容许更多的业务创新，并且积极探索在约束制度下各种小额贷款产品、特色金融产品的设计

基于对两家村镇银行的调研，能够较为明显地发现东莞长安B村镇银行在业务上更为进取，并且勇于创新。虽经营的业务范围比较传统，如主要为当地城镇居民、中小企业、民营企业和个体工商户等进行服务。业务范围主要是吸收公众存款，发放短期、中期和长期贷款，以及办理国内结算，办理票据承兑与贴现，从事同业拆借等基本业务，但其在贷款机制上的设计显得更为多样化。

而大众认为村镇银行开展业务困难、吸收存款困难、宣传辐射困难等难题在东莞大朗A村镇银行有所体现且与大多学者研究观点所吻合，但在东莞长安B村镇银行却并非如此，以上村镇银行普遍面临的难题均不构成对东莞长安B村镇银行的影响。首先，由于实际最大股东为社区股东，东莞长安B村镇银行在社区业务宣传和开展方面十分容易，并且每次业务活动还能获得必要的社区管理者支持。其次，大多数社区居民都认为这是自己有股份的银行，是真正意义上的自家银行，其存款更倾向存入该银行，因此东莞长安B村镇银行并没有面临着存款难题导致的融资成本过高或者存款紧张，反而有较多的存款配额。再次，东莞长安B村镇银行在业务开展方面并不冒进，没有像一般银行那样为了完成指标和业绩考核就向大客户集中放贷，以求"多快好省"地完成业绩指标，反而其贷款更为谨慎，对风险关注更高，按照监管要求，单笔贷款在注册资金比例上限下的东莞长安B村镇银行最大可以为3 000万元，为了控制风险，东莞长安B村镇银行董事会的标准是1 500万元，这说明东莞长安B村镇银行在经营方面还是比较保守的，并且具有主动寻求分散化贷款的倾向，目的是为了降低风险，自然体现了支小的功能。最后，同时在客户的选择上，其往往只贷款给当地熟悉的客户，而且随着交易次数的增多，很多放款业务办理得十分迅速，当前短贷、小贷甚至可以当天完成放款，但对不熟悉的客户不轻易放贷，控制较为严格，客户来源多为当地占股社区的居民，其社区性体现得淋漓尽致。

虽当前对东莞长安B村镇银行调研发现其经营业务较为传统，其他理财类的相关业务、信用卡、借记卡、网上银行业务、托管业务、外汇结算业务并没有开展，但并不影响其收益的获得，引用当时东莞长安B村镇银行行长的一句话"我们村镇银行的经营和传统大银行经营定位的差异就像农庄和酒店,酒店体现着高大上,菜谱都是标准化的多,而农庄理念为私人定制,按照客户的要求和口味配菜"。因此东莞长安 B 村镇银行就是制作"私房菜"的银行,由于资本规模小,该银行并不会投资大量资本用于标准化产品的开发,如信用卡和托存款等,但其更关注通过传统存贷业务上的差异化、特质化和人性化来增强客户黏性。

上述比较分析,或许为村镇银行股权设计、股东来源和构成提供了政策和监管方面的斟酌。本书认为社区性是村镇银行治理的关键,社区性融入好的村镇银行往往能够取得良好的经营绩效,同时能满足政策设立村镇银行的初衷。而当前村镇银行发展设立存在以下事实:第一,普遍存在的发起行跨区设立经营,尤其跨省跨市发起设立,因此该发起行设立的村镇银行对社区的熟悉程度低,社区功能难以发挥,融入社区仍需要一个较为漫长的过程;第二,发起行获得绝对控股地位,且干预着村镇银行的独立运作;第三,虽然股东来源丰富,但是股东构成没有体现社区化和专业化,有些鱼龙混杂。

本书认为在制度设计上,村镇银行在股东来源的许可和准入安排上应该体现更多的往社区功能引导的趋势,尽量鼓励当地银行、当地具有产业关系的企业、当地政府和居民(村民)组织入股。在当前存款保险制度推出的背景下,更是股权调整的一个好时机,可以适当降低发起行对存款安全的责任安排,将存款安全交给存款保险机构等专业化风险管理市场,因此可以降低发起行持股比例,让更多社区经济主体和居民主体持股。最后,对股东来源应有充分的考察,尽量选择当地具有产业贡献的企业,甚至是小企业,避免大企业和无产业关联企业作为股东的无为治理。有些投资村镇银行的大企业认为这些设立仅是为了迎合当地政府面子工程,投入之后缺乏管理热情,有些则希望通过资本输送满足自己企业的现金流要求,忽视运营风险。

6.7 本章小结

本章具体通过村镇银行相关研究折射农村小型金融机构内生发展的要

义。本章分析村镇银行在全国整体设立的情况,并加入传统银行营业网点增速的对比分析,利用迪阳模型分析我国银行布局的演化路径,结合村镇银行天然禀赋优势为村镇银行的发展和布局找到定位,再通过数据包络分析法构建村镇银行中介效率、规模效率、资本与劳动力投入效率、风险效率和支农效率模型,并利用广东省的数据进行测评,且实证分析各个效率之间的相关关系以及影响其可持续发展的因素。最后,在内生视角下探讨村镇银行股权结构与属性的合理构成,并提出相应的发展模式。

在全国范围上看,村镇银行发展仍处于较为迅速的增长阶段,截至2013年,村镇银行总数共999家,全年增加202家。在发展过程中,面临的竞争博弈使其遵循着适合中国国情的布局演进,并逐渐挖掘自身天然的优势进行服务和获取利润。在逻辑上村镇银行的发展能够改善资金回流农村路径,为农村和小企业发展重新注血。

通过其运作绩效进行分析,村镇银行普遍能够获得一个良好的经营效率值。中介效率、规模效率、资本与劳动效率、风险效率和支农效率都有良好体现并且出现相容趋势。之所以如此,因为村镇银行具有两点天然的优势:①基于乡镇社区的信息优势;②灵活迅敏的决策机制。在发展过程中多个目标并没有出现冲突,反而相互促进,而且朝着"支农支小"的方向发展。因此可以说村镇银行在追求发展和利润动机的过程中,加上其自身优势的发挥能为农村金融带来更多的活力。

因此在村镇银行股权设立方面更应引导其朝着内生于社区和服务社区化的方向发展,充分发挥其天然禀赋优势服务于农村和社区经济,体现"支农支小"的使命。

第7章 小额贷款公司

7.1 小额贷款公司发展状况

据央行数据，截至 2013 年年末，银行业金融机构涉农贷款余额①为 20.9 万亿元，占全部贷款的比重为 27.3%，比年初增加 3.4 万亿元，同比增长 18.5%，涉农信贷投放力度不断加大。同年末，全国组建新型金融机构 8 904 家，其中村镇银行 1 000 家，贷款公司 15 家，农村资金互助社 50 家，小额贷款公司 7 839 家（见表 7-1）。新型金融机构的发展出现参差格局，从基数上看，小额贷款公司数目最多，其次为村镇银行，而贷款公司和农村资金互助社分别才 15 家、50 家。从近年机构的增长速度来看，贷款公司和资金互助社几乎处于停滞状态，2013 年年末村镇银行较上年增加了 202 家，增长率为 25%；小额贷款公司增加了 1 759 家，增长率为 29%。因此，承担起农村金融增量改革的主力军为小额贷款公司和村镇银行。从机构基数和增长率上进一步考究，小额贷款公司发展势头最好，近 3 年保持着 45% 左右的增长。因此，关于微型金融机构综合绩效研究，选择小额贷款公司作为研究对象，具有一定的代表性。

表7-1 小额贷款公司全国和粤省地区发展概况

年份	2011 年		2012 年		2013 年	
	全国	广东省	全国	广东省	全国	广东省
机构数量（家）	4 282	167	6 080	234	7 839	326
从业人员数（人）	47 088	4 358	70 343	6 568	95 136	6 775

---

① 该指标不含票据融资。

续表 7-1

年份	2011 年		2012 年		2013 年	
	全国	广东省	全国	广东省	全国	广东省
实收资本（亿元）	3 318.66	164.42	5 146.97	262.45	7 133.39	423.79
贷款余额（亿元）	3 914.74	178.78	5 921.38	284.49	8 191.27	441.07

数据来源：中国人民银行网站，网址为 http://www.pbc.gov.cn/。

7.2 小额贷款公司运行效率分析——基于广东省的实证

自 2009 年 3 月开始试点以来，广东省小额贷款公司得到了迅速发展。截至 2013 年年末，全省有小额贷款公司 326 家，实收资本 423.79 亿元，贷款余额 441.07 亿元，从业人员 6 775 人，与 2011 年比，分别增加了 95%、158%、147%、55%。与其他省份和地区相比，虽然广东省小额贷款公司试点起步较晚，但现有机构数量相对较多，资本总体规模较大，后劲发展速度快，加上广东经济发达，民间借贷需求旺盛，为小额贷款公司发展提供了广阔的发展空间。因此，选择广东省小额贷款公司作为研究对象，具有一定的代表性和研究意义。

本书宏观数据主要通过各类统计年鉴、中国人民银行及地方分行、中国银行业监督管理委员会及分支机构、广东省及各地级市金融办公室所提供的统计数据和资料提取、整理获得。微观数据主要通过 2011—2012 年对广东省内各个地市级金融办和所在地小额贷款公司实地调研取得，数据覆盖该省 21 个地级市，一共收集了 171 家小额贷款公司的经营数据，数据具有较好的完备性。受调研时间限制，调研资料和统计数据更新至 2012 年 3 月，因此本书实证分析数据主要以 2009 年第二季度至 2012 年第一季度作为考察期，部分数据更新会在文中注明。

国内学者关于中国微型金融机构覆盖力[①]、可持续发展能力、社会绩

---

① 如有些学者认为机构覆盖率不达标（梁静雅等，2012），贷款额度满足率只有 20%～30% 的水平（何广文等，2005），而另一些学者却认为我国农村金融服务的覆盖面良好，并且显著高于国际水平（张雪春，2006；焦瑾璞等，2006）。

效的评价持有不同的观点,首先由于前提假设、研究出发点、数据统计路径、指标设定、机构类型的不同都难以统一,学者对各项指标内涵的理解和界定不一致;再者,仅通过文献研究和已有统计数据难以推断中国微型金融机构各方面的目标是否达标。因此,笔者在借鉴的基础上,针对三个目标分别具体提出更细致的指标,且进行界定。

7.2.1 覆盖力

参考 Yaron（1992）提出"金融覆盖力"这一指标的定义,结合我国小额贷款公司提供金融服务的实际,并且考虑数据的可得性,本书将小额贷款公司服务覆盖力分为服务广度、深度和长度三个指标：广度,指信贷需求主体获得小额贷款服务的可获得性,主要用县域试点覆盖率（即提供信贷服务的小额贷款公司覆盖行政县域[①]数量的比例）衡量;深度,指小额贷款公司信贷供给对需求主体的满足程度,主要指标有贷款规模、单笔贷款额度;长度,指信贷产品和服务所供给的时间跨度。

（1）服务广度：试点覆盖率。

截至 2012 年 3 月,广东省小额贷款公司共 178 家,全省机构县域试点覆盖率为 82.6%,在全国处于中等水平。已实现县域试点 100% 全面覆盖的考察对象包括深圳、佛山、惠州、汕头、潮州、揭阳、梅州、湛江、河源等 9 个城市,共覆盖 100 个县（市、区）。其中,深圳市是最早涉足小额信贷行业的地区,也是全省小额贷款公司数量最多、投资规模最大的地区;而东莞市则是广东省第一家设立小额贷款公司的地级市[②]。覆盖率相对较低的地区有云浮市、汕尾市、韶关市、茂名市等,以经济相对落后的山区城市居多,其覆盖率均未超过 60%,区域试点覆盖发展相对滞后,如表 7-2 所示。

[①] 根据我国对小额贷款公司经营设立的规定："小额贷款公司不允许跨行政区域经营,不得在本县（市、区）外设立分支机构","其经营范围为办理县域内各项小额贷款,为县域内小企业发展、管理等提供咨询服务,其他经审查的业务等"。因此,小额贷款公司一般以县域为经营范围,用县域试点覆盖率指标来衡量是相对合适的。

[②] 2009 年 3 月,东莞市广汇科技小额贷款股份有限公司正式营业,成为省内首家试点的小额贷款公司。

表7-2 广东省各地级市小额贷款公司覆盖试点情况

城市	所辖县（区）数	已试点 县（市、区）	覆盖县域数	公司数	未覆盖 区域	数量	覆盖率
广州市	12	越秀、海珠、荔湾、天河、白云、花都、番禺、萝岗、从化、增城、黄埔	11	11	南沙	1	91.7%
深圳市	6	福田、罗湖、盐田、南山、宝安、龙岗	6	34	—	0	100%
东莞市	—	32个镇（街）	—	15	2个镇（街）	2	93.7%
珠海市	3	香洲、斗门、横琴	3	5	金湾	1	66.7%
佛山市	5	禅城、南海、顺德、高明、三水	5	10	—	0	100%
中山市	—	28个镇（街）	—	8	5个镇（街）	5	82.2%
惠州市	5	惠城、惠阳、惠东、博罗、龙门	5	9	—	0	100%
江门市	7	蓬江、江海、新会、鹤山、恩平、开平	6	7	台山	1	85.7%
汕头市	7	金平、龙湖、澄海、濠江、潮阳、潮南、南澳	7	8	—	0	100%
潮州市	3	湘桥、饶平、潮安	3	5	—	0	100%
揭阳市	5	榕城、普宁、揭东、揭西、惠来	5	11	—	0	100%
梅州市	8	梅江、兴宁、梅县、平远、蕉岭、大埔、丰顺、五华	8	9	—	0	100%
汕尾市	4	陆丰、陆河	2	2	城区、海丰	2	50%
湛江市	9	赤坎、霞山、麻章、坡头、廉江、吴川、遂溪、徐闻、雷州	9	10	—	0	100%
茂名市	6	茂南、高州、电白、化州	4	4	茂港、信宜	2	66.7%
阳江市	4	江城、阳春、阳东	3	3	阳西	1	75%

续表 7-2

城市	所辖县(区)数	已试点 县（市、区）	已试点 覆盖县域数	已试点 公司数	未覆盖 区域	未覆盖 数量	覆盖率
云浮市	5	云城、新兴	2	3	罗定、郁南、云安	0	40%
肇庆市	8	端州、高要、德庆、怀集、鼎湖	5	5	四会、广宁、封开	3	62.5%
韶关市	10	曲江、南雄、乳源、武江、仁化	5	6	浈江、乐昌、始兴、翁源、新丰	5	50%
河源市	6	源城、东源、和平、龙川、紫金、连平	6	7	—	0	100%
清远市	8	清城、英德、连州、佛冈、清新、阳山	6	7	连山、连南	0	66.7%
合计	121		100	178	9 市已完成	21	82.6%

资料来源：由广东省人民政府金融工作办公室（以下简称"广东省金融办"）提供的统计数据和资料信息整理得出（截至 2012 年 3 月）。

另外，小额贷款公司绝大多数客户在同一时间仅能获得一笔贷款，用累计贷款笔数能在一定程度上反映出小额贷款公司的信贷服务广度。目前广东省（不含深圳）累计投放贷款 3.3 万笔，其中 2011 年 1.8 万笔，同比增长 128%；50 万元以下的 1.7 万笔，占 51%，其中 2011 年 9 386 笔，同比增长 130%[①]；全省 21 个地级市平均贷款笔数为 1 571.4 笔。小额贷款公司所能覆盖的客户数量与农村信用合作社、邮政储蓄银行、商业银行等正规金融机构提供微小贷款业务的服务对象数量相比，仍存在较大的覆盖面差距，在区域内发挥信贷金融服务的作用也相对局限。

（2）服务深度：贷款规模。

国际上通常采用贷款规模来衡量小额信贷机构客户覆盖深度，对贷款规模的测量一般采用平均贷款规模（average outstanding loan，AOL）、人均贷款

---

① 数据来源于广东省金融办 2012 年第 1 季度发布的《2011 年度广东省小额贷款公司监管报告》。

余额与人均 GNP 比值、贷款集中度等。基于数据可得性，本书选择了平均贷款规模和贷款集中度作为主要衡量指标，其基本假设为：平均贷款规模（AOL）越小，其瞄准和惠及的中低收入群体可能越多，覆盖深度越好。

从 2009—2011 年的统计数据得知，广东省小额贷款公司平均单笔贷款额为 81 万元，最高单笔贷款额为 2 500 万元，最低为 1 000 元，单笔贷款规模以"大于等于 50 万元以上"为主，2011 年贷款额达 107 亿元，占全部贷款余额的 80%，并连续三年呈现逐年上升趋势。2011 年不超过 10 万元的"小额"贷款和 10 万～50 万元之间的中等额度贷款分别为 10.46 亿元和 11.04 亿元，各占全部贷款余额的 10% 和 9% 左右（见表 7-3）。显然，小额贷款公司贷款资源主要向大户集中，挤占了用于农户和个体户的贷款。其较高的贷款规模与"小额、分散"的制度初衷有所偏离。

对各市调查统计结果显示，珠三角地区小额贷款公司最高单笔贷款额在 500 万元左右，东、西两翼城市为 250 万元左右，相对落后的山区城市约为 150 万元，所有地区都在不同程度上存在贷款额度偏大的问题，并且实际贷款规模可能比表 7-3 所反映的额度更大[①]。

表 7-3 2009—2011 年广东省小额贷款公司的贷款规模及其比重

单位：万元、%

贷款规模分类	2009 年		2010 年		2011 年	
	贷款额	比重	贷款额	比重	贷款额	比重
≤10 万元	46 916	12.39	80 081	9.42	123 246	8.27
(10 万元，50 万元)	31 889	8.42	79 789	9.39	131 081	8.79
>50 万元	299 806	79.19	689 962	81.19	1 236 155	82.94
最高单笔贷款额	535		2 500		500	
最低单笔贷款额	0.2		0.2		0.1	

资料来源：由中国人民银行地方支行提供的"广东省小额贷款公司贷款业务结构表"整理得出。

---

① 由于这些数据是来源于小额贷款公司上报各地央行地方支行和金融办的统计资料，但据调查反映出的情况，部分小额贷款公司存在将大额度贷款拆分后再上报的现象。

(3) 服务长度：贷款期限结构。

在贷款期限结构方面，广东省小额贷款公司贷款业务以短期为主（见表7-4），明显表现出"短、频、快"的经营特点，主要解决个体户和中小企业的临时资金周转。2011年，3个月以下、3~6个月和6~12个月的短期流动性贷款分别占贷款总额的21.67%、25.23%和43.53%；而1年及以上的中长期贷款额较少，仅占9.57%。这是由于小额贷款公司的注册资金有限并且融资途径受限，必须通过缩短贷款期限、提高资金的周转率和流动性才能保证其自身盈利能力的可持续性。

表7-4　2009—2011年广东省小额贷款公司贷款期限结构

单位：万元、%

贷款期限分类	2009年		2010年		2011年	
	贷款额	比重	贷款额	比重	贷款额	比重
≤3个月	106 228	28.06	230 139	27.08	323 053	21.67
(3个月，6个月]	97 602	25.77	203 786	23.98	376 056	25.23
(6个月，12个月]	143 027	37.78	323 304	38.04	648 797	43.53
≥12个月	31 754	8.39	92 603	10.90	142 576	9.57

资料来源：同表7-3。

总体而言，在覆盖广度上，广东省小额贷款公司虽实现了82.6%的县域试点覆盖率，但现阶段的机构数量、设立密度、客户数目等都难以与正规金融机构的覆盖面相比。在覆盖深度上，单笔贷款额偏大、贷款集中度偏高制约着小额贷款公司信贷服务覆盖深度的延伸。由于小额、分散的贷款业务给小额贷款公司带来较大的管理成本，小额贷款公司控制成本的常用方式是提高单笔贷款额度，但高额度贷款会增加贷款业务的经营风险，一旦借款者出现经营失败或违约赖债，小额贷款公司将会损失惨重。在覆盖长度上，小额贷款公司贷款业务以1年以下的短期贷款为主，体现出"短、频、快"的特色，但对于投资和生产周期较长（如农业种植、养殖等）的领域则相对难以惠及。

7.2.2　可持续性

小额信贷机构的可持续性通常采用经营可持续、财务可持续、组织可持续、操作可持续等指标体系来衡量。考虑到运营数据的可获得性，本书从利率定价、盈利能力及其影响因素、还款率和不良贷款率等方面来评价小额贷款公司的可持续发展能力。

（1）经营可持续：基于利率定价模型。

从国外实践情况看，采用商业化利率定价是 MFIs 实现可持续发展的关键因素，保持高贷款利率与经济可持续发展呈正相关。世界银行扶贫协商小组（CGAP）高级顾问 Richard Rosenberg（2002）提出的必要利率水平模型"Rosenberg 公式法"是测度小额信贷机构可持续发展的有效手段。本书利用 Rosenberg 模型估测实现小额贷款公司可持续发展所需的利率水平，其具体模型如下：

$$R = \frac{AE + LL + CF + K - II}{1 - LL}$$

在上式中，小额信贷公司的贷款年利率水平 R 是五个变量的函数。其中，AE 为营业成本与平均贷款余额的比值，LL 为贷款损失额与平均贷款余额的比值，CF 为资金成本①与平均贷款余额的比值，K 为预期利润与平均贷款余额的比值，II 为投资收入②与平均贷款余额的比值。本书利用广东省小额贷款公司 2010 年度的经营财务数据（见表 7-5），推出小额贷款公司实现可持续发展的利率水平。

表 7-5　广东省小额贷款公司 2010 年度经营财务情况

单位：万元

项目	贷款余额	贷款损失准备金	净贷款余额	投资收入	利润总额	营业成本
期初数	378 610.23	4 109.56	374 500.67	29 199.15	7 831.51	21 324.77
期末数	931 525.42	12 802.17	918 723.25	113 857.95	48 500.98	65 372.16

资料来源：由广东省金融办提供的"2010 年广东省小额贷款公司经营状况表"整理而得出。

---

①　考虑到研究问题的方便性和数据的可获得性，本书假设小额贷款公司的资金除了股本金之外全部来自商业性渠道，资金成本以同期中国人民银行制定的金融机构人民币一年期贷款基准利率（2010 年 12 月同期 1 年期贷款基准利率为 5.81%）来衡量，通货膨胀率忽略不计。

②　放贷取得的利息收入是小额贷款公司主要甚至是唯一的收入来源，故用利息收入代替投资收入。

将 AE、LL、CF、K 和 II 各自计算得出的值分别代入 Rosenberg 公式，可得出：$R = 12.07\%$。这意味着在不考虑资金筹集成本的前提下，如果放开对小额贷款公司的利率管制，不低于 12.07% 的年贷款利率将是广东省小额贷款公司实现经济可持续发展的贷款利率水平。

从 2010 年小额贷款公司实际发放贷款的利率结构来看，广东省小额贷款公司的年贷款利率最低为 5.21%，最高为 23.15%，贷款利率水平总体上介于金融机构和民间借贷之间，基本能够覆盖信贷风险和经营成本（见表 7-6）。其中，平均最高利率几乎接近中国人民银行一年期贷款基准利率水平 4 倍的利率管制上限①，已远超过了 12.07% 的"均衡"年贷款利率，并且这一利率水平在民间融资紧张的 2011 年呈现出抬高上升的趋势②。由此可见，由于贷款对象的特殊性，小额贷款公司需要通过较高的贷款利率定价来覆盖营业成本和追求更大的利润水平，以期获得经济可持续发展的存续空间。

表 7-6　2010 年广东省小额贷款公司年贷款利率结构

类别	利率	类别	利率
≤3 个月	—	(6 个月，12 个月]	—
平均最低利率（%）	5.21	平均最低利率（%）	6.08
平均最高利率（%）	21.46	平均最高利率（%）	22.61
(3 个月，6 个月]	—	≥12 个月	—
平均最低利率（%）	5.49	平均最低利率（%）	6.74
平均最高利率（%）	21.82	平均最高利率（%）	23.15

资料来源：由中国人民银行地方支行"广东省小额贷款公司贷款业务结构表"整理得出。

(2) 盈利能力。

自 2009 年 3 月至 2011 年 9 月，广东省小额贷款公司累计实现营业收

---

① 以 2010 年 12 月中国人民银行 1 年期同期、同档次贷款基准利率 5.81% 计算，小额贷款公司贷款利率定价的上限为 23.24%。据摸底调查，部分小额贷款公司的贷款利率甚至超过了 4 倍水平。

② 2011 年广东省小额贷款公司的年贷款利率最高为 27.16%，最低为 6.01%。

入 31.60 亿元,营业支出 17.44 亿元,实现经营利润 14.13 亿元,实现税收 3.32 亿元(见表 7-7)。利息收入是最主要的来源,约占营业收入的 80%;贷款业务的管理费用占营业支出的 60%;上缴税收约占总支出的 10%。从整体长期来看,小额贷款公司平均经营收入 1 847.95 万元,利润 826.32 万元,平均资本回报率为 4.29%,小额贷款公司的营业收益基本能够覆盖经营成本,初步实现了商业化可持续性运转。

表 7-7　2009—2011 年三季度广东省小额贷款公司的盈利情况

单位:万元

项目	2009 年	2010 年	2011 年
营业收入	29 199	113 858	172 927
其中:利息收入	21 662	91 352	140 605
营业支出	21 325	65 372	87 739
其中:业务及管理费	12 300	44 922	59 474
利润总额	7 832	48 501	84 992
所得税	1 448	12 427	19 331

资料来源:由广东省金融办"广东省小额贷款公司经营状况表"整理得出。

更详细的统计,有个别城市(如 2009 年汕尾市、2011 年潮州市等)小额贷款公司[①]出现了负利润(或许是开业初期的过渡性亏损)。在不考虑小额贷款公司社会效益的前提下,单就资本投入的回报而言,广东省小额贷款公司的资本回报率明显低于正规金融机构,同时也低于一般实体经济行业的盈利水平。

(3)还款率与不良贷款率。

还款率和不良贷款率是衡量微型金融组织可持续经营的重要指标之一,孟加拉国格莱珉乡村银行模式的 98% 还款率和较低的不良贷款率为 MFIs 机构创造了可持续经营的神话。在调查中发现,不少小额贷款公司反映"一笔不良贷款都可能使公司的资金链难以承受",尤其是对于规模较小或资金旺盛的小额贷款公司而言。因此,基于小额贷款公司这一"准金

---

① 如深圳市鹏元小额信贷有限公司、韶关市武江区海利小额贷款有限责任公司分别因经营亏损较大而于 2010 年退市。

融机构"身份的高风险特征,本书采用了还款率和不良贷款率作为衡量小额贷款公司营业可持续的主要指标,这部分数据根据广东省21个地级市的小额贷款公司经营情况表和资产负债表等整理而得①。

从还款率方面看,截至2011年9月,广东省小额贷款公司累计发放贷款额为265.82亿元,收回贷款额为193.94亿元,还款率为72.96%。从不良贷款方面看,大多数公司建立资产分类方法和风险拨备制度,并按不同比例提取资产损失准备金:一般正常类计提比例为1%、关注类为2%、次级类为25%、可疑类为50%、损失类为100%,所有样本公司资产损失准备金率均达到100%。截至2011年年末,广东省小额贷款公司各项不良贷款余额6 280万元,比2010年年末新增了6 143万元(其中有4 000万元贷款利息未按月偿还,按五级分类原则计入关注类贷款),不良贷款率为0.46%,比2010年增加0.44个百分点。从总体来看,虽受经济环境萧条和民间融资紧张的影响而导致2011年不良贷款率有所增加(见图7-1),但由于小额贷款公司大多为民间资本出资,对资金安全性要求高,加上试点经营时期短,因此广东省小额贷款公司的信贷资产质量整体情况良好,为自身可持续发展提供了盈利安全性的空间。

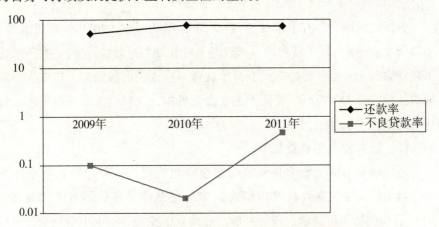

图7-1 广东省小额贷款公司2009—2011年还款及信贷质量情况

---

① 还款率为年度内累计发放与收回贷款金额之比,反映小额贷款公司贷款累计发放和收回的情况;不良贷款率为不良资产(包括逾期、呆滞、呆账资产)与资产总额之比,反映其贷款信用风险水平。

7.2.3 社会绩效

小额贷款公司作为农村金融领域重要的制度创新之一,在关注其覆盖面的同时,还应考察其履行社会责任和改善社会绩效的影响程度。由于我国小额贷款公司的服务对象旨在面向"三农"经济、个体经营者和微小企业提供贷款服务,因此本书将从贷款流向及其行业分布、涉农贷款比率、贷款信用方式等指标来衡量广东省小额贷款公司是否能实现改善社会绩效程度、缓解中低收入群体"融资难"的目标。

(1) 贷款流向及行业分布:是否流向弱势群体。

在贷款流向方面,广东省小额贷款公司的贷款业务按客户对象主要分为个人贷款、企业贷款和其他组织贷款。其中,个人贷款和企业贷款两项约占贷款总额的97%。从2011年171家小额贷款公司的实际运作情况看(见表7-8),个人贷款额占全部贷款的67.7%,其中有22.1%的贷款投向了农户;企业贷款额占全部贷款的32.3%,其中有7.1%和92.9%的资金分别流向了农村企业和城市企业。可见,广东省小额贷款公司的大部分贷款资金都流向了个体工商户和城市中小企业领域①。在调研中也发现,针对中小企业、个体工商户发放贷款,平均贷款额度相对较大;针对中低收入群体、农户发放贷款,平均贷款额度相对较小。这种"垒大户"现象与小额贷款公司"贷款资金主要流向个体工商户和城市中小企业"的特征是相吻合的。

表7-8 2009—2011年广东省小额贷款公司贷款流向情况

单位:万元、%

项目	2009年		2010年		2011年	
	贷款额	比重	贷款额	比重	贷款额	比重
个人贷款	262 932	69.4	563 637	66.3	1 009 251	67.7
其中:农户贷款	66 861	25.4	120 662	21.4	223 232	22.1

---

① 通过调查发现,部分中小企业主以个人名义向小额贷款公司借款。因此,小额贷款公司实际上投放给中小企业的贷款比例可能会比统计数据更高。

续表 7-8

项目	2009 年		2010 年		2011 年	
	贷款额	比重	贷款额	比重	贷款额	比重
企业贷款	106 724	28.2	268 321	31.6	481 222	32.3
①农村企业贷款	12 975	12.2	34 090	12.7	34 283	7.1
②城市企业贷款	93 750	87.8	234 231	87.3	446 939	92.9
其他组织贷款	8 954	2.4	17 874	2.1	10	0.000 06
①农村各类组织贷款	1 797	20.1	10	0.005	10	100
②城市各类组织贷款	7 157	79.9	17 864	99.9	0	0

资料来源：根据广东省金融办、中国人民银行地方分行所提供的资料整理而得出。

在贷款行业分布方面，广东省小额贷款公司贷款在第一、第二和第三产业的行业分布比重分别约为10%、30%和60%，其中，以流向第三产业的贷款总额最多，2011年贷款规模达29.46亿元；而以农林牧渔业为主的第一产业贷款额仅占10%，贷款规模为3.91亿元（见图7-2）。由此可见，小额贷款公司流向企业和其他组织的贷款主要集聚在第三产业上，在涉农企业、农村组织等领域所发挥的融资助农力量相对有限。

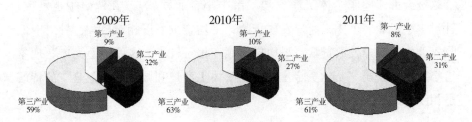

图7-2 2009—2011年广东省小额贷款公司贷款投向行业分布

（2）涉农贷款比率：是否真正惠及"三农"。

从政策角度出发，设立小额贷款公司的目标之一是引导资金流向农村和欠发达地区，改善农村地区金融服务，促进"三农"经济发展。因此，本书采用涉农贷款比率这一指标来衡量小额贷款公司履行社会责任①的情

---

① 吴晓灵、焦瑾璞等（2011）以涉农贷款比率度量小额贷款公司服务三农、履行社会责任的情况。

况。在广大农村地区，农户和涉农企业贷款需求长期无法满足，涉农贷款能在一定程度上缓解农村信贷配给问题。这意味着：小额贷款公司的涉农贷款比率越高，其社会责任履行得越好。

根据 2010 年中国人民银行发起的对全国 25 个省市区 1 425 家小额贷款公司的调查情况①，在所有参评小额贷款公司中涉农贷款比率超过 50% 的占参评企业数的 53.1%，排名前 10 的小额贷款公司涉农贷款比率均在 80% 以上。相比之下，截至 2011 年年底，广东省小额贷款公司累计投放涉农贷款 1.3 万笔。其中，2011 年累计投放涉农贷款 8 245 笔、贷款金额 69 亿元，分别占投放总笔数的 45% 和投放总额的 26%；农户贷款余额 20 亿元，同比增长 54%；农业贷款余额 27 亿元，同比增长 71%。可见，广东省小额贷款公司在"三农"领域的贷款业务比例低，涉农贷款比率远低于全国的平均水平。而根据小额贷款公司转制为村镇银行规定的"最近四个季度末涉农贷款占比不低于 60%"，全省除了梅州、阳江、汕尾、茂名等农业比重较高的城市之外，其他地区的涉农贷款比率均难以逾越这一硬性指标，尤其是东莞、中山、珠海等珠三角城市，要实现小额贷款公司涉农贷款比率超过 60%，转制难度很大。

（3）贷款方式：是否实现"无抵押、无担保"。

微小企业、农户和中低收入群体"贷款难"问题的主要症结之一就在于缺乏足额的抵押物或合格的担保关系。小额贷款公司以"无抵押、无担保"的创新性信用方式打响旗号，若其能真正地在传统贷款模式上实现信用方式创新，也将为缺乏抵押担保的弱势群体拓宽了融资渠道，有助于改善社会绩效。

从贷款的方式看，广东省小额贷款公司的信贷方式较为灵活多样，有动产/不动产抵押、货物抵押、应收账款质押、担保公司担保、农户小组或企业组团联保等。其中信用、保证、抵押是小额贷款公司最主要的三种形式（见图 7-3）。截至 2011 年 9 月，小额贷款公司信用贷款 41.12 亿元，占 27.59%；抵押贷款 29.70 亿元，占 19.93%；质押贷款 8.54 亿元，

---

① 具体指标及其公式说明详见《2010 中国小额信贷机构竞争力发展报告》，吴晓灵、焦瑾璞等主编，2011 年 1 月，中国人民银行研究生部。

占 5.74%；保证贷款 67.49 亿元，占 45.28%；其他贷款 2.21 亿元，占 1.48%。可见，全省以信用或保证方式累计投放贷款占比高达 72.87%，而以传统的抵押或质押等方式仅占 25.67%。从贷款的保证要求来看，对于中小企业而言，企业之间相互担保、担保公司担保是其采取的主要形式；对于个人而言，自然人担保一般是与借款者在同一县域或社区具有稳定可靠经济来源的公务人员（如教师、乡村干部、银行职员）和个体户等。小额贷款公司放贷门槛较低，操作灵活的担保、信用方式使微小企业、农户和中低收入群体因缺乏抵押物而被银行等正规金融机构"拒之门外"后能顺利借到所需资金，发挥了非正规金融机制"拾遗补阙"和"调余济需"的作用。

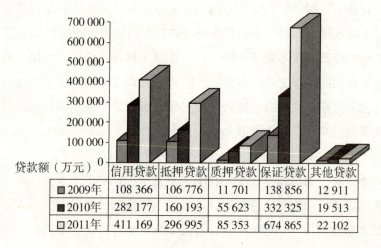

图 7-3　2009—2011 年广东省小额贷款公司主要贷款形式分布

从社会绩效满足度来看，广东省小额贷款公司的发展在不同程度上出现了"使命漂移"。目前许多小额贷款公司无意"高风险、高成本、低收益"的三农业务，而将目光放在贷款金额比较大的城市个体工商户和中小企业等客户群体，这与"小额、分散"和"立足农村、面向三农"的经营初衷是不吻合的。

7.3 小额贷款公司的综合评价

广东省小额贷款公司整体覆盖面较广,随着 2012—2013 年的发展,覆盖率将进一步提高,小额贷款服务空白街镇将进一步减少。但同时反映出覆盖率不均衡,经济水平越高的区域,小额贷款公司覆盖率越高,而经济水平较低的区域,覆盖率亦较低。小额贷款公司服务出现向上漂移的现象,资金往往流向大户,并且逐年呈现微弱上升趋势,与坚持"小额、分散"的制度初衷有所偏离,涉农贷款比例较低。贷款利率呈现上升趋势,但整体盈利水平并不高,同时面临着融资紧张和不良贷款率上升所带来的风险。

综合绩效在三个维度的评价上,覆盖力的表现较好,可持续发展能力表现一般,社会绩效方面明显不足,广东省小额贷款公司在三角冲突中,社会绩效相对难以兼顾,可以通过广东省小额贷款公司三维评价图反映,社会绩效坐标得分较低(见图 7-4)。对广东省小额贷款公司的评价落在小额贷款业绩优化评价体系图的第二象限。

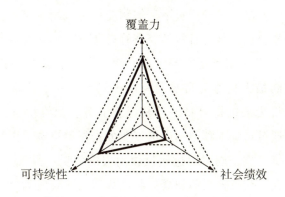

图 7-4 广东省小额贷款公司三维评价

7.4 小额贷款公司发展模式探讨

我国农村地区存在着高利贷现象，一般认为，高利贷产生于农村民间资本间的借贷，体现的是资本品的供给价格较高，而供给价格较高正是农村金融市场资金供求不均衡的反映，资金供给不能满足农户及农村中小企业的资金需求，"三农"项目建设对资金需求的压力加大了。那么，基于这种原因，发展贷款公司就是缓解资金供求不均衡的一种方法，通过增加信贷资金供给量，降低资本品的供给价格，来达到使高利贷现象得到有效控制的目的。

基于贷款公司的发展有助于扩大资金供给和抑制高利贷的特点，贷款公司的发展应当是数量型的发展模式和质量型的发展模式。鉴于有关贷款公司的资料难以获取，小额贷款公司与贷款公司存在着诸多相似之处，故以小额贷款公司为案例来说明贷款公司的发展模式。

（1）数量型发展模式。数量型的发展模式是指贷款公司以不断扩大发展规模和增加自身的数量去实现发展。只进行贷款的发放业务，不吸纳其他单位或个人的存款，这种只贷不存的制度规定限制了贷款公司的资金实力，再加上贷款公司为维持日常的经营管理所支付的必要成本，决定了贷款公司的贷款利率应当制定得高一些。事实上，贷款公司作为公司制企业，必须以利润最大化作为自身经营的出发点，如果贷款利率制定得较低，贷款公司将无法维持自身的信贷经营业务。为维持日常信贷经营业务，贷款公司通过自身不断地拓展信贷业务去积累资本，再将这些资本用于进一步的信贷发放，同时对这些投放出去的信贷产品规定较高的利率，从而在回收贷款时获取较高的利润，而这些利润又会成为贷款公司自身扩大发展规模和增设分支机构的资本。这里涉及利润如何分配的问题，以 2009 年 6 月成立的山西永济市富平小额贷款有限责任公司为例，该贷款公司所提供的贷款产品的利率较高，月息达到 1.75%，较高的利率带来了较高的收益，也直接带动了公司的可持续发展。然而，较高的利率也反映了当地农村金融市场的资金供给不足现象，因此，最好的办法就是增加贷款公司的机构数量，也可以通过自身的发展形成较大的规模，在此基础上向农村增设分支机构，为农村金融市场注入更多的资金，通过贷款公司之间的相互竞争来降低贷款的市场利率。以亚联财小额贷款有限公司为例，为拓展金融业务，该公司在全国八大城市都设有分支营业机构，而且为拓展金融业务，各大城市的营业机构都分设了营业网点。其中，有的城市营业网点较多，如深圳市共有38家营业网点。有的城市则营业网点较少，如北京和沈阳分别只有1家营业网点。亚联财小额贷款公司采取的就是一种数量型发展模式，依靠不断地增设营业网点来提高该公司的知名度和市场份额。虽然小额贷款公司与服务"三农"的贷款公司存在着贷款对象的差别，然而就发展模式而言，小额贷款公司的这种方式值得贷款公司借鉴，贷款公司可以面向国内的一些金融供给不足区域设立分支机构和营业网点，进而形成自己较为稳定的客户资源。

（2）质量型发展模式。质量型的发展模式是指贷款公司的发展注重为"三农"建设项目提供高效率的贷款产品。质量型的发展模式要求根据贷款对象的特点和实际需求提供高效率的服务方案，根据贷款公司在追求短期利益和长期利益方面的不同，主要形成两类不同的具体发展模式。一类是注重公司长远利益的可持续发展模式，所积累的信贷资金偏向于投向微型企业和个体户主，发放的贷款数额较为灵活，偿还期限也较长，资金周转速度也较慢。对于此类发展模式，贷款公司的主要投资方是国内外资金实力较强的企业，从而其资金供给能力和抗风险能力就会因大企业的支持而明显增强，不会因短期的资金周转困难而影响到贷款公司的正常信贷业务。例如，富登小额贷款公司的主要投资方和发起机构是新加坡淡马锡控股旗下的富登金融控股企业，深圳市亚联财小额信贷有限公司的主要投资方是香港新鸿基有限公司（上市公司）旗下的亚洲联合财务有限公司。另一类是只着眼从事发放中期或者短期贷款项目的公司发展模式，此类发展模式体现在发放的贷款数额较大，偿还的期限也相应地较短，但是资金周转速度却很快。该类贷款公司的主要投资方是国内中小企业，公司以投资效益作为重点经营目标，因而贷款利率通常制定得很高，一般是以短期贷款项目为主，而且贷款资金回收的风险也较小，期望在短期内获取大额的收益。围绕质量型发展模式的两类具体模式，经过比较可以发现，第一类发展模式明显比第二类发展模式更加适合于贷款公司的支农宗旨。理由是：一方面，我国大部分农村地区的经济基础薄弱，导致了农户普遍收入水平较低，因而农户对小额贷款公司的贷款需求量数额较小；另一方面，对于农村中小企业而言，由于农业生产受季节变化等自然因素影响，其对贷款资金的偿还期限较长必然会影响贷款公司的短期利益，即贷款公司很难在短期内回收所发放的贷款资金。因此，如果以服务"三农"为目标，则质量型的发展模式应当具体采取以公司长远利益为重点的可持续发展模式。以2005年12月27日在山西省平遥县挂牌成立的日升隆小额贷款公司为例，该公司作为全国首批设立的小额贷款公司，自成立以来经营状况良好，尤其是在支农方面受到当地农户的欢迎。在贷款对象上，该公司将"三农"及微型企业列为服务对象；在贷款金额上，根据客户的实际情况采取灵活的贷款数额；在贷款申请条件上，只要是资信较好的当地居民都可以成为该公司的客户。日升隆小额贷款公司的这些规定都切合当地农户和农村中小企业贷款的实际情况，该公司也在赢得客户的同时实现了自身的可持续发展，服务范围仅限于当地居民（平遥县境内），采取的是以公司长远利益为重点的可持续发展模式。

关于进一步促进小额贷款公司发展和支农效度的提升，有如下建议。

第一，政策引导。让更多金融机构参与到市场的竞争中，从而增加金融"挤溢"效应。当满足了城市金融服务，部分机构会从激烈的竞争中被挤出，溢出到其他较少被开发的区域或服务领域。因此，政策上应鼓励并支持小额贷款公司的设立，例如注册门槛按照不同区域经济发展水平进行调整，让缺乏金融服务的地区的小额贷款公司的设立门槛降低。

第二，税收优惠、财政补贴和融资支持。当前小额贷款公司税负较重，其需缴纳25%的所得税、5.56%的营业税及附加，共计约30%的税负，比村镇银行多10%的税负，过高的税负影响到其盈利的水平，因此税收优惠是最直接有效的手段；其次让小额贷款公司可同等地享受涉农贷款补贴政策，销售利率优惠政策，并且明晰实施细则；再者鼓励传统大型金融机构为小额贷款公司等微型金融机构提供融资便利。

第三，通过法律、信息工程推进社会信用体系建设。增强债权人的保护，加大对恶意逃款等违约行为的打击；创新贷款合约，赋予其更具体、更明确的法律职责，提高合同法律效应；进行信用村的评价，开展农户征信系统的建设，让小额贷款公司在遵守隐私权的前提下共享征信系统信息，将减少农村融资的信息不对称情况。这些将改善农村金融环境，为微型金融机构深入农村金融市场做好铺垫。

第四，鼓励发展特色小额贷款公司。能够结合当地地区产业结构、地缘、人缘和文化特征开设有特色的贷款服务；鼓励小额贷款公司下移机构网点，例如在农村部门设立微型驻点，结合文化广场开设小型办公场所，这样更容易贴近农村，为农户提供更为便利的服务和收集贷款情报；鼓励小额贷款公司进一步开发适合农村地区的贷款产品，充分利用软信息进行服务，不拘泥于客户是否可以提供合格的财务记录、抵押品等。

第五，优化小额贷款公司的业务流程设计，提升贷款服务效率，降低贷款风险。建议做好客户信息跟踪系统，建设一个功能丰富、信息记录详细、使用便捷的客户数据库。系统设计层次分明，能在宏观上有预见和把控，在微观上可以落实处理方案和反馈处理结果。

第六，增强小额贷款公司人才队伍的建设，增强信贷员的培训，让其及时掌握公司开发的各项产品功能和技术手段；鼓励信贷员积极进行客户调研，让其更了解客户状况；对于农村地区的贷款服务，应引进一些熟悉当地农业、具有农业专业技术的人才，并且注重本土化人才的培养。

7.5 本章小结

通过模型分析，农村微型金融机构存在可持续性、覆盖率和社会绩效满足三个目标间的"三角冲突"，并且在广东省小额贷款公司的运作中得到体现。广东省小额贷款公司整体覆盖面较广，随着2012—2013年的发展，覆盖率将进一步提高，小额贷款服务空白街镇将进一步减少。但同时反映出覆盖率不均衡，经济水平越高的区域，小额贷款公司覆盖率越高，而经济水平较低的区域，覆盖率亦较低。小额贷款公司服务出现向上漂移现象，资金往往流向大户，并且逐年呈现微弱上升趋势，与坚持"小额、分散"的制度初衷有所偏离，涉农贷款比例较低。贷款利率呈现上升趋势,但整体盈利水平并不高,同时面临着融资紧张和不良贷款率上升所带来的风险。但通过以优先社会绩效、兼顾可持续发展的优化评价体系有助于小额贷款公司的良性发展。

贷款公司或小额贷款公司没有涉及存款业务,因此不存在公共存款安全和挤兑风险方面的担忧,在法律允许的情况下,应当鼓励更多的创新,贷款公司通过自身不断地拓展信贷业务去积累资本,再将这些资本用于进一步的信贷发放,同时对这些投放出去的信贷产品规定较高的利率,从而在回收贷款时获取较高的利润,而这些利润又会成为贷款公司自身扩大发展规模和增设分支机构的资本。但同时应在其自身运营过程中提示风险规避,注重公司长远利益的可持续发展模式,以免出现风险暴露导致投资者收益受损。

第8章 资金互助社

8.1 资金互助社发展概况

从2007年开始试点以来至今,农村资金互助社作为新型农村金融组织的重要组成部分,发展经历了七年的时间。2007年3月,全国首家农村社区性银行业金融机构——吉林省梨树县闫家村百信农村资金互助社正式开始对外营业,专门针对农业开发与扶贫项目。之后,农村资金互助社在全国开始发展起来。

目前,我国的资金互助组织主要分为以下三类:第一类是经银监会批准在工商部门注册的农村资金互助社,根据中国银监会统计,截至2013年年底,共有49家;第二类是国务院扶贫开发领导小组办公室(以下简称"国务院扶贫办")和财政部支持的村级扶贫互助社,已达万家;第三类是地方政府引导和农民自发设立的农民资金互助社,主要分布在吉林、江苏、河南、河北、山东等地,大概有5 000家,江苏盐城、吉林四平、河南信阳等地尤为集中,几乎每个乡镇都有一家。

而需要注意的是,农村资金互助社和农民资金互助社是两个完全不同的概念。农村资金互助社是经银监会批准的在工商部门注册的金融机构,由银监会等相关部门监管。而农民资金互助社大部分都是登记为民办非企业单位的农民资金互助合作社,没有获得银监会发的金融牌照,虽然也从事金融业务,但实际并不在银监部门的监管范围内。本书主要探讨的是最近几年发展设立的农村资金互助社和农民资金互助社。

8.1.1 农村资金互助社概况

根据银监会发放的金融许可证统计可知,目前,农村资金互助社目前只在全国17个省市分布(如图8-1所示),且自2012年6月后,再无新的农村资金互助社成立,其发展情况不容乐观。

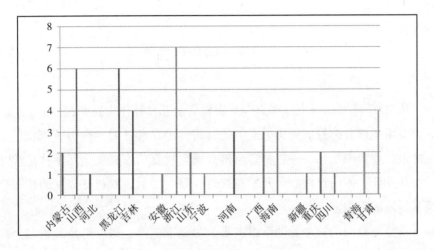

图8-1 农村资金互助社全国分布

从这些已经设立的农村资金互助社当中选取知名度较高的10家作为分析对象,探索农村资金互助社的基本发展概况(见表8-1)。

表8-1 选取的10家农村资金互助社的设立情况

单位:万元

农村资金互助社	开业时间	注册资本	社员数量	营业记录
吉林省梨树县闫家村百信农村资金互助社	2007年3月	10.18	截至2011年6月底,共有社员135户	截至2011年6月底,累计发放贷款588笔,回收527笔,贷款余额32万元
浙江省玉环县玉城街道九山农村资金互助社	2008年7月	54	截至2010年6月底,共有社员369户	截至2010年6月底,贷款余额714万元,贷款回收率100%

续表 8-1

农村资金互助社	开业时间	注册资本	社员数量	营业记录
浙江省温州市马屿镇汇民农村资金互助社	2011年1月	500	约1 500名社员	截至2012年3月底，发放贷款497笔，累计发放贷款6 140万元
山东省沂水县许家湖镇聚福源农村资金互助社	2008年3月	53.7	截至2011年12月，入股社员达到168户	开业后的两年里，为社员提供了近2 000万元的资金
浙江省缙云县五云镇欣禾农村资金互助社	2010年2月	369	截至2010年3月底，共有社员335名	截至2010年3月底，吸收存款1 000多万元，发放贷款570万元
新疆昌吉市榆树沟民心农村资金互助社	2011年4月	2 000	截至2011年5月底，入股社员达到304名	截至2012年3月底，各项存款达到7 220万元，发放贷款6 630万元
安徽省太湖县小池镇银燕农村资金互助社	2010年9月	—	截至2010年9月底，入股社员共有293名	前身为小池镇互助储金会，截至2010年9月底，总股份资金达到10.61万元，吸收存款600多万元
黑龙江大庆肇州县二井镇兴隆农村资金互助社	2011年7月	318	截至2011年6月底，入股社员共有53名	为社员办理存款、贷款、国内结算、其他银行业金融机构的委托业务
浙江临海市涌泉镇忘不了农村资金互助社	2009年11月	350	互助社成立时共有103名社员	为社员办理存款、贷款、结算业务
浙江省德清县乾元镇德农村资金互助社	2010年3月	500	互助社成立时共有204名社员	为社员提供聚集闲散资金的公共平台

资料来源：根据各家农村资金互助社的资料整理而得。

从上面的资料可以看出：第一，在选址问题上，多数农村资金互助社都选择在乡镇级或以下行政区域设立营业点，有的设在城市的街道社区，有的设在行政村，这样便于和农户保持密切联系。例如，浙江省温州市马屿镇汇民农村资金互助社、山东省沂水县许家湖镇聚福源农村资金互助社、新疆昌吉市榆树沟镇民心农村资金互助社等都设在镇级行政区,浙江省玉环县玉城街道九山农村资金互助社设在街道社区,吉林省梨树县闫家村百信农村资金互助社就设在当地的行政村。第二,在注册资本额方面,农村资金互助社的注册资本额在10万~2 000万元的幅度区间内变化,符合银监会有关农村资金互助社设立和管理的规定。按照规定,农村资金互助社如果在乡镇设立,注册资本不低于30万元;如果在行政村设立,注册资本不低于10万元。表中选取的这10家农村资金互助社都符合银监会的规定。第三,在营业记录方面,大多数农村资金互助社的营业状况良好,存款业务和贷款业务进行得秩序井然,为支持社员更好地从事"三农"建设做出了贡献。农村资金互助社的注册资本都是来源于社员的入股资金,其目的是服务社员,贷款对象主要是针对内部社员,解决了社员的资金短缺问题,在社员之间形成了资金调剂的公共管理平台。

8.1.2 农民资金互助社概况

农民资金互助社作为地方政府引导和农民自发设立的资金互助组织,主要分布在吉林、江苏、河南、河北、山东等地,大概有5 000家。绝大多数的农民资金互助社都没有获得银监会发放的金融牌照,大部分都是登记为民办非企业单位,因此它们并不受银监会监管,仅仅由农村工作部(以下简称"农工部")进行审查和监管。农工部缺乏专业监管人才,也缺乏专业的监管手段。农民资金互助社几乎处于无人监管状态,在此情况下,农民资金互助社逐步变异。

近几年,一些地区农民资金互助合作社蓬勃发展,农民资金互助社在发展中逐渐忘记了主业。很多个人投身于资金互助社。由于监管缺位,乱象丛生、鱼龙混杂,很多都是假农户之手谋取自己利益。这类资金互助合作社因为监管空白、身份不明以致发展无序、参差不齐,已经发生严重异化。各类市场主体纷纷进入农村市场设立机构,甚至有投资公司和担保公司翻牌成资金互助组织,所谓"披着合作社的外衣,实际上在放高利贷。"据报道称,2012年10月份,江苏省连云港市灌南县4家农民资金互助合作社突然关门停业，负责人下落不明，2 500多名村民储存在合作社的高达亿元的钱款也不知所踪。经调查发现，资金互助社的负责人擅自把资金非法挪用到某家高利贷公司，被非法骗取和挪用的农民资金互助社资金主要因投向了房地产项目而被套牢，最终引发负责人携款潜逃事件的发生。这种恶性事件的发生是由于对农民资金互助社监管缺失造成的。农工部负责农民资金互助社的审查和监管，但却缺乏专业的监管人才和手段。致使一些资金互助社监守自盗，私自挪用资金，给农民造成损失。

8.2 农村资金互助社的运行模式

资金互助社的运行模式不同于农村其他金融机构，它是以互助为目的，是在社员自愿入社的基础上，为社员提供服务的区域性金融组织。一般情况下，农村资金互助社的发展模式可以采取两种方式：一种是选择外界经济主体的参与方式，即同外界经济主体之间采取的是合作模式；另一种是不与外界经济主体合作，采取具有自身特点的经营方式。

（1）基于外界经济主体的参与方式。

按照外界经济主体的参与方式可分为援助型模式和自主型模式。所谓援助型模式是指由外界经济主体参与农村资金互助社的经营与发展模式，这些外界经济主体一般是财政部、其他政府机构等机关单位出资援助，具体的援助方式一般是通过资本金补贴、政策性优惠捐助等方式。其中，有财政部门给予扶贫资金帮助贫困地区设立自己的农村资金互助社，如2006年2月，安徽省财政部门选择了本省三个县的贫困村，安排拨付530万元的扶贫资金，用于当地贫困村的农村资金互助社试点工作。还有来自社会其他单位的捐助，如同样在2006年初期，安徽省小井庄村为组建小井庄社区资金互助社，接受了来自国际扶贫和慈善组织"香港乐施会"的15万元捐款资金。所谓自主型模式是指出于当地农户自身需要，完全依靠农民自己自发组织形成的互助互利的机构形式。如2006年3月，在安徽省明光市兴旺村，经过有关部门批准，由当地农民自发组织形成的亲友互助会发展成为兴旺村资金互助社。

（2）基于农村资金互助社本身的经营方式。

按照农村资金互助社本身的经营方式可分为内生型发展模式和开放型发展模式。所谓内生型发展模式指农村资金互助社是依靠内部机构的不断改进和优化，不是依赖外力推动，而主要依靠自身发展方式由粗放型向集约型发展方式转变的一种发展模式。这里，粗放型和集约型是相对而言的，农村资金互助社的盲目扩大发展规模、无限制的发展社员就是粗放型的发展模式。农户要改变这种粗放型发展模式，实现向集约型转变有两种方法：一是社员内部通过延长农业产业链的方式适度扩大社员所从事行业的经营范围，增加社员的收益，从而增加农村资金互助社的整体收益；二是引进先进技术和优秀人才，改进农村资金互助社的管理效率，降低交易成本，从而增强其竞争能力。所谓开放型发展模式是指在外界的参与和帮助下，农村资金互助社顺利实现了可持续发展。农村资金互助社是以农民自愿入股的方式形成的小型组织，对于农民来说，如何管理、经营好这个小型组织是一个难题，不仅需要借鉴一些经营状况较好的其他农村金融机构的成功管理经验，还需要其他农村金融机构参与进来，与农村资金互助社相互协助，在相互交流、相互学习中实现共同发展。

8.3 农村资金互助社发展面临的问题

作为我国政策支持发展的农村小型金融机构，自批准设立以来，相比村镇银行和小额贷款公司的繁荣发展，资金互助社不仅在机构设立数量上停滞不前，甚至在近年来，某些地区还发生了多起携款潜逃、破产倒闭的丑闻，给入社的农民造成了很大的经济损失。总结近年来农村资金互助社的情况后，可以看出农村资金互助社的发展主要面临以下几类问题：

（1）农村资金互助社存在资金困难问题。

首先，《农村资金互助社管理暂行规定》中规定，互助社的资金只能通过社员存款、社会捐赠资金及同业拆借款来获得。这就限制了资金互助社的资金来源。资金互助社本身的注册资金就较少，社员都是当地农户或者小企业，他们加入资金互助社是为了方便地获得无抵押贷款，而他们本身的资金实力并不强,所以造成了存少贷多的局面,使资金互助社面临资金短缺的情况。其次,作为新生机构,资金互助社相对于农村信用社等传统金融机构来说,在农民中的知名度较低,农民对资金互助社还缺乏一定的了解,这使得他们不会很快地信任并加入资金互助社。例如,在广西田东县竹海农村资金互助社,在开始阶段就有99.5%的竹子产业合作社社员不敢加入,一直静观其变。这也阻碍了资金互助社的发展。而且,农村资金互助社的存款利率和其他农村金融机构相同,对农民没有足够的吸引力。这些因素的共同作用使得农村资金互助社出现了存款不足的问题。

(2) 农村资金互助社的内部治理结构问题。

作为新兴的小型金融机构,大部分的资金互助社都缺乏完善的规章制度。资金互助社立足于农村,大部分社员都是农民。虽然《农村资金互助社管理暂行规定》规定资金互助社可以设置理事长、经理、监事长、会计、出纳等职位。但大部分的职位都是由缺乏金融知识、文化程度不高的农民担任。普遍没有接受过专业化的培训,不具备从业所需的足够的专业知识,因而无法达到银监会的相关规定中所规定的农村资金互助社理事长、经理应当具备的学历及资格要求,从社员当中产生的理事长、经理自然难以担负监管职能。同时资金互助社缺乏完善的规章制度,以社员自身的内部管理为主,监管则主要依靠社员自身的道德约束,这就造成了业务上的不规范,容易发生监管风险,不利于资金互助社的发展。

(3) 农村资金互助社的利率确定问题。

从利率空间的角度看,农村资金互助社的资金利率也需要规定在一个合理的区间内,这里包括存款利率和贷款利率。如果贷款利率定得过低,将难以维持日常的运营管理所需的开支,也不足够支付社员之间的分红,进而对社员入股的积极性造成负面影响;如果贷款利率定得过高,则不仅难以增加社员从农村资金互助社获得的收益,而且会加重入股社员的经济负担,增加了农户获取资金的额外负担,尤其是对于低收入的贫困社员,高利率意味着难以负担的高利息,将直接影响低收入困难社员向农村资金互助社借款,与农村资金互助社对融资困难的社员提供小额信贷支持的目标相违背;如果贷款利率定在同农村信用社等其他农村金融机构的贷款利率保持一致时,社员自然不会将较多的资金存放在农村资金互助社,因为资金存放在农村信用社等金融机构更有保障,风险更低,出于农户利益最大化的考虑,无差别的贷款利率显然不合理。

8.4 资金互助社未来发展的思考

农村资金互助社是以农民自愿入股的方式形成的小型组织,对于缺乏专业知识的农民来说,如何管理经营好这个小型组织是一个难题,不仅需要借鉴一些经营状况较好的其他农村金融机构的成功管理经验,还需要有关部门给予一定的政策支持来更好地促进农村资金互助社的发展。

资金互助社可与专业合作社联合起来,走资金与生产联合之路。资金互助社为专业合作社社员提供资金,专业合作社为资金互助社提供信用保障,减少信息不对称等问题。两者联合起来可更好地为农村地区提供资金和生产上的支持。

在贷款方面,推行社员联保小组,增加贷款的担保。资金互助社可将社员结成互助小组,以小组名义申请贷款,共同担保。同时鉴于资金互助社简便的借款程序,小组贷款在社员间形成了更为紧密的利益共享、风险共担机制,彼此之间的互信程度更高。同时,资金互助社的贷款应集中于生产性贷款。鉴于资金互助社的资金有限,资金互助社应该多发放生产性贷款,而不是消费性贷款,这样才能既为社员的生产提供帮助,同时也增加贷款收回的可能性。

针对农民资金互助社这类自发组成的组织,应该由专门的金融监管部门接手进行监管,同时加强会计报表方面的监管,以保障农民资金没有被挪用和转移,保障农民资金安全。

8.5 本章小结

通过对资金互助社的研究可知,目前农村资金互助社的运行模式主要有两种,处于金融监管下的农村资金互助社和自发成立的农民资金互助社。相对于传统金融机构,资金互助社有着突出的信息优势、灵活的机制等优势,在业务上可以有效地弥补传统金融机构的不足。

同时,资金互助社也存在着资金短缺、知名度低和不够规范等问题,而且出现了较为严重的现象——资金互助社的负责人擅自挪用资金,投资失败后引发负责人携款潜逃事件,因此对资金互助社进行监管设计是相当必要的。通过分析,笔者也提出资金互助社可与专业合作社联合起来,走资金与生产联合之路。在筹集资金方面,可以深化社员投资力度,但对吸收存款范围的扩大要十分谨慎;在放贷资金方面,可以推行社员联保小组,增加贷款的担保。资金互助社可将社员结成互助小组,以小组名义申请贷款,共同担保。

第 9 章 农村小型金融机构当前运营共性问题及其成因

9.1 农村小型金融机构当前运营共性问题

9.1.1 农村小型金融机构面临资金来源不畅的问题

资金来源不畅的问题普遍存在于三类新型农村小型金融机构的日常运营中，但由于各自不同的特点，问题产生的原因也不一样。就小额贷款公司而言，只允许贷款而不允许吸收存款的规定决定了其非金融机构的属性，正因为这种属性，在很大程度范围内减少了小额贷款公司的资金来源。与小额贷款公司相比，农村资金互助社和村镇银行都具备吸收存款的资质，但一个被吸收范围所限定，另一个受制于发展规模与专业水平。根据有关规定，必须是农村资金互助社的社员才能成为互助社的吸储对象，这使农村互助社无法获得足够的资金；三类新型金融机构中"体量"相对较大的是村镇银行，但无论从社会认知程度、业务水平、网点分布、结算便利程度等各个维度，都无法与现有大中型国有商业银行相提并论，如果利率方面没有明显的优势，村镇银行无法对存款客户形成吸引力。目前，监管部门意识到了相关问题，已经在着手拓宽小型金融机构融入资金渠道的工作，但此类问题的改善将会是一个循序渐进的过程，这需要对应的金融监管部门、地方政府及其他金融机构的多方配合解决。

9.1.2 农村小型金融机构面临发展经营的风险

中国目前金融市场发展并不完善，我国农村新型金融机构的发展处于起步阶段，其稳定性和可靠性方面都存在一定问题。我国农村小型金融机构通常以信贷作为其贷款形式，领域一般为传统种植、养殖行业，不仅信贷风险较大，行业经营风险也较大，而非城镇地区一般缺少对资产的保障和其他担保措施，缺乏针对农牧行业的保险和信用评级。影响农村金融机构发展的因素除了管控能力及手段、相关群体的风险意识之外，非城镇居民的流动性、资产及收入的不稳定性、应对病虫旱涝等不可抗因素而产生的违约风险，都会对农村金融机构发展产生负面影响。社会资金也伴随农村微型金融机构市场门槛的降低，而进入这个领域，但其由于农村小微金融机构资金缺乏和抗风险能力不足，再加上一些农户把这种金融形式等同于财政补贴等政府帮扶项目的认知误区，这些先天缺陷和道德风险也直接或间接地增加了农村小微金融机构市场风险。

9.1.3 农村小型金融机构的趋利性与支农力度问题

我国从扶持微小企业和农民等经济生活中的弱势群体，并为其提供金融服务的角度出发，结合国际经验和施政方针制度以求达成预期结果。而资本具有外来性，容易使农村小型金融机构市场定位跑偏。很多外来资本坚持将抵押、担保作为发放贷款的前提，从事实上排除了贫困人群，并没有真正使农村居民获益，他们看中的也只是小额贷款公司或许会被改造为村镇银行的投资机遇。不少村镇银行将服务"三农"看作社会负担，而不是市场机会，并且极力回避着这个市场。他们并没有为农村的弱势群体提供资金需求方面的服务，也很少向农户发放贷款，他们将贷款投放给当地一些大型优势项目以及政府关系户，并将营业网点尽可能设置在较富裕的地方。

9.1.4 农村小型金融机构的从业人员来源与素质问题

农村小型金融机构业务人员没有建立围绕客户"软信息"来开展营销的信息系统，服务形式僵化、产品品种单一，并未充分发挥亲农、近农、决策链短的相对优势，其金融服务效率和质量未能适应农村经济多元化发展的需要，信贷业务也没有表现出创新和特色，仍旧依赖传统的服务思维和经营模式，收益主要以信贷业务为主要来源。其不少从业人员缺少对全面业务技能和系统金融知识深入、及时的培训跟进，缺乏对当前社区或者乡情的熟悉，人员整体素质、水平偏低，缺乏技术人才和复合管理型人才，进而直接影响到竞争力的提升和行业的健康发展。

9.2 金融生态约束下共性问题的成因分析

9.2.1 新制度经济学视角下金融生态环境影响金融机构发展的作用机理

在国内学术界，金融生态理论最先由周小川于2004年提出，相关的理论研究揭示了金融机构所处的生态环境与金融机构自身的发展存在紧密联系。通常来说，金融生态环境所表现出来的性状是否正常，对金融机构运行的效率有直接的影响；从另一个方面来看，因为金融机构相对于金融生态环境是内生的，所以金融机构的发展情况和运营状况也会直接反映成金融生态环境的状况。正因为如此，在目前我国农村小型金融机构的发展成长过程中，所产生和表现出来的共性问题，其本身就与内生的农村金融生态环境是无法分离的。本节专门引进了涉及新制度经济学的分析框架理论，以便从这个视角来发起金融生态环境对金融机构成长发展所起的作用机理，从而来探究金融生态环境的影响与金融机构的发展之间的关系。

如果想要清晰地发现制度相对于经济效率所产生的影响是整体的新制度经济学研究探讨所围绕的核心，就需要研究新制度经济学成长发展的路径和各种理论的分支。已经有大量现有研究来证实一系列有效的制度规则安排对金融机构以及金融市场的健康有序发展起着举足轻重的作用。因此从这点分析来研究探讨农村金融市场，得出的结论亦是相同的。这正是因农村的小型金融机构从产生到运营，再到成长发展，都是内生于地方政府服务以及农村的经济、文化、社会、制度等方面综合搭建起来的农村金融生态环境。而针对整体农村金融的生态环境，基本上可分为三个层面：首先是由需求主体组成的微观层面，其次是农村中介服务体系以及农村习俗、文化、社会等构建的中观层面，最后就是农村的经济体制和社会体制所搭建的制度环境层面。相对于各层面来说，绝大多数都由非正式的制度构成（例如惯例和习俗、伦理道德等），或者是正式的制度（例如税费、法律和监管、产权等），这也就使得农村金融的生态环境被赋予了显著制度结构特征。除此之外，农村金融的生态环境自身所具备的一些属性也会反过来影响到制度，以至于通过制度的变迁和更新来对农村小型金融机构的成长和发展造成影响，亦进一步影响到农村小型金融机构的运营效率。因此可以说，农村金融的生态环境和农村小型金融机构的运营效率之间所存在的关系同新制度经济学所研究探讨的基本观点亦高度相似。可以通过遵循引用新制度经济学的研究框架，分析得出下面几项环境影响到效率的传导途径：

(1) 新制度经济学所强调的交易费用是主要影响因素之一。在农村金融市场，由于供给和需求两方都只是有限理性，从而在两者间产生机会主义，进而增加交易的成本。再者农村金融市场的信息不对称与信息不完善以及"三农"之间具有异质性都使交易费用的客观存在成为农村金融市场的本质特征。既然存在交易费用，那么农村金融效率的改变可以通过农村金融生态环境增加整个农村金融市场的交易费用来实现。由此推导，具有良好的农村金融生态环境对农村金融市场的需求和供给主体具有较强的激励与约束功能，它能使供需双方由于存在机会主义而增加的各种成本内在化，从而降低农村金融市场的交易费用，提高农村金融市场的运营效率。反过来，恶劣的农村金融生态环境会增加交易的摩擦，以致降低农村金融市场的运营效率。

(2) 从产权的角度来看，明晰的产权制度是农村金融市场有序发展的基础，国内外大量的实践表明，不同的产权制度会对农村金融资源配置的方式和效率产生不同的影响；不同的产权制度对于农村金融市场的供需主体行为同样也会产生不同的激励与约束效果。因此通过提高产权的明确程度，实现可分割的产权形式，并且引入多元化的产权主体，可以提高农村金融的市场化程度，优化整个农村金融生态环境，从而改善农村金融市场的运作效率，提高农村金融机构的发展水平。

(3) 考虑制度安排和制度变迁，著名经济学家林毅夫[①]先生曾对我国农村金融制度变迁做过深入研究。鉴于现实和历史的因素，长期以来，我国农村的金融市场在政府部门所主导和施行的强制性制度变迁过程中，受到了较严格的政策管制，农村的金融供给亦长期无法有效满足农村金融的需求主体在成长发展过程中的客观需求，因为需求没有得到有效满足，导致农村的金融交易量亦逐渐地萎缩退化，严重抑制了资本在农业方面的投入，从而导致农村资金的长期外流现状，表现为农村金融的效率低下，进一步使农村金融的生态环境恶化，最终造成了我国农村金融市场的不良循环现状。正因如此，管理层如使用不同的制度变迁方式与制度安排，能改变农村的金融市场中供需主体的举措及行为以及所处的金融生态环境，同时也进一步影响到农村的金融市场运营效率。

(4) 委托－代理理论是近年新制度学研究的热门领域，具体到金融方面，学者们的研究大多认为正确的激励约束机制，可以有效降低机构在经营过程中遇到的信息失灵问题，进而使委托方和代理方的目标趋于一致，提高金融资源配置，完善金融市场。多重的委托代理关系也存在于农村金融生态系统之中。从此视角出发，可以找出诸如农村金融监管层与农村金融机构出资者、农村金融机构的所有者与经营者，以及供给者、需求者同二者之间的第三方中介机构等多对委托代理关系。正因为这么多层委托－代理关系的存在，使农村金融市场的监管制度、农村金融机构内部的法人治理结构及所有者对经营者的激励约束机制的合理安排变得相对复杂，但从另一方面来看，也更加重要。

(5) 法律制度对于金融市场的运行，起着最基本的保障作用。近年来，我国农村金融市场问题频发，由于相关法律的缺失，诸如合会、轮会等组织变相非法集资的行为盛极一时，曾给广大地区农民群众的生活带来了深重的灾难，这在一定程度上滋生了农民对农村金融市场中新生事物的警惕与抵触心理，从而阻碍新制度的发展。周小川曾在2004年指出，法制的健全与否会通过改变经济主体的预期从而影响经济主体的行为。假如法律制度不完善，一些特殊的经济主体原本有的预期会发生改变，从而导致

[①] 林毅夫：《制度、技术和中国农业发展》，上海三联出版社1993年版。

抓住法律漏洞为自己创造非法利益的行为，这样的行为会累积社会上的不良资产，金融机构对于贷款的审批会越发谨慎，经济体系内的流动性下降，对经济的发展会造成诸多不利的影响。因此，一旦法律法规无法保障金融市场主体的财产权利与其他权利，日常的交易关系将无处立足，以致整个金融行业的良性发展难以为继。另外，法律制度对金融市场的运行起着重要的推动作用，政府对金融市场失灵的调节需要通过相应的法律与法规来实现；金融生态环境中充斥着的"杂质"需要通过法律手段来进化；金融供需主体的行为与金融机构运营中的各个环节都需要法规制度进行规范。因此一个有效的法律制度安排，对于农村金融市场的高效运营十分关键。

9.2.2 关于制度环境影响金融效率的有关模型

经济学意义上的制度，"是一系列被制定出来的规则、服从程序和道德、伦理的行为规范"，诺思将其称为制度安排。所谓制度安排，其可能是制定者正式发布的，即正式制度，也可能是在经济社会中约定俗称共同遵守的准则，称之为非正式制度安排。无论是正式制度还是非正式制度，都会对金融生态环境与金融效率造成影响。学者吴庆田（2011）借用帕加罗模型（AK模型）来刻画制度环境对金融效率的影响，一定程度上论证了健康的农村金融生态环境离不开制度层面的完善。

AK模型以内生增长理论为基础，其基本假定生产率为总资本存量的增函数，资本一旦扩大，经济就能增长。原始的AK模型主要应用于对资本市场的研究，此处将AK模型应用于大金融系统内部，将原来模型中刻画的经济增长替换为宏观的金融效率，给出一个基本假设，只存在于封闭经济中，总产出Y为总资本存量K的线性函数：

$$Y_t = AK_t \tag{9-1}$$

受金融系统功能影响经济运行，资本总量会不停地积累，此处假设有关资本累积的方程为：

$$K_{t+1} = I_t + (1-d)K_t \tag{9-2}$$

在（9-2）式中，d表示对应的资本折旧率，将储蓄转化为投资是金融系统所具备的主要功能，假定这样一个转化比率为 θ。从理论上来看，具体到制度安排，正式制度（产权制度、法律制度、监管制度与审计制度等）越完善，非正式制度（社会文化制度等）越先进，便能够对整个金融系统中的微观经济主体（金融部门、企业与个人等）产生更高更稳定的收益预期，提高他们对于投资的积极性，从而提升储蓄对投资的转化比率。于是，假定 F 作为储蓄转变为投资的比例，S 为储蓄量（s 为储蓄率），参数 P 代表制度完善程度，则 $F'(P) > 0$，于是构建模型得到（9-3）式：

$$F(P)S_t = I_t \tag{9-3}$$

考虑到经济的增长率（宏观金融效率），此处表示为 g，方程可以表示为：

$$g_{t+1} = Y_{t+1}/Y_t - 1 = K_{t+1}/K_t - 1 \tag{9-4}$$

对以上经济增长率的表达式进行处理，去除下标并替换就可以得到：

$$g = AF(P)s - d \tag{9-5}$$

将关键的代表制度安排完善度的变量 P，根据前文的理论，可以进一步由相关具体制度的完善程度构成，如（产权制度 O、金融监管制度 G、法律制度 L、政治制度 Z、社会文化制度 C），将上式中的 P 进行替换，可以得出下模型：

$$g = AF(O, L, G, Z, C)s - d \tag{9-6}$$

从以上看来，该模型的表达式直观反映出了制度安排完善程度与金融效率呈正相关的关系。由此，为了优化当前农村金融生态环境，促进农村小型金融机构于良好的环境中实现内生式发展，有必要对现有的农村金融制度进行完善和创新。

9.2.3 农村金融生态环境制度现状分析

经济系统生产关系子系统的重要组成部分有政策环境和制度，它们构成了金融生态重要的客观环境。

（1）农村金融法制环境亟待优化。

制度环境的核心是法律建设。农村地区受思想意识程度、经济发展水平、地方政府保护的影响，执法不严、有法不依的现象较为普遍，法律制度和执行过程存有较大问题。加上农村的教育水平普遍较低,受小农意识影响时间长、法律意识较为淡薄,继而成为中国法制进程中较为薄弱的一环。现有的《中华人民共和国破产法》《中华人民共和国公司法》《贷款通则》《中华人民共和国刑法》等法律并不具备对信用秩序和金融债权的保护能力,从农村金融的法律角度,体现出以下几个问题:

第一,农村金融的法制体系建设滞后严重。针对农村金融的法律法规体系建设存在显著不足,尚未有一部专门针对这些独具自身特性的农村金融方面的法律,从而导致农村金融活动无法可依;银监会自从2007年农村小型金融机构进行试点以来,陆续颁布了《农村资金互助社管理暂行规定》《村镇银行管理暂行规定》《小额贷款公司改制设立村镇银行暂行规定》《关于小额贷款公司试点的指导意见》等一系列文件,但大部分为暂行规章,甚至有些仅是规范性文件,几乎不具备法律效力。绝大多数农村小型金融机构都归属于区域性或社区型的金融机构,它们的市场准入、业务经营、风险特性、退出都不尽相同,跟传统意义的商业银行有着比较大差异,假如不去对其进行具体的、高阶的和专项的立法,将会增加它的经营风险。如今,对于类似私人钱庄、合会这样的农村民间金融组织尚无任何有效的法律文件来进行规范,农村民间金融的合法化问题也就得不到解决,当然也谈不上规范化的运行。除此之外,对农村的非银行性金融,例如租赁、农村信托、农村担保、农业保险等方面都还存有法律空白,尚未出台相对应的针对存款的保险制度,以用来保护农村信用社等机构的合法权利,并且,对它们进行规范管理的已存在的法规制度尚有不少问题待修订。

第二,农村金融的执法效率较低、司法环境较差。由于农村特定的地理和社会环境,一旦发生金融案件,处理起来会相对棘手,处理成本较之城市会变高,处理周期也会变长,大部分的金融机构都是处在"赢了官司还赔钱"的现状,执法不严现象较为突出,无法有效惩戒非法集资行为和逃废债务人,对拒绝履行债务职责的债务人缺少有效束缚,从而易导致对金融债权保护的效力低下,间接为逃避债务创造了便利。由于农村金融案件的判决以及执行费用较高、诉讼时间较长等原因,提高了农村金融机构的维权成本,同时执法受行政力量的干预较为明显,亦严重影响到司法的独立，妨碍司法部门有效行使司法权、执行权、审判权，对案件的判决有不公正风险。以上问题的长期存在，会严重打击农村金融机构通过司法手段维护金融债权、妥善处理不良资产的积极性。

综上所述，考察衡量农村金融债权维护行为的有关数据（如债务落实率、实际执行率、结案率、胜诉率、起诉率等），发现此类数值都相对较低，并且执行起来的周期较长。根据相关调查，我国金融机构发起的诉讼案件，从起诉一直到判决，平均耗时高于1年的占总数35%以上，占总数45%的案件的强制执行期均超过1年，而相对的金融机构资产的收回率却不足40%，支付的执行和诉讼费用要占到诉讼标的总金额10%～20%。如今，我国银行业形成不良资产的很大一部分原因是和执法、司法、法律有着重要的联系。例如社会信用环境差和地方的干预，企业未实行高标准的会计准则，以及逃废银行债务现象严重等因素。

（2）农村金融产权制度的不完善。

目前，我国的农村金融业产权模式较为单一，农村金融机构的内部控制和法人治理结构尚不完善，农村产业资本与金融资本完全隔离，市场的民间资本基本上还未进入农村金融领域，尚只有信用合作制和国有制，这两种产业所带来的优势互补作用未得到有效的利用，亦如生态学中边缘效应尚未得到发挥。究其原因，有以下两方面：

第一，现行的农村正规金融的机构体系主要是由新型农村金融机构、农村信用社、农业发展银行、农业银行共同构成。其中农村信用社自2003年后，就形成了省农村信用社联合社、地方政府、银监会多头管理的体制，出资人不仅转让权、独占权未充分体现，也没有了管理权，亦可以说，农村信用社的出资人产权，官方对其定位和其外在形式均属于合作组织，在事实上并不完全。而后两者是属于公有产权，公有产权拥有固有的缺陷，委托代理关系缺陷和产权主体虚置导致公司的治理水平差、信息的不对称，在这两家银行表现突出，这也就是两家公有银行盈利能力较低、资产质量较差的重要原因。

第二，农村金融机构的道德风险长居高位，农村金融资源被以大批量不良贷款的形式进行低效率配置，损害和弱化了农村金融机构媒介的金融资源交易能力。这亦是由于相关制度的不完善，导致无法保障农村金融机构股东所具有的权利得到充分发挥,以至于农村金融机构存在内部人控制、逆向选择等困扰现代公司治理的通病。

(3)农村金融监管制度的效率低下,缺位、错位。

就目前来说,我国农村金融与市场经济金融的监管要求尚有较大差距。具体体现为:首先,农村金融监管尚未彻底摆脱行政式监管所带来的惯性影响,而农村金融的监管机构权力来源,主要依据是行政性文件,尚不构成严格意义上的法律依据,同时,对农村金融的监管主体职权的规定亦停留在原则,约束性不够,过分强调社会稳定和市场稳定,从而忽视了监管的效率,监管理念还停留在合规性检查、事务性审批的阶段。其次,尚未形成有利于金融产品创新与开发的宽松规范的监管环境,却过度地重视行政审批和设置市场准入的条件,而忽视了对农村金融机构市场行为的规范,以及对农村金融机构风险管理的评估、分析的监管,对相关机构违规违法行为的处罚强度也不够。再次,金融监管机构监管的缺位与错位并存,银监会、证监会、保监会,这三大监管机构尚处于各自为政、多头监管的状态,一些监管政策措施相互抵触、相互重叠,已然无法应对我国目前出现的农村金融复杂性和多元化等情况。伴随着农村金融市场的准入政策日渐放宽,农村资金互助社、贷款公司、村镇银行等新型的农村金融陆续出现,其监管"真空"状态成为潜在隐忧,其中特别是针对农村小型金融机构等对象的监管条例、法规尚没有明确,从而导致了农村金融监管部门在日常工作中对农村小型金融机构设立和运作、退出的监管几乎无章可循、无法可依。非正规金融作为农村金融的重要补充,更不处于监管范围,存在监管失控情况,并且还不具备合法的地位,亦无法实现其规范发展,这最终又成了非法集资的借口和融资纠纷的根源。最后,对农村金融的监管机构,以及其监管行为的问责机制也并不完善,农村金融的监管机构不作为或其监管人员与被监管对象之间存在利益关系的现象频繁出现,因此也无法保证农村金融监管的合理、公正、有效。

正因如此,在农村金融的监督约束机制缺失、监管基础薄弱、监管法规滞后等现实环境之下,我国农村的金融监管便无法被保证规范、有效、合理地实施,由于技术手段和监管方式均已很难匹配农村金融市场监管的要求,实质上,农村金融的监管意见长期处于低效的低位运行状态。除此之外，农村经济的货币信贷政策和财政政策之间的协调性并不强，相关政策支农的力度也不够大。例如，某地方政府控制信贷投放的速度与其对当地各种基础设施等投资的扩张之间经常存在突出矛盾，对农村金融机构、农村企业税费政策的调节也尚未到位。根据相关统计，仅农村信用社资产的处置成本就高达20%以上，而处置抵债资产的过程中需向政府缴纳的各种税费就有20多种，涉及国土资源、房产、税务、法院、工商、公安等多部门和机构，而其应缴纳的税收种类还包括房产税和契税、土地使用税、土地增值税、营业税等多项税费。因此农村货币政策和财政政策的支农力度尚待增强。

9.3 本章小结

面对当前农村小型金融机构发展所出现的一系列问题，无论是其经营风险还是资金来源不畅，抑或是其经营目标上存在的使命漂移的问题，其根源就在于政府主导下的外生金融制度安排。由于中国广袤的农村地区金融生态的差异性与全国一体化的金融安排不兼容。因此提出与区域金融生态相匹配的内生式小型金融机构发展制度及政策应有其存在的合理性和必要性。

对于农村小型金融机构内生性制度安排的评价标准应包括两项内容：第一，这一制度能够实现农村小型金融机构在财务上的可持续；第二，这一制度能够让农村小型金融机构宽服务、广覆盖，即提供多元化的金融服务、让绝大多数农户获得金融服务。

为了探索出此制度安排的内生途径，有必要从两个层面去分析目前农村小型金融机构所面临困境的成因。一是从宏观方面，分析其与当前我国农村金融生态环境的相容性；二是其自身的微观组织制度。由此揭示农村金融增量改革所面临困境的根源，并在此基础上对农村小型金融机构制度安排进行重新设计。

第10章　国际典型农村金融组织的发展模式及其借鉴

为更透彻地探索农村小型金融机构的发展形势,不仅要研究农村金融组织发展的理论基础,了解它的理论依据,而且要对在理论指导下的发达国家和发展中国家的农村金融组织发展模式进行深究。因此,本章将集中研究国外农村金融组织的资金来源、职能特点和发展模式等方面的成功经验,尤其是其他国家的内生式发展的金融组织在所有金融组织的发展中所占据的比重,以及如何发展这些民间金融组织的问题。具体研究以德国、美国、日本为代表的发达国家,以及以印度、孟加拉国为代表的发展中国家的农村金融组织发展模式,对于我国当前乃至更长一段时间内深入发展农村小型金融机构具有十分有价值的参考意义。

10.1　德国模式及其借鉴

10.1.1　德国农村金融组织的发展模式

德国的农村金融组织体系创立较早,发展历史较长,取得的成绩十分显著。在农村金融组织的发展模式上具有其独特的一面。

德国的农村金融组织属于典型的协助型发展形式,共分为四级发展形式:公共性金融机构、私营性金融机构、合作性金融机构、专业性金融机构。

自从19世纪50年代,雷发巽建立了世界上最早的农村信用合作社以来,发展至今已有150多年的历史,在德国农村金融发展过程中占据着十分重要的地位。从信贷资产的规模上看,德国农村金融组织当中的主要核心力量是合作性金融机构。截至2004年年底,合作性金融机构的信贷资产额为22 840亿欧元,它占据了全国农村信贷市场份额的44%,其中,公共性金融机构为35%,私营性金融机构为13%,剩余的专业性金融机构只占全国信贷资产总量的8%,毫无疑问合作性金融机构是为农业发展服务的最大的信贷供给点。

德国农村合作性金融机构拥有自上而下逐级入股和服务的合作银行体系。"农村合作金融机构分三级,呈现一个'金字塔'的形状。一级是德意志合作银行,它是该行系统的上层机构,也是德国的最大银行之一,其主要任务是促进全国信用合作事业的发展。二级是地区信用合作银行中心,其资金来源是基层信用合作银行所吸收的存款,主要职责是调拨本地区信用合作银行系统内资金,同时也是本地区信用合作系统的清算中心。三级是基层信用合作组织,包括手工业信用合作社和农业信用合作社。这三级都是依法注册的独立法人,但整个共同利益紧密相连,有利于发挥各级法人经营的积极性和整体的效率。"①

10.1.2 德国模式对我国农村金融组织发展的借鉴意义

德国农村金融组织中独具特色的农村合作性金融机构发展形势及其为促进社会进步所做出的贡献,对于我国新型农村金融组织当中带有合作性质的金融机构具有一定的借鉴意义,具体体现在如下三个方面。

第一,农村小型金融机构应当在基层地区设立广大的分支单位,从而产生促进自身发展的规模经济效应。一般认为,当某类产业发展到一定规模时,就会产生规模经济效应,从而带来平均成本的下降和平均收益的上升。德国合作性金融机构的发展规模较大、分支机构较多,其资产总量在全国银行总资产中的比例达到了20%以上,而且这些分支机构在结构设置上层次清晰,从最高层次的德国中央合作银行到最低层次的德国基层合作银行,按照机构数量划归层次,呈现出一个典型的"金字塔"型结构,且

---

① 国外农村金融编写组:《国外农村金融》,西南财经大学出版社1993年版。

越是基层,合作金融机构的分支数量越多。因此,我国的农村小型金融机构,可以参照德国合作性金融机构的发展形式,增加处于基层地区的机构数量,形成一定的规模经济优势。

第二,农村小型金融机构应该适当允许农户参与金融机构的信贷决策,在具体操作中可以采取吸收当地农户入股的形式。德国在农村金融的发展初期,由于基础条件不够、实力不强等因素,在资金来源上除了向其他金融机构借贷之外,还需要从当地农民那里获得一部分属于农民的自有资金。这样,农民就有机会参与影响合作金融机构的信贷决策,进而影响其存贷利率,使之朝着对自己有利的方向变动。对于我国农村小型金融机构来说,也可以参照这种模式,在发展初期可以适当吸收当地农民的入股资金。然而,值得注意的是,德国农民不能拥有对农村小型金融机构的管理权,也不能凭借自身所持有的股份分享合作金融机构的营业利润,农民所持有的股份只能影响金融机构盈利收入的使用途径,享受金融机构的优惠信贷服务,关于此点我国可以在未来管理和激励机制上加以研究。

第三,我国的农村小型金融机构除了在横向上形成完备的金融组织体系之外,还应加强上下级金融机构之间的指导和协作关系,形成纵向连接。即中国人民银行增加针对农村小型金融机构的指引和辅助职能。德国合作性金融机构中有一个中央合作银行,其中心任务是致力于促进整个国家的合作金融组织发展,对其他的合作金融机构发挥了一定的支撑作用。由于中央合作银行没有对基层合作银行和地区合作银行的监督管理权,在基层合作银行和地区合作银行出现资金问题时,只能为其提供融资、帮助结算等服务,基层、区域、中央三个层次的合作金融机构之间并不存在行政隶属关系,而是存在着真正意义上的彼此合作、互相支持的关系。参考德国合作性金融机构发展模式,我国农村小型金融机构也应当有一个中央机构来发挥宏观上的指导作用。事实上,我国农村小型金融机构的上级机构是中国人民银行及其各个支行,而中国人民银行并没有具体的指导性规定,大部分指导意见都出自银监会。因此,为农村小型金融机构的发展提供宏观指导意见的责任应当由中国人民银行担负,从而推进该组织与其他金融机构间的协调进步。

10.2 美国模式及其借鉴

10.2.1 美国农村金融组织的发展模式

美国的农村金融组织属于典型的供给型发展模式,从创建联邦土地银行开始,针对农村金融组织的改革逐步展开,总体思路是以政府的干预为前提,通过政府干预金融市场来解决金融市场的失灵现象,增加政府的金融供给。同时,美国还依靠市场的力量来协助政府加快培育非正规性金融机构,最终形成以商业性的金融机构为基础,合作性的金融机构为核心,政策性的金融机构为附着,农村社区性的金融机构为填充的发展模式。

美国政府推行的直接农贷属于公益性质,是政府推广农业政策的工具。而农村合作金融在政府的支持下,成为借款者所有的专业农贷机构,将非营利性作为其发展的宗旨。美国的乡村银行等私人商业银行分布在美国的农村各地,有专业的农贷人员为农场的经营和财务管理提供服务,在农村金融领域有很强的竞争力,因此,私营金融机构在中短期农贷中一直处于领先地位。

为更好地了解美国的这种发展模式,下文依次对美国的政策性金融机构、社区性金融机构、商业性金融机构和合作性金融机构给予简要的介绍。

第一,美国农村政策性金融机构也是由美国政府组织创建,资金主要来源于政府拨款、回收贷款的周转资金以及向其他金融机构借款的资金,在服务"三农问题"方面的职能表现为协助合作性金融机构的金融业务,执行对美国整体农村金融机构的监督职能,在行使职能的同时体现政府的农村政策意向。

第二,美国社区性金融机构作为美国农村金融组织体系中的一种非常重要的金融机构,其资金主要来源于社区居民的储蓄存款,然而其职能范围却是涵盖了社区的所有农村人口,信贷资金一般投向信息掌控较好的农村社区。美国社区型金融机构的存在和发展,在某种程度上对于缓解资金过分向城市倾斜、保留农村的自有资金量具有积极的作用。

第三，美国的农村商业性金融机构是农村金融组织主要个体，属于典型的营利性金融机构，其资金主要来源于美国居民或企业的储蓄存款，然而这些商业性金融机构却不得介入证券市场，不得参与或从事和债券、股票等相关的交易活动，它们的职能主要表现在为农业的产出提供商业性贷款服务。

第四，美国农村合作性金融机构起初是由政府组织创建，并由政府为其提供资金开展运营，之后又转手由农场主来接管经营，但是仍旧受美国信贷管理局的监督。目前，这些合作性金融机构的资金来源仍旧主要由政府出资捐助，并采取自上而下逐级发放的供给模式进行运作，其职能特点表现为非营利性和独立性。在服务对象方面，美国合作性金融机构主要给农场主提供有关信贷的相关服务。

10.2.2 美国模式对我国农村金融组织发展的借鉴意义

由上面的简要情况得知，美国农村金融组织是由正规性金融机构和非正规性金融机构组成的，具体由商业性金融机构、合作性金融机构、政策性金融机构以及社区性金融机构构成的繁杂综合体，这一综合体正好对应于满足农村地区生产和生活等诸多方面的金融需求。对建设我国农村金融组织有很大的启示。对照美国农村金融组织的发展方式，我国发展农村小型金融机构应当注意以下四个方面的内容。

第一，建立健全的农村金融组织构架。农村金融组织制度作为农村金融制度的基础结构，健全与否会影响到农村金融组织在提供农村资金供给方面的积极作用。美国农村经济快速发展，和它们拥有健全的农村金融体系是密切相关的，在美国的农村金融组织模式当中，各类农村金融机构在金融业务上不是完全独立的，而是在很多业务中都开展相互协作。我国的各类农村小型金融机构也需要在支农业务上开展协作，在金融职能上明确分工、互为补充，从而不断探索出服务我国"三农"的新金融业务。

第二，发挥政府对于农村金融市场的相关调节作用，为农村金融组织体系建设提供良好政策支持。美国政府在农村金融组织发展中的作用显著，成功地培育和支持了农村金融组织的发展。美国政府为美国合作金融组织的早期发展提供资金，通过政策性农村金融机构提供农村信贷资金；运用政府补贴，例如支付给商业银行补贴，再由商业银行来发放农业贷款这种方式，来保证农村资金的供给；同时美国政府扶助合作金融组织，不断完善农村金融体系。我国农村小型金融机构在发展的早期，存在缺乏经验和自有资金不足等问题，正需要政府的扶持，由政府来拨付组织的日常运营资金。当组织发展到一定阶段后，政府可以放开，由组织自身去同其他农村金融机构开展市场竞争，此时，政府还需要为其创造良好的金融运行环境。

第三，我国应当加快城市金融的建设步伐，为农村小型金融机构发展发挥好示范和带动作用。美国的农村金融组织具有一定的发展基础，是资本在城市地区的投入过剩、急需在农村地区寻找出路的背景下发展起来的。在早期，美国的农村金融并不发达，之后随着城市金融的不断发展壮大，才逐渐向农村地区渗透。某种程度上可以认为，美国当前的农村金融组织是对发达的城市金融组织在农村地区发展的继续，具备在农村地区形成多元化发展模式的基础条件。这一点对于我国农村小型金融机构的借鉴意义体现在我国需要发展城市金融，发挥城市金融对农村金融的辐射和带动作用，为农村金融提供必要的金融支持。

第四，选择适合本国国情的农村金融制度。美国的农村金融经过多年发展，已经形成了非常完整的农村金融市场，其农村金融体系分工明确，具有多元化、多渠道的特点。自农村经济体制改革以来，我国的农村经济得到了较快发展，但严重滞后的农村金融制度不能满足多元化的经济结构的发展要求。农村传统金融机构改革缓慢，农村信用社难以脱离官办的根系，农业银行还是国有制企业，而政策性金融机构农业发展银行对农户支持力度不足，总体来说，我国的农村金融组织不能满足农村经济发展需求。这表明我国需要建立多元化、多层次的能够满足农村经济发展的新的农村金融制度。我国新的农村金融制度的建设可以借鉴美国的多元化、多渠道、分工明确的金融模式的经验。

10.3 日本模式及其借鉴

10.3.1 日本农村金融组织的发展模式

日本的农村金融组织的体系颇为完善，主要可分为政策性金融机构、合作性金融机构和商业性金融机构。其中，合作性金融机构在所有金融机构中占据主导地位，政策性金融只是对合作性金融机构的补充，至于商业性金融机构，虽然有兼事农村金融业务的机构，但是为了盈利，主营业务还是集中在城市。

早期的日本农业协同组合（以下简称"农协"）的金融机构基本上是按行政区域设置的，基层农协是合作金融体系的基层组织，由农户及其他居民和团体入股登记成立，直接与农户发生信贷关系。基层农协的存款利率可以高于其他银行（如地方银行和城市银行）的利率，协会内部还要求农户把农产品销售款及从农协分到的利润的一部分或者全部存入农协。农协贷款主要用于会员的生活和生产需求，会员贷款不用担保，不以营利为目的，贷款利率相较其他贷款有不同程度的优惠，国家对农协的贷款给予利息补贴。在农协成立初期主要是发放短期贷款，其后随着农村经济的发展，长期贷款比例稳步上升。在不损害会员利益的前提下，农协也可以向非会员贷款，但对于贷款额度有比例限制。除信用业务外，基层农协还可以兼营保险、供销等业务。

在农村合作性金融机构方面，日本主要是采用一种"农业协同组合"的制度形式。农协系统是按照农民自愿、自主的原则登记成立的。农协系统由三个层次组成：农林中央金库、信用农业协同组合联合会（以下简称"信农联"）、基层农协。这三类组织自上而下，层级分明，施行独立核算、自主经营。最高层的是农林中央金库，为中央一级，是各级农协内部以及农协组织与其他金融机构融通资金的渠道；中间层是信用农业协同组合联合会，帮助基层农协进行资金管理，并组织农业资金的结算、调剂和运用；最基层的是农业协同组合，直接与农户发生信贷关系。入股基层农协的是农民、其他居民和团体，基层的农协又入股参加信农联，而农林中央金库则是由信农联入股参加的。上级组织对下级组织负有管理和服务的责任，在下级组织资金发生困难时，上级组织应予以支持。如果处于较低层次的金融机构遇到资金困难，处于较高层次的金融机构就会对其提供金融支援，帮扶其渡过难关，其资金来源主要依靠农户的储蓄存款，也可以依靠农户或农民团体成员的入股资金，服务范围主要以农协的农户成员为主。在具体职能方面，信用合作组织主要为农户提供存贷业务，如果农户是农协成员身份，则可以享受优先贷款的权利；信用合作联合会的职能表现为向所属区域的农协成员提供信贷服务，同时满足那些从事农业生产的农村中小企业的资金需求，也包括向那些不受农协支持的困难农户提供信贷支援；国家信用联合会的主要职能是协调和指导全国范围内信用合作联合会的资金业务，也包括为基层信用合作组织和信用合作联合会提供资金支援，还与某些和农业相关的大中型企业进行金融业务往来（陈家涛，2011）。

日本的政策性金融机构是由政府组织发起的，政府的一些农村政策由政策性金融机构的金融措施来施行，为农村地区提供金融服务。日本的政策性金融机构主要包括两类，农林渔业金库和中小企业金库。农林渔业金库的服务对象仅限于从事农林渔业的农户，主要为他们提供低利率的贷款和最基本的融资服务；中小企业金库主要是为那些从其他金融机构融资较为困难的乡镇企业等提供金融支持。在资金来源方面，这两类机构的一部分资金均来源于会计部门所提供的大量资本金以及向其他投资者或金融机构筹借的资金，不同点表现在农林渔业金库的部分资金来源于营业利润，而中小企业金库的部分资金则来源于政府担保或认购的中小企业债券。

10.3.2 日本模式对我国农村金融组织发展的借鉴意义

日本农村金融组织当中最突出的特点就是日本农协的设立，农协是合作性金融机构在农村的具体形式，比如基层的合作性金融机构也称为基层农协，是服务基层农户或基层中小企业的金融机构。截至2011年年底，绝大多数日本农户都加入了农协，成为农协的正式会员，从而可以十分便利地获取信贷资金。对于日本农村金融组织的发展模式，我国可以从以下几个方面进行经验借鉴。

首先，日本农协的设立与发展模式可以为我国农村资金互助社的发展提供借鉴。基层农协是一个由 15 位以上的农民组成的借款联合体，这个联合体的任务就是帮助内部的成员获取优惠贷款。我国农村资金互助社也是一个由少数农户构成的合作性金融机构，主要采取资金联合的形式，在贷款对象上主要针对互助社内部的社员，与日本农协有着类似之处，因此农村资金互助社的发展可以参考日本农协发展模式的成功经验。

其次，积极发挥政府的作用，为农村金融机构发展提供支持。为农村金融组织的发展提供指导、支持和服务，提供宽松的政策环境和经济环境。日本政府是凭借了自身的国家信用，为农村金融机构的信贷风险提供了较为健全的保障机制，包括为农协制定具体的法律，为农村金融组织提供财政补贴，组建专项基金用于弥补某些农村金融机构的经营亏损等。我国农村小型金融机构的发展也需要政府建立起有针对性的保障机制，包括为各类新型农村金融机构制定具体的法律法规，以监管制度建设为中心构建相应的监管体系和以组建专项基金的形式来填补金融机构的资金缺口。

10.4　孟加拉国模式及其借鉴

10.4.1　孟加拉国农村金融组织的发展模式

孟加拉国农村金融组织的发展模式非常特别，遵循的是一条以各个区域农村的低收入农户或困难农户为信贷对象，且在信贷数额上主要以发放小额信贷为主的发展道路。该组织的机构框架主要可划分为三类，分别是以国有银行为主体的国有金融机构、格莱珉银行、非政府微型金融机构。国有金融机构属于正规型的金融机构，其他的如格莱珉银行和非政府微型金融机构则属于非正规型的金融机构。

在所有这些金融机构当中，最具影响力的农村金融机构就是格莱珉银行，它最初是由孟加拉国著名的银行家尤努斯教授于 1983 年创建，格莱珉银行的主要职能是向低收入群体发放小额贷款,同时根据国家的政策需要,在乡村地区设置了众多的分支单位。在资金来源上,格莱珉银行起初以政府资助为主,之后又改变成商业化运营模式,主要以吸收广大农户的存款资金为主。实践结果表明,格莱珉银行所提供的金融服务满足了基层农户的资金需求,效果非常明显,在国际上被公认为农村小额信贷发展模式当中较为成功的典范。

由于孟加拉国的农村金融组织发展形式的突出特点主要集中在格莱珉银行,因此有必要探究格莱珉银行的主要发展形式。

第一,在借贷制度上,孟加拉国格莱珉银行采取的"三位一体"借贷制度较好地解决了农村地区的信息不对称问题。这种独具创新意义的"三位一体"借贷制度是由借贷小组成员、乡村中心主席和银行工作人员三个部门的人员组成的制度体系,乡村中心主席一般是指扎根于基层的一类传递信息并对所传递信息负责的人,由各个小组组长推举产生,主要负责保管小组内部各个成员的存折和账目,同时对农户的个人信息进行搜集,这些信息包括农户的家庭状况、收入来源及其还款能力,然后将搜集起来的信息交与银行工作人员,并对交与银行的信息承担责任。对于借贷小组而言,只需将小组成员的借贷需求以借款申请的形式直接向格莱珉银行提出,而银行工作人员无须与借贷对象面对面,只需向乡村中心主席或者组长咨询了解借款人的实际情况,然后再依据这些真实信息确定是否批准贷款。原先借款农户和银行之间存在着信息不对称现象,这种"三位一体"的借贷制度较好地解决了这一难题。

第二,在抵押担保方式上,格莱珉银行为低收入农户提供无抵押的贷款,同时较好地控制了贷款风险,使得小额信贷在农村得以顺利开展。针对当地低收入农户比重较大的状况,格莱珉银行采取的是一个联保的方式。具体操作方案是:由五位农民组成一个借贷小组(有亲属关系的不能分配在同一个小组),但是却不能在同一时间五个人都获得贷款,而是由组长决定其中的两个小组成员先行享受贷款服务,贷款期限一般为一年。如果这两个人可以按期偿还贷款,则还可以继续为小组中的其他三人提供贷款服务,组长只能是五人中最后一个获得贷款权的人。这种五人组成的联保组织具有相互监督、相互制约的特点,如果其中有一人不遵守还贷协议或者不能按期还款，他将受到来自这个小组中其他成员的压力，并且直接影响整个小组今后的借款计划和借款数额。

第三，在利率政策上，制定了明显高于商业性金融机构的高利率政策。以往的低利率政策虽然旨在为低收入农户提供政策性优惠，但是在实践中并不理想，往往造成低息贷款集中到较为富裕的农民手中，真正需要资金的困难农户因为某些金融机构的寻租行为而享受不到低利率带来的实惠。因此，孟加拉国乡村银行采取高利率的贷款政策，虽然高利率伴随的高利息不利于农户还贷，但是贷款方式却十分便利，从商业性金融机构贷款需要提供可抵押的财物，且手续十分复杂，而面向农户的乡村银行则无须提供抵押财物，并且信贷员还上门提供服务，还能得到小组内部其他成员的帮助，唯一的成本仅仅表现为贷款的利息成本。此外，孟加拉国乡村银行通过为农户提供技能培训来确保借贷资金投资于一些收益较大、给农民带来更多实惠的项目，从而增加农户的还款能力。

第四，在贷款形式上，格莱珉银行采取的是面向农村收入水平较低的农民、农户发放连续性贷款的方式。所谓连续性贷款的形式是指收入水平较低的农户能够反复从农村金融组织获得贷款的资金，并且可以在贷款发生之后分期还贷，但是需要满足一个条件，即根据格莱珉银行的规定，向农村金融组织的重复贷款只有在上次贷款已经结清的情况下才能进行，农民需要做到按照期限还贷，才能连续从格莱珉银行获取贷款资金。另外，格莱珉银行还推行贷款数额逐次增加的重复性贷款方式，只要上次贷款能够如期归还，本次的借贷数额则可以适当增加。受重复性贷款方式的激励，农村小额信贷的需求得到满足，农民的积极性明显提高，农民从格莱珉银行获得所需的小额资金，就有机会通过多种途径改变贫困的状况，脱贫后的农民还可以通过从事农产品经营来获取利润，完全不用担心来自还款期限的压力。

可见，格莱珉银行的成功之处主要体现在四个方面：一是"三位一体"的借贷制度使得信息不对称问题得以解决，二是提供的无抵押贷款在一定程度上缓解了农户贷款困难的问题，三是高利率政策使得金融机构人力资源配置得到优化，四是所采取的连续性贷款方式帮助了大批低收入农户脱离贫困。

10.4.2 孟加拉国模式对我国农村金融组织发展的借鉴意义

我国与孟加拉国同属发展中国家，农业人口数量庞大，而农业人口中的低收入农户又占有很大的比重，与孟加拉国有着类似之处。因此，学习和借鉴格莱珉银行的发展模式及其相应的发展经验，将有助于今后探索我国农村小型金融机构的新发展模式。

第一，农村小型金融机构应当确立一种较高的贷款利率，但是这种利率不能过高。格莱珉银行提供了高于商业性金融机构的利率，然而高利率是以提供无抵押等金融服务为基础支撑的，由于我国的农村小型金融机构尚不能对所有农民实现没有抵押的贷款，因此贷款的利率也就难以被制定得过高。从可行性角度看，在我国，农村居民人均收入普遍低于城市居民，如果制定过高的贷款利率，就会使得大批农户无法承受高额的贷款利息，从而选择放弃贷款。因此，贷款的利率过高对于农村小型金融机构来说是不太可行的。

第二，探索适合我国国情的农村无抵押、无担保贷款政策，努力推进信贷贷款业务的发展。即便当前对我国农村小型金融机构还不能彻底实现完全无抵押的担保，但是需要探索符合我国实际的新的抵押担保方式。格莱珉银行设置贷款小组，一般有五人，从而形成信贷的联保组织。我国农业人口众多，究竟采取多少人一个小组难以确定，而且格莱珉银行将担保责任完全推给农民，由农民来为自己的借款担保，在现实生活中缺乏可行性。此外，如果格莱珉银行的这种无抵押贷款方式在我国农村地区全面推广，将可能带来大范围的金融风险，使得无抵押的贷款变成无负担的贷款，造成贷款容易而回收却很困难的局面。因此，格莱珉银行的这种无抵押贷款和联保方式只能在小范围内实施，只有摸索出了适合中国的制度设计后才能不断展开。

第三，农村小型金融机构可以借鉴格莱珉银行的某项举措，即针对低收入农户发放贷款采取连续性的方式。为大幅提高我国低收入农户的收入水平，我国农村小型金融机构应当借鉴格莱珉银行的贷款方式，面向低收入农户发放连续性的贷款。与孟加拉国低收入农户类似，我国低收入农户存在着对小额资金的需求，却很难从其他金融机构获得贷款，单纯的一次性贷款不可能解决低收入农户的收入低下问题，采取按阶段多次发放贷款的方式可以满足农户的基本生活需要，而且还可以促使农户利用贷款得来的资金开展相应的生产劳动，从而创造出利润，进而脱离低收入群体。某种程度上看，连续性贷款方式可以作为提高我国低收入群体收入水平的一种新尝试。

虽然贷款利率不能制定得过高，却也不能将贷款利率确立在低于商业性金融机构的范围。具体来说，贷款利率应当可以制定得比商业性金融机构高一些，这样做至少有两点好处：

一是较高的利率有利于农村小型金融机构吸引一批职业化的金融业人才。在存款利率变动幅度较小的情况下，较高的贷款利率意味着较高的贷款利息收入和较高的金融业利润，利用较高的利润为引进金融业人才承担较高的工资支付成本，使得农村小型金融机构有能力支付给金融业人才较高的工资，同时配合以激励机制和约束机制，从而增强金融业人才服务于各类农村小型金融机构的动力，从而提升整个组织金融服务的质量。

二是较高利率可以避免低利率带来的不利影响。在以往的发展历程中，格莱珉银行曾实行过低利率的策略，然而效果并不理想，表现在较低的贷款利率诱发了金融机构的寻租行为，导致了急需资金的中等收入和低收入农户无法享受到低利率所带来的低利息优惠。我国农村小型金融机构在发展过程中，要避免各类金融机构寻租行为的发生，一种可行的方案就是制定较高的贷款利率。

10.5 印度模式及其借鉴

10.5.1 印度农村金融组织的发展模式

印度是典型的农业大国，人口基数大，且人口增长率较高，人口总数中绝大多数是农业人口，同时贫困人口比重较高，因此农业在国民经济中的地位与作用比较明显。在这样的发展模式下，印度农村金融体系的发展对于农村经济的贡献率不断上升。目前，印度农村金融体系主要由印度储备银行、商业银行、国家农业农村发展银行及农村合作银行这四类组成（段小丽等，2010）。

印度储备银行是印度的中央银行，不仅负责管理和控制全国的金融活动，也承担监管职责。印度农村金融的主渠道是印度的商业银行。除国有商业银行和私人商业银行外，还有一类较为特殊的机构——地区农村银行。印度政府设立地区农村银行的目的是为了解决印度农村地区银行机构网点少、农村金融服务覆盖率低等问题。每个地区农村银行都由一家商业银行主办发起。中央政府、邦政府和主办商业银行分别认缴资本金的50%、15%和35%（刘雯丽，2007），也可通过发行债券来筹措资金。地区农村银行按商业原则经营，主要在农村信贷服务薄弱的地方设立营业机构，面向特定的贷款对象，给予优惠的贷款利率，为贫困农民提供维持生活的消费贷款。由印度政府和印度储备银行共同出资组建的国家农业农村发展银行是印度支持农业发展的政策性银行，在提供支农信贷资金的同时，也承担着向农村金融机构再融资和监管地区农村银行和农村合作银行这两类金融机构的职能。印度的农村合作银行具体分为两种，土地合作开发银行和农村合作银行。土地合作开发银行专门提供长期的贷款服务，而农村合作银行则为社员提供中短期贷款服务。

印度在拥有健全完善的农村金融机构体系的同时，它的农业保险也十分发达。1999年，印度政府推出"国家农业保险计划"，承保面包括所有的农户，该保险计划中每年参保农户约2 000万户，成为世界上最大的农业保险项目。同时，印度农业保险公司也已开展了多种多样的经济作物保险。

从以上考察结果可以看出，印度的农村金融服务建立了健全完善的体系，层级结构设置合理，政策性金融、合作金融和商业金融三者之间分工明确，同时紧密合作，很好地支持了印度农村地区的金融发展需求。

10.5.2　印度模式对我国农村金融组织发展的借鉴意义

印度健全完善的农村金融服务结构，很好地支持了农村发展，形成了适应本国国情的农村金融体系。因此,我国的农村金融发展可以借鉴印度农村金融的发展实践。

第一,发挥大型商业银行的领导作用。在明晰支农金融机构产权的基础上提升商业银行的骨干力量。印度"领头银行"计划成功,推动了大型商业银行充分运用其网络、科技、创新和人才优势,将农村金融市场作为战略目标去开拓,并成为印度农村金融服务的主渠道。我们应借鉴印度做法,并在明晰金融机构产权的基础上,促进内部经营机制转换以及经营管理水平尤其是风险管理水平的提高,只有这样,才能提升银行的价值创造能力、市场竞争能力、可持续发展能力,才能促进各项支农业务的有效发展。

第二,创新金融产品,增加农村金融体系的活力。印度开展了多种多样的农村金融服务,很好地满足了农村经济发展的要求,极大地提高了金融产品的利用率及回报率。金融产品创新有利于新农村建设的可持续发展。针对我国目前农村金融产品单一、短缺的情况下,应加大金融产品创新力度,结合农村金融市场特点,大力改善和加强金融服务,找准商业化与支持新农村建设的结合点,实现支农与自身发展的良性循环。并引导发展多种形式的农村小型金融机构和以服务农村为主的地区性中小银行。

第三,加大政策性金融支农作用。与我国相比,印度政府对于印度农村金融体系的建设给予了大量的支持。在当前建设社会主义新农村的大背景下,我国政府应该以市场化手段为主,行政手段为辅,加大对农村金融的宏观调控力度,引导农村金融机构的健全和完善发展。

10.6 本章小结

通过对比各个国家的农村金融发展模式,发现每个国家都有自己的特点,都能通过适应当地环境而得以生存发展。虽说经验不能照搬,但优点可以借鉴,不同国家农村金融发展的特点如下。

德国模式:①除了在横向上形成完备的金融组织体系之外,还应在纵向上形成上下级金融机构之间的指导和协作关系;②在基层地区广泛设立分支机构，从而产生促进自身发展的规模经济效应；③适当允许农户参与金融机构的信贷决策，在具体操作中采取吸收当地农户入股的形式。

美国模式：①注重发挥政府对农村金融市场的调节作用和对农村小型金融机构的支持作用；②融合各类民间金融机构为一体的多元化新型农村金融体系。

日本模式：①农协是合作性金融机构在农村的具体形式；②政府为农村金融机构的信贷风险提供较为健全的保障机制。

孟加拉国模式：①贷款的联保制度；②针对低收入农户发放贷款采取连续性的方式；③确立较高的贷款利率。

印度模式：①由商业银行主导发起地区农村银行；②农村合作银行提供多样化的创新金融产品；③大力支持发展农业保险，创新保险种类。

第 11 章　完善和发展农村小型金融机构的政策建议

农村小型金融机构的持续发展需要政策的支持，为促进农村小型金融机构在农村地区的全面覆盖，银监会通过了放宽农村地区银行业金融机构的准入政策。在准入政策推行之后，为促进农村小型金融机构的进一步发展，政府机构、银监会等相关的管理机构还需出台更具体的政策，形成支持农村小型金融机构发展的政策体系。"十二五"期间，农村小型金融机构还将继续处于试点过程当中，如果国家相应的政策体系难以为其创造公平的市场竞争环境，那么农村小型金融机构的发展将是十分困难的。因此，为保持农村小型金融机构快速发展的良好势头，应当尽快形成相应的配套政策体系。

11.1　改善农村金融外部生态环境

11.1.1　农村小型金融组织发展的保障体系建设

本书分别从农村小型金融机构内部的视角详细讨论了各类农村小型金融机构的发展思路和发展模式，然而事实上，离开了外部经济主体的支持和引导，农村小型金融机构无论采取哪一种发展模式，仅仅依靠自身的改革和优化，都无法实现其在农村地区的可持续发展，进而会影响农村金融市场的均衡，也影响对支持我国"三农"建设所要发挥的应有作用。本章将依据第 5 章所提出的农村小型金融机构的发展重点，从担保体系、制度体系和政策体系的角度讨论农村小型金融机构发展的保障体系。

对于农户及农村中小企业信贷的担保体系建设问题，国家在2004—2010年的中央一号文件中均有明确指示。2004年的中央一号文件提出要采取动产抵押、仓单质押和权益质押等多种担保方式，同时鼓励政府机构设立专业从事农村担保业务的农村担保机构。2005—2009年的中央一号文件围绕创新农村担保方式提出可探索实行多种抵押担保方式，扩大可抵押物品的范围，对于像林权、四荒地使用权等权益也可以作为抵押贷款物品。2010年的中央一号文件又提出要探索发展农业保险体系，努力扩大农业保险保费补贴的品种和覆盖范围，支持农业再保险体系的发展。根据中央一号文件的精神，农村金融组织的发展需要构建相应的担保体系作为发展的支撑力量，农村小型金融机构作为农村金融组织的重要组成部分，也需要构建相应的担保体系。从我国历年的中央一号文件有关农村担保体系建设的内容中可以看出，要讨论农村小型金融机构的担保体系，需要考察担保体系的组成部分。笔者认为，这个组成结构主要包括两个大类，分别是抵押担保机构和农业保险机构。

（1）农村抵押担保机构建设。

对于我国的农村抵押担保机构，主要包括以农户为服务对象的农村小额担保机构和以农村中小企业为服务对象的县域信用担保机构。农村小型金融机构在农村地区的设立是为农户及农村中小企业提供信贷业务，其中也包含了所提供的贷款业务，但是很多农村小型金融机构并不掌握贷款对象的完整信息，也不可能去了解每位贷款对象的信用记录，再加上农村的小规模生产容易受自然灾害等因素影响，这给农村小型金融机构的信贷业务带来了风险。农村抵押担保机构的产生和发展不仅可以为农户及农村中小企业向传统农村金融机构的借款提供担保，同样也可以为他们向农村小型金融机构的借款提供担保。在农村抵押担保机构的保证下，农村小型金融机构作为债权人的利益得到了保障，其向农户及农村中小企业的贷款资金及利息（尤其是数额较大的项目）可以如期回收，从而提高了各项农村贷款业务的质量，也降低了因偿债带来的风险。关于农村抵押担保机构的发展有如下建议：

第一，农村抵押担保机构应当积极创新多种抵押担保方式，满足农村小型金融机构的信贷业务对抵押担保提出的多元化要求。农村小型金融机构的设立目标表面上是为"三农"建设服务,事实上是为填补农村金融需求的不足而设立的,而我国农村的金融需求具有多元化的特征,贷款方式也呈现多样化,因此农村抵押担保机构应当创新各种担保方式。其中,根据《中华人民共和国担保法》的具体规定,结合我国农村小型金融机构的需要,农村抵押担保机构所提供的保证是指在借款的农户或农村中小企业到期无法履行或不履行对农村小型金融机构的债务责任时,由抵押担保机构来承担债务;所提供的抵押是指农户或农村中小企业不以转移所抵押财物的财产权作为获得贷款的担保,仅仅将其转移的财产作为担保,当贷款对象无法履行贷款义务时,金融机构可以通过变卖等方式对所抵押的财产进行处理;所提供的质押包括动产质押和权利质押,动产质押主要是针对农村中小企业的担保方式,而权利质押主要是针对农户的担保方式,内容是指农户或中小企业将某一动产或者权利作为抵押物转让给债权人,在贷款人未履行还款义务时,金融机构可以通过变价等方式获得补偿;留置与质押的概念类似,是对合同约定的动产所作出的处理,一般是针对农村中小企业的担保方式;定金是指在发生债权债务关系之前,由交易的一方向交易的另一方支付一定数额的资金,在债权债务关系解除之后,事先支付的这部分资金可以抵用债务或者由被缴纳的一方收回,定金的支付可以由农户、农村中小企业或者农村抵押担保机构支付。

第二,为了增强内部机构的担保承受能力,农村抵押担保机构应当构建自己完善的资金补充机制,拓宽资金的来源渠道。农村抵押担保机构仅仅依靠从农村小型金融机构那里提取担保的收益是不够的,还需要与传统农村金融机构开展合作,从传统农村金融机构那里获得相应的担保收益。与此同时,农村抵押担保机构所处的当地政府机构也参与支持农村小额担保机构的建设,为其提供必要的资金帮助。根据当地农户的资金需求量在不同时期的分布状况,有选择地不定期拿出一部分政府补贴资金专门用于补充农村抵押担保机构的资金,以帮助其资金的周转,从而使其有足够的资金向农户及农村中小企业担保。

第三,农村抵押担保机构应当合理确定其担保的比例大小,根据被担保对象的以往信誉记录做出相应的调整。将担保比例确定在一个合理的范围需要处理两个相互矛盾的问题,即如果担保的比例过大,担保的金额几乎接近被担保的贷款资金数额,则无须金融机构发挥作用,抵押担保机构可以直接代替金融机构发挥作用,也失去了担保的意义;如果担保的比例过小,抵押担保机构所发挥的作用过小,农村小型金融机构因抵押担保的金额过少而放弃对某些被担保的贷款对象的放贷,使得这些被担保的贷款对象终究难以取得贷款资金。在处理矛盾问题的同时还应当结合被担保对象的以往信誉度,如果以往信誉度比较高,则可以适当扩大担保的比例。

第四,农村抵押担保机构应当顺应农村小型金融机构的信贷业务需要,围绕农村小型金融机构服务的农户和农村中小企业这两大对象确立相应的发展思路。一方面,对农户应当建立农村小额担保机构,同时实施政府扶持和市场化运营相结合的发展模式。农村小额担保机构针对农户贷款具有小额、分散的特点,主要帮助农户从农村小型金融机构取得贷款资金,在接受政府适当干预的同时也应当尽可能地朝着市场化方向发展,政府机构不能过分干预担保业务,不能强行要求抵押担保机构为哪家农户提供担保,应当保留抵押担保机构的经营自主性,通过市场竞争去不断完善。另一方面,对农村中小企业这个对象应当设立发展县域信用担保机构,主要为整个县域范围内的广大农村中小企业提供抵押担保服务。不同社区之间的信用担保机构可以加强合作,同时积极争取当地政府、企业及自然人的入股,形成一种专门服务于农村中小企业担保业务的担保基金,并且与农村小型金融机构订立合同,将这部分担保基金专门用于促使农村小型金融机构对农村中小企业的贷款,解决部分中小企业的贷款难问题,同时也针对农村小型金融机构某些难以收回的贷款给予适当的补偿。

(2)农业保险机构建设。

我国的农业保险机构一般是指那些为农业生产提供保险的金融机构,其职能是为弥补生产所遭遇的自然灾害等意外损失而进行的保险,对这些意外损失进行赔偿。由于农业生产具有太多的不确定性,为确保农村小型金融机构顺利开展金融业务,农业保险机构也发挥了十分重要的作用。以种植业为例,某个季节的气候条件较好,十分有利于庄稼的生长,那么庄稼的产量就高;但是如果气候条件恶劣,那么庄稼的长势就会受阻,产量就会受到影响。如果种植庄稼的农户事先向农村小型金融机构办理了借款业务,却没有向农业保险机构办理投保业务,再加上其庄稼产量受到不确定性因素的影响而大幅减产,则可能会遭遇无法清偿对农村小型金融机构的借款的后果。因此,理性的农业生产者一般不会选择不向农业保险机构投保而直接向农村小型金融机构借款来从事农业生产的冒险行为,或者说农业保险机构降低了生产者的经营风险。如果没有农业保险机构的支持,生产者必然会犹豫是否继续向农村小型金融机构借款来扩大农业生产规模,这样一来,农村小型金融机构的业务量必然会受到影响。因此,农业保险机构的存在和发展有利于农村小型金融机构业务量的增加,即便遇到自然灾害等带来的意外损失,农业生产者和农村小型金融机构都能从农业保险机构那里获得相应的赔偿。当农户及农村中小企业需要资金却无法从农村小型金融机构获得资金时,有农村抵押担保机构的支持,那么在获取资金、投入正常的农业生产后,经过一段时间的经营,必然会产生两类结果:一类是农业产出较多,经济效益较好;另一类是农业产出较差,经济效益较差。很明显农业生产存在着风险,前者的风险较小,后者的风险较大。对于正常情况下的农业生产,存在的经营风险究竟有多大,如何降低农户及农村中小企业的经营风险成为农业保险机构的中心任务。从农村小型金融机构试点的经验看,绝大多数农户的还贷情况还是比较乐观的,主要是因为农户之间的日常联系较为紧密,如果当中有农户存在恶意拖欠行为,则会很快传播开来,直接影响其在群众中的声誉和今后的借款,所以农户在通常情况下都会选择按期还款。即便存在少数农户未能按期还款,但是农户的大多数借款都是小额的,因此小额的资金不会带来较大的风险,由农户的还款违约而引发的金融风险是比较小的。然而,对于农村中小企业而言,存在的风险相对于农户则大很多,因为农村中小企业通常借款资金数额比农户多,而且很大程度上存在着较大的经营风险,从而可能因经营风险引发还款风险,从而转嫁给与其有交易的农村小型金融机构。

对于如何发展农业保险机构,从而最大限度地减少农户及农村中小企业因经营风险而遭受的损失,本书认为可以采取以下三种途径:

第一种途径是建立农业保险机构股东的风险分散机制,机制的目的是降低单个股东的风险。采取对经营风险的有限担负机制,单个股东以其入股资金为限承担责任,在遇到超过自己入股资金的情况时,只需要缴纳其当初入股的那部分资金,其余超过的部分可由其他股东去分担。这样不仅可以保证股东的权益，而且还能保证农村小型金融机构的权益，使其在遭遇农业生产者转嫁的风险时仍然能够获得农业保险机构的足额赔偿。

第二种途径是建立以政策性保险机构为主体的多元化发展模式。农业产业的高风险可能会带来农业保险机构的高赔偿，并且农户的收入水平普遍较低，较低的收入必然会影响对保险费用的支付能力，所以农业保险机构承受了较大的赔付风险。突出表现在为规避农业生产的风险而支付了较大的赔偿款，而这笔赔偿款却因参保人对保险费用的支付能力有限得不到及时补充，使得农业保险机构的经营陷于困境。为此，需要建立以政府机构为主要发起人和出资者的政策性保险机构，并将政策性保险机构作为整个农业保险机构的主体，同时也鼓励和支持商业性保险机构、互助性保险机构共同发展。其中，政策性保险机构的职责就在于为农业生产者提供保险，其赔付的资金主要由政府机构来提供，属于非营利性的机构；商业性保险机构一般指那些较大规模的城市商业性保险机构，在其所经营的保险项目中，有一部分项目属于农业保险项目；互助性保险机构主要是在农村资金互助社当中产生的，一般在其互助基金当中拿出一部分，专门用于赔付社员生产过程中所遭受的损失。

第三种途径是成立专门应对突发风险事件的农业保险基金，用于支持农业保险机构的再保险，提高其应对突发风险事件的能力。这里的突发风险事件是指那些事先无法预料的、事后农业保险机构难以承担的严重自然灾害。对于此类突发风险事件虽然发生概率较小，如果一旦发生，遭受损失的不仅仅是农村小型金融机构，其他相关的经济主体也会因此而遭受损失。为此，需要由政府出资发起成立应对这类风险事件的农业保险基金，在农业保险机构无法承担巨额风险时，可通过再保险的方式获取农业保险基金的支持。

（3）通过法律、信息工程推进社会信用体系建设。

增强债权人的保护，加大对恶意逃款等违约行为的打击；创新贷款合约，赋予其更具体、更明确的法律职责，提高合同法律效应；进行信用村的评价，开展农户征信系统的建设，让小型金融机构在遵守隐私权的前提下共享征信系统信息，这将降低农村融资的信息不对称。这些将改善农村金融环境，为微型金融机构深入农村金融市场做好铺垫。

11.1.2 农村小型金融机构发展的监管制度体系建设

在银监会通过对于放宽我国农村地区金融机构的准入政策之前，村镇银行等一批农村小型金融机构并没有在农村地区设立，农户及农村中小企业都与农村信用社等传统农村金融机构进行业务往来，从而也形成了一套相对稳定的农村金融制度。在准入政策通过之后，农村小型金融机构介入农村金融市场，使得原先的金融制度结构发生改变，因此，完善农村小型金融机构的发展，需要对原先的旧的农村金融制度做出适当调整，从而探索出一套崭新的农村金融制度作为保障。经济学家诺思认为，制度变迁是一个不断地对制度进行修改和完善的过程，在经济发展中发挥了重要的作用，同理可知，农村制度的变迁有利于促进农村经济的发展。也有学者通过对实地调研的数据进行模型分析，认为农村地区还存在着对信贷的潜在需求，需要从制度层面上将这些需求加以调动起来。下文将从构建新金融体制、制定注册资本额制度等方面着手，讨论如何构建一个更加完整高效、结构合理、风险可控的新的农村金融监管制度体系。

（1）构建符合"三农"需要的新金融体制。

破除传统农村金融的旧体制约束，构建有利于"三农"建设需要的新体制，关键在于构建有利于农村小型金融机构发展需要的新金融体制。事实上，农村小型金融机构的目标就是为了促进"三农"事业发展，以"三农"建设需要为目标同以农村小型金融机构发展为目标构建新体制，二者相互之间是不矛盾的。传统农村金融制度是在传统农村金融体系的框架内形成的，其制度的功能是支持传统农村金融机构的发展。现在由于农村小型金融机构的介入而使得原先的农村金融体系发生变化，传统的农村金融制度已经不能适应这种新变化，需要由新体制取代旧体制来适应这种新变化。这种新变化就体现在新体制不仅解决了传统农村金融体制的种种弊端（如传统农村金融机构的趋利性明显，传统农村金融市场供求的严重不均衡，农村民间金融组织发展受到抑制等），而且能更好地适应农村小型金融机构的未来发展需要。改变传统农村金融体制的弊端，重新构建有利于农村小型金融机构发展需要的新金融体制，可以考虑从以下三个方面着手：

第一，新金融体制应当更加突出地反映农村小型金融机构对社会责任的履行情况。盈利是每个农村小型金融机构追求的目标，但不是唯一目的，国家当初设立农村小型金融机构就是针对旧体制下的农村金融供给严重不足、传统农村金融组织过于追求经济利润而忽视农村地区金融需求的困境而做出的决策，新体制的构建应当与国家的决策意图相吻合，充分调动起农户（尤其是低收入农户）的潜在信贷需求，为促使农村小型金融机构履行社会责任创造条件，为增进农村经济社会的整体福利服务。

第二，新金融体制应当解除对民间资本的准入限制，只要是有利于协助农村小型金融机构发展的农村民间金融组织，也可以吸收为正规性金融机构。很多农村民间金融组织在协助农村小型金融机构的支农业务中，发挥了十分重要的作用，其最大的优势就是信息完全对称，因此，新金融体制应当在严格审批制度的基础上，吸纳部分民间组织成为正规性金融机构。

第三，新金融体制应当包含对农村小型金融机构的贷款定价机制的构建。进入21世纪后，在西方国家有关商业银行贷款定价方法的研究当中，比较具有代表性的金融机构贷款定价方式是彼得·S.罗斯提出的成本加成贷款定价法，这种方法的核心思想是商业银行的贷款利率可以参照四项指标来加以确定，分别是商业银行筹措贷款资金的成本、商业银行非资金经营成本、补偿商业银行预期违约风险的资金以及商业银行期望的利润。农村小型金融机构也可以借鉴这种定价模式，但是在借鉴的同时需要结合自身与商业银行的异同来加以综合考虑：相同之处就是农村小型金融机构同商业银行一样作为金融类企业，都是以盈利作为主要目标，为维持机构的可持续发展不能亏损，在这种情况下，利率大小的制定应当在填补成本的前提下，为机构带来所期望的利润；不同之处就是农村小型金融机构的贷款对象主要是农户和农村中小企业，而商业银行的贷款对象则集中在无区域限制的大型项目，在一般情况下，农户和农村中小企业的还款能力明显小于大型项目的承担者，因此考虑到贷款对象的还款能力，农村小型金融机构的利率应当低于商业银行的利率。基于此，新金融体制中对于农村小型金融机构贷款定价机制的构建应当遵循这样的指导原则，即贷款利率的下限为农村小型金融机构的成本率和期望利润率,否则将难以实现金融组织的可持续发展;贷款利率的上限为商业银行的利率,否则将违背其服务"三农"的宗旨。

(2)完善农村小型金融机构监管制度的核心体系。

出于降低经营成本的考虑,很多农村小型金融机构没有按照公司制要求的法人治理结构建立起较为完善的内部监管制度,然而作为金融类企业,应当按照现代企业制度的要求设立股东大会、监事会、董事会和经理层这样权力相互制衡的内控制度,分别行使所有权、监管权、决策权和经营权。这里存在的问题是,监事会作为农村小型金融机构内部的监管和审计机构,却没有被重视起来,某些农村小型金融机构的监事会形同虚设,没有真正起到监管的作用。因此,在内部监管制度不健全所带来的监管不力的情况下,仅仅依靠组织自身的内控机制来实施监管是远远不够的,需要外部机构来弥补这个监管的不足,一般通过以下四种方式对组织监管制度的核心体系进行完善:

第一,国家应当制定相应的法律法规来规范农村小型金融机构的监管制度,加强以提高监管能力为目的的法律制度建设。将对农村小型金融机构的监管以法律条文的形式加以具体化的规定,明确监管部门相关工作人员的法律责任,对监管不力的环节加以重点改进。具体体现在对农村小型金融机构具体监管方式的补充,将农村小型金融机构的相关法律条文加入原先的农村金融组织的法律条文中去,针对大多数农村小型金融机构的发展规模较小的现状确定相对合理的赏罚标准,使得农村小型金融机构在遇到监管问题时有明确的法律制度可供参考,发挥好法律制度在处罚农村小型金融机构经营当中的违法违规行为、维护农村金融市场在良好秩序上的强制力。

第二,以抵御金融风险为目的,探索更加合理的金融监管指标体系,通过对监管指标的选择构建农村小型金融机构的风险预警模型。为提高农村小型金融机构应对风险的能力,有学者认为设置监管指标应根据组织所面临的风险因素,根据内部风险因素具体划分为资本充足性、安全性、流动性、盈利性、发展能力共五项指标;而根据外部风险因素又依次产生了法律政策、监管部门、当代经济发展共三项指标。还有学者认为农村小型金融机构的指标体系应包含四种类别的指标,依次是资本充足率、备付金比例、资产流动性比例和资产利润率,笔者认为,农村小型金融机构在设置监管指标时,有几项指标类别是必须要考虑的,即组织的资金实力指标、资产负债比例指标、吸收公众存款能力指标、地方经济发展指标和农村中小企业发展规模指标,同时还应注意与商业性金融机构的差别,防止因采用过于严格的指标体系而使得组织的发展受到限制。

第三,以提高农村小型金融机构的质量为核心,继续在金融机构准入程序的审批制度方面严格把关。加强对发起银行投资入股农村小型金融机构的审核,包括对每个入股股东的资格审核,优质的投资者将大大减少金融机构设立后的监管难度,具体的审批主要考察投资者的往期投资记录。这是因为在放宽资本准入的同时,可能会产生一些不良投资者追求高额回报的投机行为,通过严格审批的制度安排,杜绝那些出于不良动机的投资者入股农村小型金融机构。

第四,针对不同类别的农村小型金融机构,根据发展规模分别设置不同的外部监管主体。对于分类监管的制度安排,可以从农村小型金融机构发展规模的角度设置不同的外部监管主体,例如,地处县域以下基层农村小型金融机构(如村镇银行),由于发展规模较小,可以由县级监管机构行使主要监管权;而某些没有区域限制的较大规模的非存款性金融机构(如小额贷款公司),由于发展规模较大,监管较为困难,因此可由省级监管机构行使主要监管权。

(3) 制定各类农村小型金融机构的注册资本额制度。

针对当前农村小型金融机构的注册资本额制度不规范的现状,有关部门应当尽快调整各类机构注册资本额的制度安排,包括对村镇银行、农村资金互助社和贷款公司分别设置相应的注册资本额制度。自 2007 年试点以来,我国农村小型金融机构注册资本额制度的不规范性主要体现在注册资本额的设置并不能保护债权人利益、难以适应金融企业的初始经营规模以及无法发挥促进金融服务均等化的信号功能。基于此,对注册资本额制度的调整可以从如下两方面具体展开。一方面,以注册资本所发挥的作用为视角,注册资本额制度的调整应当朝着发挥注册资本最大效用的方向努力。具体调整内容包括三点:一是调整对债权人权益的保障机制,严格对注册资本的审查和监督,防止某些投机分子采取非法手段蒙混过关,以虚假的注册资本骗取营业执照进行投机活动;二是注册资本额的确定应当能够正确地反映农村小型金融机构的初始经营规模,作为金融企业的最初资本金,如果设置得过少,将难以支撑金融机构成立之后的正常运作;三是注册资本额制度的调整应遵循不同区域的实际需求状况,对农村小型金融机构注册资本额的设置就是一种信号,通过这个信号来反映不同区域的信贷需求总体状况。比如某个区域的信贷需求量过剩,信贷供给严重不足,为吸引更多的投资者面向该区域投资兴办农村小型金融机构,可以适当降低此区域农村小型金融机构的注册资本额。另一方面,以各类农村小型金融机构为视角,不同类型的金融机构应当分别设置不同的注册资本额。对于村镇银行,可以根据不同区域设置不同的注册资本额,经济发达地区的注册资本额可以高于经济落后地区;对于农村资金互助社,由于其设立是为小范围的社员提供服务,而且互助社本身也适合小规模经营,如果扩大发展规模就会影响社员之间信息的完全对称,因此农村资金互助社的注册资本额可以相对较小,银监会规定的是10万元(设立在行政村),具体操作时视当地情况可以降低;对于贷款公司,由于其只发放贷款,不接受他人的存款,因此为增强其资金实力,注册资本额可以适当提高,再加上不同区域经济发展水平的差别,经济发达地区的贷款公司注册资本额可以较高,以帮助其增强竞争实力,而经济相对落后地区的贷款公司注册资本可以较低,这样会吸引更多的社会资本在该地区投资设立贷款公司。

11.1.3 农村小型金融机构的财政金融支持政策

继续实施积极的财政政策,加大财政政策对农村小型金融机构的支持力度。实施积极的财政政策,就是要增加政府支出,而政府支出包含两大部分,分别是政府购买性支出和政府转移支付。在政府购买性支出方面,税收政策是其中的重要组成部分,通过适度减税的方式支持农村小型金融机构发展。事实上,我国存在着内需长期不足的难题,农村地区的信贷需求更是如此,应当以国家扩大内需的财政政策为契机,采取减少或免除农村小型金融机构营业税、房地产税、企业所得税等税收的优惠政策,帮助其减少经营成本,以推动相对弱小的农村小型金融机构适度扩大经营规模,增强其发展实力。具体的减税方案应当采取有差别的税收政策:根据财政支持对象的不同,采取区别对待的方式,不能与其他大型商业性金融机构一样采用相同的营业税率,在税率上应当低于大型商业性金融机构;根据所处的地域差异,对县级及以下地区的农村小型金融机构给予减税,而对县级以下特困地区的农村小型金融机构给予免税。通过财政政策的税收杠杆,引导社会资本投向一些金融网点较少和金融服务空白的地区,让分布在各个区域的农户都能享受到农村小型金融机构提供的金融服务。在政府转移支付方面,国家可以采取财政补贴的方式对农村小型金融机构的贷款进行贴息。2009年4月由财政部公开发布的《中央财政农村小型金融机构定向费用补贴资金管理暂行办法》,提出建立针对农村小型金融机构贷款的定向费用补贴制度,具体的补贴资金由中央财政来承担,并且这部分补贴资金可被吸纳为农村小型金融机构当年的收入。鉴于大多数农户的承受能力较小,针对农户的贷款利率不能太高,而贷款公司的利润空间主要依靠贷款利率的调整,不高的利率显然不利于经营成本较高的贷款公司的可持续发展。因此,国家财政可以采取贷款贴息的方式帮助贷款公司对农户及农村中小企业维持不高的利率,以弥补贷款公司较高的经营成本。对于这种做法,有学者认为寻租行为来源于有补贴的优惠贷款。笔者认为,农村小型金融机构从事的都是小额贷款,小数额的贷款利息不会很大,所以国家财政给予的贴息金额也不会很大,可供寻租的空间比较狭小。即便存在可供寻租的空间,也可以通过采取由中国人民银行直接向农村小型金融机构拨付贷款补贴的方式,减少可能产生寻租行为的中间环节。

(1)农村小型金融机构的货币金融政策。

发挥货币政策的宏观调控职能,侧重支持农村小型金融机构的信贷业务。常见的货币政策工具是再贴现率、公开市场业务、法定准备金率,而变动法定准备金率对经济影响较为剧烈,可能会带来经济的大幅震荡,所以一般情况下不被采用,对于再贴现率和公开市场业务这两种工具则可以考虑加以运用。为调节全国的经济运行,尤其是稳定全国金融市场,可以将再贴现率和公开市场业务加以配合使用,以控制货币供应量来稳定经济。在宏观调控的同时，两种货币政策工具可以对农村小型金融机构的信贷业务提供支持，主要表现在以下两个方面。一方面，适当降低中国人民银行对于农村小型金融机构的再贴现率，尤其是在农村小型金融机构的存款准备金不足时，降低再贴现率可以增加农村小型金融机构向中国人民银行的贴现或申请借款，从而使得货币供应量多倍增加。在具体操作过程中，需要注意的是，降低再贴现率是专门针对那些因支农而缺乏资金的金融机构，对这些机构采取的优惠政策，旨在增强其支农实力。另一方面，允许某些农村小型金融机构（如村镇银行）参与公开市场业务活动，自由买卖国家发行的政府债券。在其经营状况较好、资金富余时，可以将多余的资金用于购买政府债券；而在遇到资金不足使得信贷业务受限时，又可以通过向中国人民银行抛售政府债券来获取所需的资金，此时农村小型金融机构的资金得到补充，信贷能力明显增强。此外，国家还可以运用其他的货币政策工具来支持农村小型金融机构发展。比如对补充性货币政策工具的运用，中国人民银行依照法律对农村小型金融机构进行适度干预，对其发放特种贷款，旨在更好地服务"三农"建设。不仅如此，中国人民银行也可以运用其在金融领域的特殊地位和威望，对一些大型商业性金融机构进行具体项目投资的劝说和引导，使其投资于农村小型金融机构的建设，成为农村小型金融机构的发起者。

（2）地方政府的财政扶持政策。

加强地方政府对农村小型金融机构的扶持作用，为其培育良好的外部环境是整个组织发展的必要条件。农村小型金融机构在基层地区设立并发展，需要当地政府为农村小型金融机构培育一个相对稳定的金融环境，包括当地政府为农村小型金融机构营造良好的诚信氛围，地方财政投资于当地的农业基础设施建设以及信息化建设，等等。在营造诚信氛围方面，积极宣传诚信的重要性，注重宣传效果，努力增强农户自觉遵守诚信原则的意识。对于地方政府的财政支出，应当抽出一部分资金专门用于完善农业基础设施建设项目，尤其是加大对农村小型金融机构所属区域的金融基础设施建设和信息化建设的支持力度。加强对会计制度、信息披露机制、交易结构及清算系统等金融基础设施的建设，引进先进的科学技术构建起发达的农业信息技术设施和农村居民信息系统，增强金融机构对农户及农村中小企业信用记录的透明度。培育良好的外部环境，还需地方政府出台相应的人才政策，在地方财政支出中还需再拿出一笔专项资金，旨在吸引优秀的专业人才投入到农村小型金融机构的建设当中。至于如何使用这笔专项资金，可以是地方财政拿出专项资金用于对外来专业人才的妥善安排，同时给予其较好的优惠待遇，如提供住房补贴、免缴个人所得税等；还可以是利用这部分专项资金，兴办农村小型金融机构从业人员的培训学校等机构，提高从业人员的从业技能和整体知识水平。

11.2 小型农村金融机构的发展建议

11.2.1 村镇银行的发展建议

（1）明确市场定位。村镇银行属于商业银行的范畴，但其作为一种特殊性质的商业银行，与传统的大型商业银行相比，具有成立时间短、规模小、社会知名度低等特点，使得村镇银行在竞争激烈的金融体系中的生存与发展具有一定的难度。因此，村镇银行必须实行差异化竞争战略，找准市场定位，提升产品质量和服务能力。

（2）扩大资金来源。目前，存款增长乏力是村镇银行面临的主要问题。农户对政府有着最高级别的信任，所以争取政府的支持能够快速地赢得当地农户对村镇银行的信任，并加快村镇银行的业务本地化进程，为扩大储蓄存款提供方便快捷的道路。村镇银行的业务本身具有服务"三农"的政策性导向，村镇银行的服务宗旨与当地政府服务宗旨存在一定的共性，因此，不仅可以寻求政府入股村镇银行，还可以争取政府的财政存款支持。

（3）加强风险控制。村镇银行的风险蕴藏在其业务的各个环节之中，只有形成一个系统的风险防控体系，才有可能降低或者消除潜在的风险。关于农户与村镇银行的信息不对称问题，首先要解决的是村镇银行与征信系统数据库的对接，政府及相关各部门需要积极配合征信管理工作，加快实现信息共享的步伐。村镇银行内部需要处理好业务开展与风险防控之间的关系，并时刻将风险控制作为管理重点。要做好信贷员的管理培训工作，建立科学有效的信用评价指标体系，严格执行内部的审、贷、查机制，每笔业务落实到个人，加强贷后监督管理。

（4）引进优秀人才。银行同业之间的竞争在很大程度上是知识的竞争，也就是人才的竞争，知识和智慧构成了银行竞争力的核心，尤其是商业银行越来越重视金融产品创新、技术创新和业务创新，具有渊博知识的人才，自然成为商业银行最大的资源和财富。同时，银行业是高风险行业，其风险与从业人员素质密切相关，因此，村镇银行必须加强人力资源建设，以优秀人才为其可持续发展提供有力保障。

（5）完善监管体系。构建以政府监管为主、村镇银行内部监控为辅、社会监管为补充的三位一体监管模式。首先，建立以风险管理为核心的内部监控体系，保证内部监管与各部门、各岗位的日常业务相适应；其次，完善公众监督体系，加强舆论监督，通过新闻媒体让社会各界支持村镇银行的监管事业。

11.2.2 小额贷款公司的发展建议

（1）明确小额贷款公司身份定位。小额贷款公司被视为"准金融机构"的模糊身份定位严重影响其可持续性，相比商业银行，小额贷款公司不能吸收公众存款，而且从银行融入的资金也很少，这样导致了很低的财务杠杆比例。最大的弊端就在税收上，由于小额贷款公司参照普通工商企业，不能享受国家的优惠财税政策，盈利空间被压缩。

（2）拓宽小额贷款公司融资渠道。"只贷不存"的制度设计，并规定从银行融入资金总额不得超过资本总额的50%，导致没有持续的资金注入，小额贷款公司很难发展壮大。但我们必须承认"只贷不存"制度的合理性，原因有两个：首先，我国没有存款保险制度，不能完全保护存款人的利益；其次，小额贷款公司规模相对较小，即使是小规模的挤兑都难很应付，随时会破产，这样会造成人们对金融机构丧失信心的后果。

（3）加强对小额贷款公司的监管。小额贷款公司的监管主体主要为：地方政府金融办公室、中国人民银行分支机构、工商部门等。这一安排在初期具有一定的合理性，但随着小额贷款公司数量的增加，监管作用会逐渐下移到下级政府。而且监管工作只注重公司注册时的审查，后期工作缺乏跟进。

（4）放宽小额贷款公司利率管制。贷款利率市场化，是小额贷款公司实现可持续发展的重要条件。一般的小额贷款具有需求迫切、额度小、期限短、服务成本高等特点，因此，小额贷款的利率要远远高于商业银行，在国际上小额贷款机构的年利率最高达80%。

（5）税收优惠、财政补贴和融资支持。首先，当前小额贷款公司税负较重，其需缴纳25%的所得税、5.56%的营业税及附加，共计约30%的税负，比村镇银行多10%的税负（李小鹤，2013），过高的税负影响到其盈利的水平，因此税收优惠是最直接有效的手段；其次，让小额贷款公司可同等地享受涉农贷款补贴政策，销售利率优惠政策，并且明晰实施细则；最后，鼓励传统大型金融机构为小额贷款公司等微型金融机构提供融资便利。

（6）鼓励发展特色小额贷款公司。能够结合当地地区产业结构、地缘、人缘和文化特征开设有特色的贷款服务；鼓励小额贷款公司下移机构网点，例如在农村部门设立微型驻点，结合文化广场开设小型办公场所，这样更容易贴近农村，为农户提供更为便利的服务和收集贷款情报；鼓励小额贷款公司进一步开发适合农村地区的贷款产品，充分利用软信息进行服务，不拘泥于客户是否可以提供合格的财务记录、抵押品等。

（7）优化小额贷款公司的业务流程设计。优化业务流程，提升贷款服务效率，降低贷款风险。建议做好客户信息跟踪系统，建设一个功能丰富、信息记录详细、使用便捷的客户数据库。系统设计层次分明，能在宏观上有预见和把控，在微观上可以落实处理方案和反馈处理结果。

（8）增强小额贷款公司人才队伍的建设。增强信贷员的培训，让其及时掌握公司开发的各项产品功能和技术手段；鼓励信贷员积极进行客户调研，让其更了解客户状况；对于农村地区贷款服务，应引进一些熟悉当地农业、具有农业专业技术的人才，并且注重本土化人才的培养。

11.2.3 农村资金互助社的发展建议

(1) 资金互助社可与专业合作社联合起来，走资金与生产联合之路。资金互助社为专业合作社社员提供资金，专业合作社为资金互助社提供信用保障，减少信息不对称等问题。两者联合起来可更好地为农村地区提供资金和生产上的支持。要消除农村资金互助社合法化的法律壁垒，要从立宪的高度赋予农户自由契约权，并从实践层面切实保障农户自由契约权的永久性、稳定性。

(2) 在贷款方面，推行社员联保小组，增加贷款的担保。资金互助社可将社员结成互助小组，以小组名义申请贷款，共同担保。同时鉴于资金互助社简便的借款程序，小组贷款在社员间形成了更为紧密的利益共享、风险共担机制，彼此之间的互信程度更高。而且农村资金互助社并不鼓励发展成为吸储机构，吸收存款不能作为其主要目的，其主要目的应该服务于专业化合作的道路。

(3) 扩宽农村资金互助社的融资渠道，建立互助社与农村正规金融机构的联结机制。尽管互助社可以吸收社员的存款，但仍常面临资金需求短缺。此外，资金互助社通过与产业互助社结合，产生稳定的订单，可向正规金融机构申请贴现贷款。农村资金互助社具有信息优势，而农村正规金融机构具有资金优势，二者若能通过某种途径联合，共同发放贷款，能提高农村金融市场的配置效率。

(4) 优化农村资金互助社的内部治理机制。首先，建立互助社工作人员的工资与其业绩挂钩的激励机制；其次，最大限度地减少村委会及乡镇政府对农村互助社的干预，进而保障农村资金互助社的理事长拥有绝对的信贷决策权；最后，坚决保障社员的退出权。笔者认为，要想防止互助社在经营的过程中被少数人控制就必须建立"用脚投票"的机制，保障社员的自由退出权，这样不仅能够避免互助社沦为个别人追求私利的工具，还能对管理者起到威慑作用。

参 考 文 献

[1] Adams D W, Fitchett D A. Informal finance in low-income countries [M]. Boulder: Westview Press, 1992: 23 - 55.

[2] Adams D W, Graham D H, Von Pischke J D. Undermining rural development with cheap credit [M]. Boulder: Westview Press, 1984: 221 - 242.

[3] Agrawal A, Mandelker G N. Large shareholders and the monitoring of managers: the case of antitakeover charter amendments [J]. The Journal of Financial and Quantitative Analysis, 1990, 25 (2): 143.

[4] Aguilera-Alfred Nelson, Claudio Gonzalez-Vega. A multinomial logit analysis of loan targeting and repayment at the agricultural development bank of the dominican republic [J]. Agricultural Finance Review, 1993 (53): 55 - 64.

[5] Alhadeff D A. Monopoly and competition in banking [M]. Berkeley: University of California Press, 1954.

[6] Altunbas Y, Evans L, Molyneux P. Bank ownership and efficiency [J]. Journal of Money, Credit and Banking, 2001: 926 - 954.

[7] Andersen P, Petersen N C. A procedure for ranking efficient units in data envelopment analysis [J]. Management science, 1993, 39 (10): 1261 - 1264.

[8] Angora W, Bédécarrats F, Lapenu C. Is social performance profitable? The relationship between social and financial performance in microfinance [J]. Micro Banking Bulletin, 2009 (19): 22 - 29.

[9] Ardener S. The comparative study of rotating credit association [J]. Journal of the Royal Anthropological Institute of Great Britain and Ireland, 1964, 94 (2): 201 - 229.

［10］ Bastelaer Thierry Van, Howard Leathers. Trust in lending: social capital and joint liability seed loans in Southern Zabia ［J］. World Development, 2006, 34（10）: 1788 - 1807.

［11］ Beck T, Levine R, Loayza N. Finance and the sources of growth ［J］. Journal of Financial Economics, 2000, 58（1）: 261 - 300.

［12］ Bell C. Interactions between institutional and informal credit agencies in rural India, in the economics of rural organization: theory, practice and policy ［M］. London: Oxford University Press, 1993.

［13］ Berger A N, Black L K. Bank size, lending technologies, and small business finance ［J］. Journal of Banking & Finance, 2011, 35（3）: 724 - 735.

［14］ Berger A N, Deyoung R. Problem loans and cost efficiency in commercial banks ［J］. Journal of Banking & Finance, 1997（6）: 849 - 870.

［15］ Berger A N, Humphrey D B. Efficiency of financial institutions: international survey and directions for future research ［J］. European Journal of Operational Research, 1997, 98（2）: 175 - 212.

［16］ Berger A N, Hunter W C, Timme S G. The efficiency of financial institutions: a review and preview of research past, present and future ［J］. Journal of Banking & Finance, 1993, 17（2）: 221 - 249.

［17］ Berger A N, Mester L J. Inside the black box: what explains differences in the efficiencies of financial institutions? ［J］. Journal of Banking & Finance, 1997, 21（7）: 895 - 947.

［18］ Berle. The modern corporation and private property ［M］.［S. l.］: Macmillan, 1933.

［19］ Besley T, Coate S. Group lending, repayment incentives and social collateral ［J］. Journal of Development Economics, 1995, 46（1）: 1 - 18.

［20］ Besley, Levenson. The role of informal finance in household capital accumulation: evidence from taiwan ［J］. The Economic Journal, 1996.

［21］ Besley, Coate, Loury. The economics of rotating savings and credit association ［J］. American Economic Review, 1993（83）: 792 - 810.

[22] Bhatt N, Tang S Y. Designing group—based microfinance programs: some theoretical and policy considerations [J]. Inernational Journal of Public Administration, 2001 (24): 1103 – 1125.

[23] Biggart N W. Banking on each other: the situational logic of rotating savings and credit association [C]. Discussing Paper, 2000.

[24] Branverman A, Guasch J L. Rural credit markets and institutions in development countries: lessons for policy analysis from practice and modern theory [J]. World Development, 1986 (14): 1253 – 1267.

[25] Brealey R, Leland H E, Pyle D H. Informational asymmetries, financial structure, and financial intermediation [J]. The Journal of Finance, 1977, 32 (2): 371 – 387.

[26] Burkart M, Gromb D, Panunzi F. Large shareholders, monitoring, and the value of the firm [J]. The Quarterly Journal of Economics, 112: 693.

[27] Caves D W, Christensen L R, Diewert W E. The economic theory of index numbers and the measurement of input, output, and productivity [J]. Econometrica: Journal of the Econometric Society, 1982: 1393 – 1414.

[28] CGAP key principles of microfinance, Consultative Group to Assist the Poor, 2004.

[29] Charnes A, Cooper W W, Rhodes E. Measuring the efficiency of decision making units [J]. European Journal of Operational Research, 1978, 2 (6): 429 – 444.

[30] Cho M. Ownership structure, investment, and the corporate value: an empirical analysis [J]. Journal of Financial Economics, 1998, 47 (1): 103 – 121.

[31] Chowdhury Probal Roy. Group lending with sequential financing, contingent renewal and social capital [J]. Journal of Development Economics, 2007 (84): 126 – 145.

[32] Cull R A, Demirguc, Kunt, et al. Financial performance and outreach: a global analysis of leading microbanks [J]. Economic Journal, 2007,

117 (5): 107-133.

[33] Cyree K B, Spurlin W P. The effects of big-bank presence on the profit efficiency of small banks in rural markets [J]. Journal of Banking & Finance. 2012, 36 (9): 2593-2603.

[34] Demirguc K A, Maksimovic V. Law, finance and firm growth [R]. World Bank and University of Maryland: Working Paper, 1998.

[35] Demsetz H. The structure of ownership and the theory of the firm [J]. The Journal of Law&Economics, 1983, 26 (2): 375-390.

[36] Deyoung R, Hunter W C, Udell G F. The past, present, and probable future for community banks [J]. Journal of Financial Services Research, 2004, 25 (2-3): 85-133.

[37] Deyoung R, Hunter W C. Deregulation, the internet, and the competitive viability of large banks and community banks [R]. Federal Reserve Bank of Chicago, 2001.

[38] Diamond D W, Dybvig P H. Bank runs, deposit insurance, and liquidity [J]. The Journal of Political Economy, 1983: 401-419.

[39] Diamond D W. Financial intermediation and delegated monitoring [J]. The Review of Economic Studies, 1984, 51 (3): 393-414.

[40] Dichter T W. Questioning the future of NGOs in microfinance [J]. Journal of International Development, 1996, 8 (2): 259-269.

[41] Drabenstott M, Meeker L. Financing rural America: a conference summary [J]. Economic Review. 1997, 82 (2): 89.

[42] Edwards F R, Mishkin F S. The decline of traditional banking: implications for financial stabilityand regulatory policy [R]. National Bureau of Economic Research, 1995.

[43] Femando. A dynamics of commercial microcredit: sustainable growth [R]. Asian Development Bank: Working Papers, 2006: 40-43.

[44] Ferri G. Are new tigers supplanting old mammoths in China banking system? Evidence from a sample of city commercial banks [J]. Journal of banking & finance, 2009, 33 (1): 131-140.

[45] Fuentes G A. The use of village in rural credit delivery [J]. The Journal of Development Studies, 2001, 33 (21): 188-209.

[46] Geertz C. The rotating credit association: a middle rung in development [J]. Economic Development and Culture Change, 1962, 10 (2): 241-263.

[47] Ghatak M, Guinnane T. The economics of lending with joint liability: the theory and practice [J]. Journal of Development Economics, 1999 (60): 27-50.

[48] Ghosh Parikshit, Ray Debraj. Information and enforcement in informal credit markets [R]. Boston University Institute for Economic Development Paper, 1999 (93).

[49] Gilbert R A, Sierra G E. The financial condition of us banks: how different are community banks? [J]. Federal Reserve Bank of St. Louis Review, 2008: 43-56.

[50] Goldsmith R W. Financial structure and development [M]. New Haven: Yale University Press, 1969.

[51] Gomez R, Santor E. Membership has its privileges: the effect of social capital and neighborhood characteristics on the earnings of microfinance borrowers [J]. The Canadian Journal of Economics, 2001 (34): 943-966.

[52] Gonzalez-Vega C. Deepening rural financial markets: macroeconomic, policy and Political dimensions [C]. 2003.

[53] Gonzalez-Vega C. Stages in the evolution of thought on rural finance. A vision from the Ohio state university [C]. Economics and Sociology Occasional Paper, 1994: 2134.

[54] Guiso L, Sapienza P, Zingales L. Does local financial development matter? [R]. National Bureau of Economic Research, 2002.

[55] Gurley J G, Shaw E S, Enthoven A C. Money in a theory of finance [M]. Washington, D. C.: Brookings Institution, 1960.

[56] Guttman J M. Repayment performance in microcredit programs [J].

Theory and Evidence, 2007 (03).

[57] Hans Dieter Seibel Harishkumar R Dave. Commercial aspects of SHG banking in India [EB/OL]. [2002-11]. http://www.nabard.org.

[58] Henry C, Sharma M, Lapenu C, et al. Microfinance poverty assessment tool [R]. World Bank Publications, 2003 (255): 206-212.

[59] Hermes N, Lensink R, Meesters A. Outreach and efficiency of microfinance institutions [J]. World Development, 2011, 39 (6): 938-948.

[60] Hicks J R. A theory of economic history [J]. OUP Catalogue, 1969.

[61] Hoff Stiglitz. Moneylenders and bankers: price-increasing subsidies in a monopolistically competitive market [J]. Journal of Development Economics, 1997 (52): 429-462.

[62] Holderness C G. The role of majority shareholders in publicly held corporations: an exploratory analysis [J]. Journal of Financial Economics, 1988, 20 (1/2): 317-346.

[63] Isaksson A. The importance of informal finance in Kenyan manufacturing [M]. Statistics and Information Networks Branch of UNIDO, 2002.

[64] Jain Symbiosis. Crowding-out: the interaction of formal and informal credit markets in developing countries [J]. Journal of Development Economics, 1999 (59): 419-444.

[65] Jansson, Rosales, Westley. Principles and practices for regulating and supervising microfinance [R]. Inter American Development Bank, 2004.

[66] Jensen M C, Meckling W H. Theory of the firm: managerial behavior, agency costs and ownership structure [J]. Journal of Financial Economics, 1976, 3 (4): 305-360.

[67] Karla Hoff, Joseph E Stiglitz. Moneylenders and bankers: price-increasing subsidies in a monopolistically competitive market [J]. Journal of Development Economics, 1998 (55): 485-518.

[68] Karla Hoff, Joseph E Stiglitz. Introduction: imperfect information and rural credit markets-puzzles and policy perspectives [J]. The World Bank Economic Review, 1990, 4 (3): 239-248.

[69] Karlan D, Zinman J. Credit elasticities in less developed countries: implications for microfinance [J]. American Economic Review, 2008, 98 (3): 1040 – 1068.

[70] Karnani A. Employment not microcredit is the solution [J]. Journal of Corporate Citizenship, 2008 (32): 23 – 28.

[71] Khandker Shahid. Does microfinance really benefit the poor? Evidence from Bangladesh [C]. Paper delivered at Asia and Pacific Forum on Poverty: Reforming Policies and Institutions for Poverty Reduction held by the Asian Development Bank, 2001.

[72] King R G, Levine R. Finance, entrepreneurship and growth [J]. Journal of monetary Economics, 1993, 32 (3): 513 – 542.

[73] Kropp E. From agricultural credit towards rural finance: conceptual changes in German technical cooperation. International symposium on effectiveness of rural development cooperation, Amsterdam [C]. 1985.

[74] Kuo P. Lending and bidding in the bidding rotating credit associations: discount-bid vs premium-bid [J]. The Institute of Economics, Academia Sinica: Working paper, 1996.

[75] Laeven L, Levine R. Bank governance, regulation and risk taking [J]. Journal of Financial Economics, 2009, 93 (2): 259 – 275.

[76] Leibenstein H. Allocative efficiency vs "X-efficiency" [J]. The American Economic Review, 1966: 392 – 415.

[77] Littlefield, Morduch, AshemiH. Is microfinance an effective strategy to reach the millennium development goals? [R]. CGAP Focus Note, 2003.

[78] Manfred Zeller, Richard L Meyer. The triangle of microfinance: financial sustainability, outreach and impact [M]. [S. l.]: The Johns Hopkins University Press, 2002.

[79] Mark Drabenstott, Larry Meeker. Financing rural America: a conference summary [J]. Economic Review, 1997 (2): 89 – 98.

[80] Maudos J, Pastor J M, Perez F, et al. Cost and profit efficiency in european banks [J]. Journal of International Financial Markets, Institutions

and Money, 2002, 12 (1): 33 –58.

[81] Mcconnell J J. Additional evidence on equity ownership and corporate value [J]. Journal of Financial Economics, 1990, 27 (2): 595 –612.

[82] Mckinnon R, Shaw E. Financial deepening in economic development [J]. Washington, Brookings Institution, 1973.

[83] Mersland Roy. The cost of ownership in microfinance organizations [J]. World Development, 2009, 37 (2): 469 –478.

[84] Meyer, Richard L. Track record of financial institutions in assisting the poor in Asia [C]. ADB Institute Research Paper, 2002.

[85] Mishkin F. The economic of money, banking, and financial markets [M]. 4th ed. Harper Collins College Publishers Inc, 1995: 33 –49.

[86] Morck R, Shleifer A, Vishny R W. Management ownership and corporate performance: an empirical analysis [J]. NBER Working Paper Series, 1986.

[87] Morduch Jonathan. Microfinance sustainability: a consistent frame work and new evidence on the Grameen bank [J]. First Draft, 1997 (1): 5 –28.

[88] Morduch Jonathan. The microfinance promise [J]. Journal of Economic Literature, 1999: 1569 –1614.

[89] Morduch Jonathan. The microfinance schism [J]. World Development, 2000, 28 (4): 617 –629.

[90] Muhammad Yunus. Banker to the poor: micro-lending and the battle against world poverty [M]. New York: Public Affairs, 2005: 15.

[91] Nakane M I, Weintraub D B. Bank privatization and productivity: evidence for Brazil [J]. Journal of Banking & Finance, 2005, 29 (8): 2259 –2289.

[92] Navajas S, Schreiner M, Meyer R L, et al. Microcredit and the poorest of the poor: theory and evidence from Bolivia [J]. World development, 2000, 28 (2): 333 –346.

[93] Nourse T H. The missing parts of microfinance: services for consumption

and insurance [R]. SAIS Review, 2001 (21): 61-70.

[94] Paradi J C, Rouatt S, Zhu H. Two-stage evaluation of bank branch efficiency using data envelopment analysis [J]. Omega, 2011, 39 (1): 99-109.

[95] Perera S, Skully M, Wickramanayake J. Bank market concentration and interest spreads: south Asian evidence [J]. International Journal of Emerging Markets, 2010, 5 (1): 23-37.

[96] Pitt M, Khandker S. The impact of group: based credit programs on poor households in bangladesh: does the gender of participants matter? [J]. The Journal of Political Economy, 1998, 106 (5): 958-996.

[97] President's Commission industrial competitiveness, global competition: the new's reality Washington, D. C., U. S. [M]. Government Printing office, 1985: 26.

[98] Rajan R, Zingales L. Debt, folklore, and cross-country differences in financial structure [J]. Journal of Applied Corporate Finance, 1998, 10 (4): 102-107.

[99] Roodman D, Morduch J. The impact of microcredit on the poor in Bangladesh: revisiting the evidence [R]. Center for Global Development, 2009: 174.

[100] Rosenberg R. Does microcredit really help poor people? [R]. CGAP Focus Note, 2010.

[101] Rosenberg, Richard. Micro credit interest rates [J]. CGAP Occasional Paper. 2002: 162-170.

[102] Rousseau P L, Sylla R. Emerging financial markets and early US growth [R]. National bureau of economic research, 1999.

[103] Rousseau P L, Sylla R. Financial systems, economic growth [J]. Social Science Electronic Publishing, 2001: 373-416.

[104] Rousseau P L, Wachtel P. Equity markets and growth: cross-country evidence on timing and outcomes, 1980—1995 [J]. Journal of Banking & Finance, 2000, 24 (12): 1933-1957.

[105] Rousseau P L, Wachtel P. Financial intermediation and economic performance: historical evidence from five industrialized countries [J]. Journal of money, credit and banking, 1998: 657 – 678.

[106] Roy Chowdhury, Probal. Group-lending with sequential financing, contingent renewal and social capital [J]. Journal of Development Economics, 2007, 84 (1): 487 – 506.

[107] Timewell S. The top 1 000 world banks 2006 [J]. The Banker, 2006, (7): 31 – 43.

[108] Schmidt R H, Kropp E, Weires E. Rural finance. Guiding principles [M]. Sonderpublikationen der GTZ (Germany), 1987.

[109] Schreiner M. Aspects of outreach: a framework for discussion of the social benefits of microfinance [J]. Journal of Interational Development, 2002, 14 (5): 591 – 603.

[110] Schreiner M. Credit scoring for microfinance: can it work? [J]. Journal of Microfinance/ESR Review, 2000, 2 (2): 105 – 118.

[111] Schumpeter J. The economic theory of development [M]. Oxford: Oxford University Press, 1912.

[112] Sergio Navajas, Mark Schreiner, Richard L Meyer, et al. Microcredit and the poorest of the poor: theory and evidence from Bolivia [J]. World Development, 2000, 28 (2): 333 – 346.

[113] Sharma M, Zeller M. Repayment performance in group-based credit programs in Bangladesh: an empirical analysis [J]. World Development, 1997, 25 (10): 1731 – 1742.

[114] Sherman H D, Gold F. Bank branch operating efficiency: evaluation with data envelopment analysis [J]. Journal of Banking & Finance, 1985, 9 (2): 297 – 315.

[115] Short H. Managerial ownership and the performance of firms: evidence from the UK [J]. The Journal of Corporate Finance, 1999, 5 (1): 79 – 101.

[116] Sinkey J. Commercial bank management in the financial-services industry

[M]. 4th ed. New York: Macmillan Publishing Co, 1992: 12 – 39.

[117] Steve Boucher. Endowments and credit market performance: an econometric exploration of non-price rationing mechanisms in rural credit markets in Peru [M].[S. l.]: University of California Press, 2002.

[118] Stiglitz J E, Weiss A. Credit rationing in markets with imperfect information [J]. The American economic review, 1981: 393 – 410.

[119] Stiglitz Joseph E. Markets, market failures and development [J]. American Economic Review, 1989 (79): 197 – 203.

[120] Stiglitz Joseph E. Peer monitoring and credit market [J]. The World Bank Economic Review, 1990, 4 (3): 351 – 366.

[121] Stiglitz Joseph E, Weiss Andrew. Credit rationing in market with imperfect information [J]. The American Economic Review, 1981, 71 (3): 393 – 410.

[122] Timothy Besley, Stephen Coate. Group lending, repayment incentives and social collateral [J]. Journal of Development Economics, 1995 (46): 1 – 18.

[123] Unite Nation. Building inclusive financial sectors for development [R]. Unite Nation, Executive Summary, 2006: 1 – 171.

[124] Van Bastelaer. The role of social capital in development: an empirical assessment [M]. New York: Cambridge University Press, 2006.

[125] Westley Glenn D. A tale of four village banking programs: best practices in Latin America [R]. Washington, D. C. : Sustainable Development Department Best Practices Series Working Paper, Inter-American Development Bank, 2004.

[126] William F Steel, et al. Informal financial markets under liberalization in four African countries [J]. World Development, 1997, 25 (5): 817 – 830.

[127] Yaron J. What makes rural finance institutions successful? [J]. The World Bank Research Observer, 1994, 9 (1): 49 – 70.

[128] Yaron Jacob. Successful rural finance institutions [R]. Washington,

D. C.：World Bank Discussin Paper，1992：150.

[129] Yunus, Muhammad. 1999 Banker to the poor：micro-lending and battle against world poverty (USA：Public Affairs).

[130] Zeller M, Meyer R L. The triangle of microfinance：financial sustainability, outreach, and impact [M]. Intl Food Policy Res Inst, 2002.

[131] Zeller M, Schrieder G, Von Braun J, et al. Rural finance for food security for the poor：implications for research and policy. Intl Food Policy Res Inst, 1997.

[132] 安翔. 我国农村金融发展与农村经济增长问题研究 [D]. 杭州：浙江大学，2004.

[133] 巴曙松，刘孝红，牛播坤. 转型时期中国金融体系中的地方治理与银行改革的互动研究 [J]. 金融研究，2005 (5)：25-37.

[134] 保罗·萨缪尔森，萧琛，威廉·诺德豪斯. 宏观经济学 [M]. 北京：华夏出版社，1999.

[135] 曹冰玉，雷颖. 风险特征与预警模型——关于我国新型农村金融组织信贷风险控制的研究 [J]. 长沙铁道学院学报：社会科学版，2010 (3)：21-26.

[136] 曹立群. 农村金融体制改革与农户借贷行为研究 [R]. 课题报告，2000.

[137] 曹胜林. 安徽内生主导型农村金融的发展问题研究 [D]. 合肥：安徽大学，2012.

[138] 曹廷求，郑录军. 我国商业银行效率及其影响因素的实证分析 [J]. 金融研究，2005 (1)：91-101.

[139] 柴瑞娟. 村镇银行股权结构研究 [J]. 法学杂志，2010 (2)：125-127.

[140] 陈福生，李婉丽. 外资银行进入对我国银行业效率的影响——基于商行 2004—2010 年面板数据的经验证据 [J]. 投资研究，2012 (11)：61-75.

[141] 陈洪转，王飞，郑垂勇，等. 基于 BP 网络的银行竞争力综合评价 [J]. 山东科技大学学报：自然科学版，2003 (4)：96-98.

[142] 陈科,宋增基. 战略投资者、公司治理与银行绩效——对中国城市商业银行的实证研究[J]. 金融论坛, 2008 (12): 30-36.

[143] 陈茂林. 我国农村金融发展对农业经济增长的影响[D]. 成都:西南财经大学, 2010.

[144] 陈睿. 农村正规金融与非正规金融合作路径研究[D]. 蚌埠:安徽财经大学, 2012.

[145] 陈曙莲. 推进新型农村金融组织发展,拉动内需[J]. 经济师, 2009 (11): 217-218.

[146] 陈文俊. 农村金融发展对农村经济增长的作用机理——基于内生增长理论的实证研究[J]. 中南林业科技大学学报:社会科学版, 2012 (2): 1-4.

[147] 陈文俊. 农村金融发展对农村经济增长的作用机理研究[D]. 长沙:中南大学, 2011.

[148] 陈晓卫. 我国银行业竞争与银行效率关系研究[J]. 预测, 2012 (2): 13-17.

[149] 陈雄兵,杨莹果,张伟峰. 美国社区银行发展的挑战与前景分析[J]. 亚太经济. 2013 (1): 60-65.

[150] 陈永春,王付彪,阚超. 我国商业银行技术效率与技术进步实证研究(1998—2004)[J]. 金融研究, 2006 (8): 122-132.

[151] 陈梓,姚小义. 小额贷款公司的发展模式及在中国的实践分析[J]. 金融经济, 2011 (2): 18-19.

[152] 谌争勇. 村镇银行发展面临的困境及对策——来自湖南省桃江建信村镇银行的调查与思考[J]. 哈尔滨金融高等专科学校学报, 2010 (1): 33-34.

[153] 成思危. 改革与发展:推进中国的农村金融[M]. 北京:经济科学出版社, 2005.

[154] 程恩江, Abdullahi D Ahmed. 信贷需求:小额信贷覆盖率的决定因素之一[J]. 经济学季刊, 2009 (4): 1391-1401.

[155] 程恩江,刘西川. 小额信贷缓解农行正规信贷配给了吗:来自三个非政府小额信贷项目区的经验证据[J]. 金融研究, 2010 (12):

25-32.

[156] 程昆，潘朝顺，黄亚雄. 农村社会资本的特征、变化及其对农村非正规金融运行的影响 [J]. 农业经济问题，2006（6）：31-35.

[157] 程昆，吴倩，储昭东. 略论我国村镇银行市场定位及发展 [J]. 经济问题，2009（2）：97-99.

[158] 程昆，储昭东，米运生. 商业银行信贷组合信用风险 VaR 估计技术研究 [J]. 上海经济研究. 2009（2）：103-111.

[159] 程万鹏，李好好. 中国农村金融发展与农村经济增长关联性研究——基于 Pagano 模型的实证检验 [J]. 山东省农业管理干部学院学报，2007（1）：35-36.

[160] 迟国泰，王际科，杜娟. 基于灰色系统理论的商业银行竞争力评价模型 [J]. 控制与决策，2006，21（3）：347-351.

[161] 迟国泰，董贺超，杨德，等. 基于 AHP 的国有商业银行竞争力评价研究 [J]. 管理学报，2005（6）：691-695.

[162] 迟国泰，郑杏果，杨中原. 基于主成分分析的国有商业银行竞争力评价研究 [J]. 管理学报，2009（2）：228-233.

[163] 初立苹，粟芳. 中国商业银行资金投入效率及影响因素的实证分析 [J]. 上海金融，2014（6）：31-40.

[164] 褚广璐. 中国政策性银行改革与发展 [J]. 中国市场，2013（33）：89-90.

[165] 崔成伟. 我国农村新型金融机构发展现状探讨 [J]. 中国经贸导刊，2011（10）：41-42.

[166] 戴静，张建华. 金融所有制歧视、所有制结构与创新产出——来自中国地区工业部门的证据 [J]. 金融研究，2013（5）：86-98.

[167] 戴淑庚，廖家玲. 海峡两岸银行业绩效比较研究 [J]. 国际金融研究，2012（10）：85-96.

[168] 邓春宏. 村镇银行设立与管理研究 [D]. 成都：电子科技大学，2010.

[169] 刁莉，黄孝武. 拉美地区小额信贷覆盖深度变化及对我国的启示 [J]. 国际金融研究，2009（10）：34-40.

[170] 董晓林,王娟. 我国农村地区金融发展与经济增长——内生增长模型分析[J]. 南京农业大学学报:社会科学版,2004(4):44-48.

[171] 杜娟,迟国泰,王际科. 基于灰色系统理论的商业银行竞争力评价模型[J]. 控制与决策,2006(3):347-351.

[172] 杜鹃. 商业银行竞争力评价指标体系和方法研究[D]. 大连:大连理工大学,2005:23-45.

[173] 杜楠楠,宗乾进,袁勤俭. 我国管理科学与工程学科研究主题领域及趋势[J]. 情报杂志,2012(12):46-50.

[174] 杜晓山. 江苏小额贷款公司发展中的经验与问题[J]. 农村金融研究,2010(5):31-39.

[175] 杜晓山. 商业化、可持续小额信贷的新发展——德国、阿尔巴尼亚和乌克兰小额信贷的研讨和考察[J]. 中国农村经济,2004(10):23-29.

[176] 杜晓山. 小额信贷的发展与普惠性金融体系框架[J]. 中国农村经济,2006(8):36-42.

[177] 段小丽,王玉春. 印度农村金融体系的发展及借鉴[J]. 西部金融,2010(4):46-47.

[178] 段永瑞,孙丽琴,赵金实. 基于数据包络分析的中国商业银行运作与服务质量效率评价[J]. 中国管理科学,2013(S1):15-19.

[179] 樊雪志,徐小青. 村镇银行试点的成效、问题与建议[J]. 中国农村金融,2010(3):41-44.

[180] 房德东,王坚,霍学喜. 试论我国农村领域的金融抑制问题[J]. 中国农村信用合作. 2004(8):27-28.

[181] 冯庆水,孙丽娟. 农村信用社双重改革目标冲突性分析——以安徽省为例[J]. 农业经济问题,2010(3):78-84.

[182] 付雯雯,唐齐鸣. 商业银行效率、风险与技术进步——基于18家国际大银行的实证分析[J]. 经济管理,2011(3):123-131.

[183] 傅昌銮. 农村中小金融机构绩效研究[D]. 杭州:浙江大学,2013.

[184] 傅利福. 我国商业银行战略引资效应是否被高估——基于外资参股对

商业银行经营效率影响的再思考［J］．财经科学，2014（7）：1-10．

［185］高帆．我国农村中的需求型金融抑制及其解除［J］．中国农村经济．2002（12）：68-72．

［186］高丽平．我国村镇银行发展初探［J］．四川行政学院学报，2007（3）：81-83．

［187］高晓燕，孙晓靓．我国村镇银行可持续发展研究［J］．财经问题研究，2011（6）：96-100．

［188］葛倩倩．我国村镇银行可持续发展问题研究［J］．当代经济管理，2011（5）：81-84．

［189］葛永波，周倬君，马云倩．新型农村金融机构可持续发展的影响因素与对策透视［J］．农业经济问题，2011（12）：48-54．

［190］巩泽昌．农村财政与金融［M］．北京：中国农业出版社，1984．

［191］谷小勇．村镇银行发展亟需解决三个问题［J］．安徽行政学院学报，2010（4）：100-104．

［192］顾洪梅，谢淑萍，温秀玲．中国商业银行风险、收益对效率影响的实证分析——基于动态面板数据的系统GMM估计［J］．社会科学战线，2014（5）：248-250．

［193］顾莉莉．构建国有商业银行全面风险管理体系研究［D］．南京：南京大学，2006：12-16．

［194］管红萍．小额贷款公司发展探讨［J］．现代商贸工业，2009（9）：155-156．

［195］广东省人民政府金融工作办公室．2011年度广东省小额贷款公司监管报告［R］．2012（3）：1-4．

［196］郭建伟，徐宝林．建设金融包容的社会：中国的理想与现实——基于新型农村金融政策的视角分析［J］．农业经济问题，2013（4）：29-35．

［197］郭军．从新型农村金融组织看"草根金融"的发展——以平凉市为例［J］．西部金融，2011（2）：64-65．

［198］郭军．新型农村金融机构可持续发展研究［D］．泰安：山东农业大学，2013．

[199] 郭世辉,康佳楠,张新渊,等. 农户对新型农村金融机构的借贷偏好分析 [J]. 西北大学学报:哲学社会科学版,2011 (3):32-35.

[200] 郭威. 我国银行业结构、竞争与效率的动态关联性研究 [J]. 山西财经大学学报,2013 (9):42-51.

[201] 郭威. 我国银行业效率研究——基于成本和利润效率的动态分析 [J]. 财经问题研究,2013 (8):57-64.

[202] 韩杰. 对构建新型农村金融体系的思考 [J]. 金融与经济,2007 (2):77-78.

[203] 韩俊. 建立普惠型农村金融体系 [J]. 农村金融研究,2009 (11):28-29.

[204] 韩霜. 浅论国有商业银行风险管理机制形成及其发展 [J]. 科学咨询,2011 (19):40-41.

[205] 何广文,李莉莉. 正规金融机构小额信贷运行机制及绩效评价 [M]. 北京:中国财政经济出版社,2005.

[206] 何广文,杨虎锋,张群,等. 商业性小额贷款公司怎么实现对于农户和微小企业的服务?——基于山西永济富平小额贷款公司的案例分析 [J]. 中小企业融资,2011 (1):78-79.

[207] 何广文. 小额贷款公司运作特征及其制度安排 [J]. 小额信贷通讯,2006 (2):29-32.

[208] 何建军. 基于多层次灰色评价法的股份制商业银行竞争力分析 [J]. 商业经济. 2009 (8):67-68.

[209] 何晓群. 多元统计分析 [M]. 北京:中国人民大学出版社,2004.

[210] 何辛锐. 对主发起行控股村镇银行的思考 [J]. 内蒙古金融研究,2013 (7):36-37.

[211] 何志雄. 解决农村供给型金融抑制有效途径 [EB/OL]. [2003-11-02]. 三农数据网.

[212] 洪正. 新型农村金融机构改革可行吗?——基于监督效率视角的分析 [J]. 经济研究,2011 (2):44-58.

[213] 侯锐,董相勇. 基于 DEA 模型的修正——DEA 交叉评价模型评价我国主要商业银行经营效率 [J]. 生产力研究,2012 (8):90-92.

[214] 侯鑫. 我国村镇银行发展的外部环境分析 [J]. 商业文化, 2011 (1): 148-149.

[215] 胡国柳, 蒋国洲. 股权结构、公司治理与企业业绩——来自中国上市公司的新证据 [J]. 财贸研究, 2004 (4): 83-89.

[216] 胡继之. 关于银行规模问题的研究 [J]. 金融研究. 1997 (3): 53-56.

[217] 胡秋灵, 孙瑞霞. 西部小额贷款公司发展中存在的问题及解决对策 [J]. 云南财经大学学报: 社会科学版, 2010 (3): 60-62.

[218] 胡秋灵, 王菲菲. 西部地区村镇银行发展中存在的问题及解决途径 [J]. 农村经济, 2010 (11): 71-74.

[219] 黄达. 金融学 [M]. 北京: 中国人民大学出版社, 2006.

[220] 黄德龙. 中美监管机构对商业银行风险评级的比较研究 [J]. 金融论坛, 2006, (1): 47-52.

[221] 黄兰, 沈根章. 银行竞争力评价 [J]. 农村金融研究, 2002 (4): 37-39.

[222] 黄强. 金融控股与银行生产效率及全要素生产率 [J]. 金融论坛, 2012 (11): 31-37.

[223] 黄宪, 牛慕鸿. 以效率为核心的三层次商业银行竞争力分析框架 [J]. 经济研究参考. 2008, (54): 7-13.

[224] 贾峤, 兰庆高. 基于可持续发展的小额信贷利率研究 [J]. 会计之友, 2010 (3): 46-48.

[225] 江春, 许立成. 内生金融发展: 理论与中国的经验证据 [J]. 财经科学, 2006 (5): 1-8.

[226] 姜波. 我国商业银行竞争力比较模型及实证分析 [J]. 商业研究, 2003, (3): 9-11.

[227] 姜春霞, 姚树洁, 冯根福. 中国银行业效率的实证分析 [J]. 经济研究, 2004 (8): 4-15.

[228] 姜旭朝, 丁昌锋. 民间金融理论分析: 范畴、比较与制度变迁 [J]. 金融研究, 2004 (8) 100-111.

[229] 姜旭朝, 丁昌锋. 民间金融理论与实践 [J]. 经济学动态, 2004,

12：74-77.

[230] 姜烨. 中国金融发展的独特性分析[J]. 财经问题研究, 2004 (2)：23-27.

[231] 焦瑾璞, 杨俊. 小额信贷和农村金融[M]. 北京：中国金融出版社, 2005.

[232] 解晟实, 杨青楠. 基于DEA方法的农村商业银行运营效率评价[J]. 科技与管理, 2011 (1)：112-116.

[233] 兰京. 金融二元结构下我国农村金融发展的研究[J]. 西南民族大学学报：人文社会科学版, 2013 (9)：118-123.

[234] 兰秀文, 杨晨. 内蒙古村镇银行发展存在的问题及解决对策[J]. 经济论坛, 2010 (12)：110-113.

[235] 雷立钧. WTO环境下我国中小商业银行比较优势分析[J]. 财经问题研究, 2002, (8)：33-35.

[236] 黎红梅, 李波. 新型农村金融组织发展存在的问题及建议[J]. 海南金融, 2010 (8)：73-75.

[237] 李成, 秦旭. 股权结构对银行经营业绩的影响分析[J]. 北方经济, 2008 (2)：70-72.

[238] 李丹红. 农村民间金融发展现状与重点改革政策[J]. 金融研究, 2000 (5)：118-125.

[239] 李东卫. 村镇银行发展：理论基础与实证研究[J]. 河南金融管理干部学院学报, 2009 (1)：21-24.

[240] 李佳勋, 李凤菊. 村镇银行发展现状及其存在问题探析[J]. 经济问题探索, 2011 (3)：182-186.

[241] 李建军. 中国未观测信贷规模的变化：1978—2008年[J]. 金融研究, 2010 (4)：40-49.

[242] 李珂. 优化支持新型农村金融机构可持续发展的财政政策研究——以中西部地区为例[J]. 财会研究, 2010 (14)：9-11.

[243] 李莉莉. 新型农村金融机构发展进程与阶段性评价[J]. 金融理论与实践, 2008 (9)：24-27.

[244] 李凌. 村镇银行发展中的制约因素[J]. 中国金融, 2011

(1): 94.

[245] 李敏. 骆驼评价体系与国有商业银行风险管理 [J]. 经济纵横, 2002, (1): 32-34.

[246] 李明贤, 李学文. 对我国农村金融服务覆盖面的现实考量与分析 [J]. 调研世界, 2008 (9): 17-21.

[247] 李明贤, 周孟亮. 我国小额信贷公司的扩张与目标偏移研究 [J]. 农业经济问题, 2010 (12): 58-64.

[248] 李平, 曾勇, 朱晓林. 中国银行业改革对中资银行效率变化的影响 [J]. 管理科学学报, 2013 (8): 47-53.

[249] 李锐, 朱喜. 农户金融抑制及其福利损失的计量分析 [J]. 经济研究, 2007 (2): 146-155.

[250] 李少鹏, 吴嘉晟. 灰色系统模型及其经济问题应用 [J]. 数学的实践与认识, 2008 (1): 65-70.

[251] 李树生. 关于我国农村政策性金融发展的思考 [J]. 财贸经济, 1999 (1): 35, 51-55.

[252] 李维安, 曹廷求. 股权结构、治理机制与城市银行绩效——来自山东、河南两省的调查证据 [J]. 经济研究, 2004 (12): 4-15.

[253] 李文华, 王自锋. 两岸商业银行效率的 DEA 比较分析 [J]. 经济经纬, 2011 (6): 141-145.

[254] 李文佶, 贺晓波. 建立商业银行系统空间意志模型研究银行竞争力 [J]. 金融论坛, 2005 (6): 9-13, 62.

[255] 李希义. 我国商业银行业的全要素生产率测算和增长因素分析 [J]. 中央财经大学学报, 2013 (9): 19-25.

[256] 李喜梅, 林素媚, 陈银芳. 我国新型农村金融机构会履行社会责任吗——基于博弈论视角的分析 [J]. 贵州财经学院学报, 2009 (6): 56-60.

[257] 李小鹤. 农村金融组织运行效率比较: 地下钱庄、小贷公司与村镇银行 [J]. 改革, 2013 (4): 57-65.

[258] 李晓春, 崔淑卿. 汇丰村镇银行贷款模式的探讨及借鉴 [J]. 经济体制改革, 2010 (2): 107-111.

[259] 李晓春,崔淑卿. 我国村镇银行建设进展缓慢的原因及对策 [J]. 经济纵横,2010 (3):82-86.

[260] 李晓佳. 发展经济体中的合会金融:台湾的经验 [J]. 中国农村观察,2005 (2):13-24.

[261] 李亚亚. 小额贷款公司运行机制及其效率评价 [D]. 杭州:浙江工商大学,2010 (12):33-43.

[262] 李扬. 中国城市金融生态研究——初步分析 [J]. 福建金融,2005 (7):4-7.

[263] 李毓,关于构建农村金融生态环境的思考 [J]. 经济纵横,2007 (7):34-36.

[264] 李毓. 我国农村金融生态失衡的表现及其矫正 [J]. 农村经济,2007 (8):70-73.

[265] 李元旭,黄岩,张向菁. 中国国有商业银行与外资银行竞争力比较研究 [J]. 金融研究,2000 (3):47-56.

[266] 李振静,鲁登荣. 基于因子分析法的2009年上市银行竞争力分析 [J]. 金融经济. 2010 (10):100-102.

[267] 联合研究组. 中国国际竞争力发展报告 (1997) ——产业结构主体研究 [M]. 北京:中国人民大学出版社,1998.

[268] 梁邦海,黄顺绪. 金融危机下我国农村金融市场:现状、机遇与发展对策 [J]. 西安电子科技大学学报:社会科学版. 2009 (3):37-43.

[269] 梁慧贤,简俭敏,江淮安,等. 中国大型商业银行跨国并购及其效率影响 [J]. 金融论坛,2011 (12):29-36.

[270] 梁静雅,王修华,杨刚. 农村金融增量改革实施效果研究 [J]. 农业经济问题,2012 (3):22-28.

[271] 林毅夫. 制度、技术与中国农业发展 [M]. 上海:上海三联书店,1993.

[272] 刘东. 基于DEA方法的我国商业银行效率实证研究 [D]. 苏州:苏州大学,2009:5-18.

[273] 刘汉涛. 对我国商业银行效率的测度:DEA方法的应用 [J]. 经济

科学，2004（6）：48-58.

［274］刘姣华. 利率市场化的风险防范与现实应对：村镇银行个案［J］. 改革，2014（1）：61-68.

［275］刘静，张姗. 浅论民间金融的规范性发展途径［J］. 会计师，2011，3：102-103.

［276］刘黎平. 我国商业银行并购绩效研究［J］. 生产力研究，2013（6）：44-46.

［277］刘亮. 农村商业性金融机构的改革与发展：基于江苏省某村镇银行的分析［J］. 农业经济问题，2011（12）：55-59.

［278］刘仁伍. 新农村建设中的金融问题［M］. 北京：中国金融出版社，2006.

［279］刘胜会. 对我国商业银行规模经济的理论与实证研究［J］. 金融论坛，2006，11（6）：9-13.

［280］刘文璞. 非政府小额信贷组织的可持续发展［M］. 北京：社会科学文献出版社，2005.

［281］刘雯丽. 构建中国农村金融体系研究［D］. 西安：西北大学，2007.

［282］刘西川，程恩江. 贫困地区农户的正规信贷约束：基于配给机制的经验考察［J］. 中国农村经济，2009，（6）：37-50.

［283］刘晓亮. 我国商业银行核心竞争力实证研究［D］. 长沙：中南大学，2007：9-18.

［284］刘艳春，赵一，胡微娜，等. 基于超效率数据包络分析模型的海外并购绩效——金融危机后的行业数据检验［J］. 经济与管理研究，2013（3）：61-66.

［285］刘毅，王颖. 城市商业银行跨区域经营对其绩效的影响［J］. 金融论坛，2012（9）：73-77.

［286］卢钦. 从新农村建设看人民银行县支行的作用发挥与职能定位［J］. 浙江金融，2010（5）：25-26.

［287］芦锋，刘维奇，史金凤. 我国商业银行效率研究——基于储蓄新视角下的网络DEA方法［J］. 中国软科学，2012（2）：174-184.

[288] 芦锋, 史金凤. 投入产出对我国商业银行效率的影响分析——基于网络 DEA 和面板数据分析方法 [J]. 山西大学学报: 哲学社会科学版, 2013 (6): 94-100.

[289] 鲁园芳. 我国小额贷款公司发展问题研究 [J]. 商业文化, 2011 (4): 155.

[290] 陆磊. 资金体外循环与银行业扩张的不可持续性 [J]. 南方金融, 2011 (5): 1-14.

[291] 罗荷花, 李明贤. 农村资金互助社试点中的问题及对策 [J]. 湖南农业大学学报: 社会科学版, 2008 (6): 40-42.

[292] 罗瑞敏, 田杨. 基于结构方程模型的商业银行竞争力研究 [J]. 商场现代化, 2009 (5): 347.

[293] 罗伟浩, 周天芸. 农村小额信贷业务绩效的实证研究——基于广东茂名的数据 [J]. 金融理论与实践, 2011 (5): 22-27.

[294] 罗毅, 陈远杰, 张宗成. 构建我国新型农村合作金融的基本思路 [J]. 农村经济, 2006 (2): 52-54.

[295] 马晓河, 蓝海涛. 当前我国农村金融面临的困境与改革思路 [J]. 中国金融, 2003 (11): 12-14.

[296] 马永强. 中国农户融资现状与民间借贷偏好分析——来自全国农户借贷调查问卷 [J]. 经济学家, 2011, 150 (6): 28-37.

[297] 马勇, 陈雨露. 作为"边际增量"的农村新型金融机构: 几个基本问题 [J]. 经济体制改革, 2010 (1): 117-121.

[298] (美) 迈克尔·波特. 竞争优势 [M]. 陈小悦, 译. 北京: 华夏出版社, 1997.

[299] 年志远, 马宁. 我国新型农村金融机构制度安排的缺陷及其完善 [J]. 经济纵横, 2009 (9): 86-88.

[300] 潘广恩. 小额贷款公司可持续发展制度设计 [J]. 中国金融, 2010 (9): 41-43.

[301] 潘林. 安徽省两个农民资金互助社的调查与思考 [J]. 乡镇经济, 2008 (11): 20-24.

[302] 潘秀, 王雷. 西北地区城市商业银行效率分析——基于 DEA 和

Malmquist 指数法的实证研究 [J]. 宁夏社会科学, 2012 (3): 44-49.

[303] 潘彦. 基于因子分析的中国股份制商业银行竞争力评价 [J]. 中国集体经济. 2010 (30): 91-92.

[304] 彭文平, 肖继辉. 非正规金融的成长: 社会转型角度的分析 [J]. 财经研究, 2008, 323 (10): 87-98.

[305] 钱水土, 夏良圣, 蔡晶晶. 小额贷款公司: 现状、困境与出路——浙江案例研究 [J]. 上海金融, 2009 (9): 78-81.

[306] 乔安娜·雷格伍德. 小额金融信贷手册: 金融业和公司运作的透视与展望 [M]. 马小丁, 译. 北京: 中华工商联合出版社, 2001.

[307] 乔海曙. 农村经济发展中的金融约束及解除 [J]. 农业经济问题, 2001 (3): 19-23.

[308] 乔娟. 西部农村新型金融机构运行机制初探——以甘肃省为例 [J]. 广东农业科学, 2010 (3): 298-300.

[309] 曲小刚, 罗剑朝. 大型商业银行培育村镇银行的绩效考察——以中国建设银行为例 [J]. 金融论坛, 2013 (2): 68-72.

[310] 冉光和, 温涛, 李敬. 中国农村经济发展的金融约束效应研究 [J]. 中国软科学, 2008, 211 (7): 27-37.

[311] 阮勇. 村镇银行发展的制约因素及改善建议——从村镇银行在农村金融市场中的定位入手 [J]. 农村经济, 2009 (1): 55-57.

[312] 阮勇. 村镇银行发展的制约因素及改善建议——从村镇银行在农村金融市场中的定位入手 [J]. 农村经济, 2009 (1): 55-57.

[313] 上官飞, 舒长江. 基于因子分析的中国商业银行绩效评价 [J]. 经济问题, 2011 (1): 109-111.

[314] 沈杰, 马九杰. 我国新型农村金融机构发展状况调查 [J]. 经济纵横, 2010 (6): 75-79.

[315] 施东晖. 股权结构、公司治理与绩效表现 [J]. 世界经济, 2000 (12): 37-44.

[316] 石涛, 邱兆祥, 张爱武. 商业银行技术效率与市场结构: 一个动态视角 [J]. 管理世界, 2012 (9): 172-173.

[317] 时乐乐,赵军. 中国上市商业银行效率及影响因素实证研究 [J]. 经济体制改革,2013 (2): 145 – 149.

[318] 史金凤,张信东,杨威,等. 基于 Bootstrap 网络 DEA 改进方法的银行效率测度 [J]. 山西大学学报:哲学社会科学版,2012 (5): 128 – 134.

[319] (美) 戈德史密斯. 金融结构与金融发展 [M]. 上海:上海三联书店,上海人民出版社,1994.

[320] 史清琪,张于喆. 国外产业国际竞争力评价理论与方法 [J]. 宏观经济研究,2001 (2).

[321] 宋汉光. 从三类机构的运营效果比较看小额贷款公司的可持续发展 [J]. 浙江金融,2010 (12): 6 – 9.

[322] 宋彦峰. 新型农村合作金融组织发展的制度研究 [J]. 南方金融,2010 (3): 57 – 59.

[323] 苏武康. 中国上市公司股权集中度与公司绩效实证研究 [J]. 经济体制改革,2003 (3): 111 – 114.

[324] 孙红彦,吴书广,赵涛. 基于因子分析法的我国商业银行综合业绩评价 [J]. 金融发展研究,2010 (2): 58 – 61.

[325] 孙金岭. 我国上市商业银行效率实证分析 [J]. 统计与决策,2013 (10): 176 – 178.

[326] 孙秀峰. 基于参数法的中国商业银行效率评价研究 [D]. 大连:大连理工大学,2006: 33 – 37.

[327] 孙永祥,黄祖辉. 上市公司的股权结构与绩效 [J]. 经济研究,1999 (12): 23 – 30.

[328] 孙勇. 跨区扩张对我国城市商业银行的影响——基于效率视角 [J]. 中央财经大学学报,2014 (2): 38 – 43.

[329] 孙玉华,曾庆铎. 二阶段网络系统的全局 DEA 模型 [J]. 统计与决策,2014 (11): 43 – 46.

[330] 谭兴民,宋增基,杨天赋. 中国上市银行股权结构与经营绩效的实证分析 [J]. 金融研究,2010 (11): 144 – 154.

[331] 谭中明. 我国商业银行效率分析 [J]. 中国软科学,2002 (3):

19，35-37.

[332] 汤敏. 中国金融论坛［M］. 北京：社会科学文献出版社，2008.

[333] 唐天伟，余青，潘岳萍. 次贷危机背景下中国商业银行技术效率及生产率变化的比较研究［J］. 上海经济研究，2013（3）：13-22.

[334] 唐艳桂，陈树生. 基于因子分析的上市商业银行的竞争力评价［J］. 中小企业管理与科技，2010（1）：50-51.

[335] 陶永诚. 小额信贷运行机制研究：基于小额信贷正规化的思考［J］. 中央财经大学学报，2010（1）：39-44.

[336] 藤本隆宏. 生产系统的进化论［M］. 北京：经济日报出版社，1997.

[337] （美）托马斯·梅耶，等. 货币、银行与经济［M］. 洪文军，林志军，等，译. 上海：上海三联书店，上海人民出版社，1994.

[338] 汪淳，程昆. 小额贷款公司运行机制及其绩效分析——基于揭阳市实证分析［C］. 沈阳：2011年中国农村金融发展论坛论文集，2011（9）：28.

[339] 王爱俭. 发展我国社区银行的模式选择［J］. 金融研究，2005（11）：130-137.

[340] 王爱俭. 中国社区银行发展模式研究［M］. 北京：中国金融出版社，2006.

[341] 王陈叶，等. 区域竞争力理论与［M］. 北京：航空工业出版社，2000.

[342] 王赫一，张屹山. 两阶段DEA前沿面投影问题研究——兼对我国上市银行运营绩效进行评价［J］. 中国管理科学，2012（2）：114-120.

[343] 王洪斌. 中小金融机构研究：基于小额贷款公司发展的实践分析［J］. 生产力研究，2009（12）：63-66.

[344] 王辉. 优化农村金融生态环境，建设社会主义新农村［J］. 生态经济，2006（12）：121-123.

[345] 王辉. 中国商业银行核心竞争力研究［D］. 湘潭：湘潭大学，2008：12-23.

[346] 王际科. 基于灰色系统理论的商业银行竞争力评价模型 [D]. 大连: 大连理工大学, 2005: 8-22.

[347] 王佳, 高莹. 基于改进 DEA 模型的城市商业银行效率实证研究 [J]. 东北大学学报: 自然科学版, 2012 (12): 1786-1789.

[348] 王骞, 王满仓. 陕西省农村小额贷款公司的盈利性研究——基于九个小额贷款公司的实证分析 [J]. 西安电子科技大学学报: 社会科学版, 2011, 21 (3): 36-41.

[349] 王建英, 王秀芳. 建立新型农村金融机构风险评价指标体系的探讨 [J]. 广东农业科学, 2010 (4): 306-309.

[350] 王健安. 论村镇银行法人治理结构的问题与对策 [J]. 宏观经济研究, 2010 (6): 54-57.

[351] 王杰. 小额贷款公司运行效率实证分析——以黑龙江省为例 [J]. 经济研究导刊, 2010 (8): 111-112.

[352] 王丽, 魏煜. 中国商业银行效率研究: 一种非参数的分析 [J]. 金融研究, 2000 (3): 88-96.

[353] 王丽, 章锦涛. 股权结构与中国股份制商业银行绩效的实证研究 [J]. 生产力研究, 2005 (10): 76-78.

[354] 王莉, 李勇, 王满仓. 中国商业银行 SBM 效率实证分析——基于修正的三阶段 DEA 模型 [J]. 上海经济研究, 2012 (6): 3-14.

[355] 王玲, 谢玉梅, 胡基红. 我国农村商业银行效率及其影响因素分析 [J]. 财经论丛, 2013 (5): 53-58.

[356] 王寿春. 挫败、迷失与转折: 民间资本运行态势研究——以浙江民营资本为例 [J]. 学术研究, 2011, 315 (2): 60-66.

[357] 王曙光, 邓一婷. 民间金融扩张的内在机理、演进路径与未来趋势研究 [J]. 金融研究, 2007, 324 (6): 69-79.

[358] 王曙光, 邓一婷. 民间金融内生成长机制与政府规制研究 [J]. 农业经济问题, 2009 (3): 47-51, 111.

[359] 王曙光. 产权和治理结构约束、隐性担保与村镇银行信贷行为 [J]. 经济体制改革, 2009 (3): 76-79.

[360] 王曙光. 村庄信任、关系共同体与农村民间金融演进——兼评胡必

亮等著《农村金融与村庄发展》[J]. 中国农村观察, 2007, 76 (4)：75-79.

[361] 王曙光. 民间小额信贷的风险控制、制度创新与内部治理：昭乌达模式研究 [J]. 中共中央党校学报, 2009 (5)：16-21.

[362] 王曙光. 民间信用扩张进程及其政府谨慎甄别 [J]. 改革, 2008, 172 (6)：66-72.

[363] 王玮, 何广文. 社区规范与农村资金互助社运行机制研究 [J]. 农业经济问题, 2008 (9)：23-28.

[364] 王文卓. 我国商业银行股改效率评价与影响因素分析——基于DEA超效率模型和Tobit回归模型 [J]. 上海金融, 2013 (5)：38-41.

[365] 王晓蓉, 于晓虹. 熵值法及其在商业银行绩效评价中的应用 [J]. 商业研究. 2005 (17)：70-72.

[366] 王晓燕, 我国村镇银行发展存在的问题及对策 [J]. 商业时代, 2009 (21).

[367] 王新永. 基于两阶段超DEA模型的商业银行效率研究 [D]. 重庆：重庆大学, 2008：21-33.

[368] 王修华, 贺小金, 何婧. 村镇银行发展的制度约束及优化设计 [J]. 农业经济问题, 2010 (8)：57-62.

[369] 王学忠. 新型农村金融机构注册资本额制度的反思与重构——以注册资本的功能为视角 [J]. 农村经济, 2010 (5)：59-63.

[370] 王懿. 我国国有商业银行核心竞争力研究——以中国建设银行为例 [D]. 上海：上海财经大学, 2008：4-12.

[371] 王宇琳. 广东省小额贷款公司发展中存在的问题与对策研究 [J]. 南方农村, 2010 (3)：62-63.

[372] 王煜宇. 新型农村金融服务主体与发展定位：解析村镇银行 [J]. 改革, 2012 (4)：116-123.

[373] 王卓. 农村小额信贷利率及其需求弹性 [J]. 中国农村经济, 2007 (6)：35-38.

[374] 魏巍. 中国商业银行营销关键成功因素初探——以中国光大银行为例 [D]. 北京：北京大学, 2008：22-25.

[375] 吴晨. 我国上市商业银行效率测度及影响因素分析——基于 DEA 的实证分析 [J]. 山西财经大学学报, 2011 (11): 47-54.

[376] 吴国联. 村镇银行可持续发展样本研究——以温州市为例 [J]. 中国金融, 2011 (2): 50-52.

[377] 吴剑. 我国中小商业银行竞争力分析 [J]. 江苏科技信息, 2010 (12): 73-75.

[378] 吴明隆. SPSS 统计应用实务 [M]. 北京: 中国铁道出版社, 2000.

[379] 吴庆田. 金融效率视角下的农村金融生态环境优化研究 [D]. 长沙: 中南大学, 2011.

[380] 吴少新, 李建华, 许传华. 基于 DEA 超效率模型的村镇银行经营效率研究 [J]. 财贸经济, 2009 (12): 23-28.

[381] 吴松. 我国商业银行竞争力评价分析 [D]. 天津: 南开大学, 2009: 6.

[382] 吴晓灵, 焦瑾璞, 等. 2010 中国小额信贷蓝皮书 [M]. 北京: 中国人民银行研究生部, 2011.

[383] 张金清, 吴有红. 外资银行进入水平影响商业银行效率的"阈值效应"分析——来自中国商业银行的经验证据 [J]. 金融研究, 2010 (6): 60-74.

[384] 吴占权. 新型农村金融机构的贷款定价问题探讨 [J]. 农村经济, 2009 (10): 69-72.

[385] 吴治成, 王吉恒. 农村新型金融组织风险管理研究 [J]. 安徽农业科学, 2012 (26): 13138-13140.

[386] 伍虹儒, 陈向东. 可持续经营下村镇银行信贷利率实证研究 [J]. 北京航空航天大学学报: 社会科学版. 2010 (1): 61-63.

[387] 武晓芬, 邱文静. 村镇银行普惠性信贷资金运行效率以及扶贫效益的提高与创新——以云南省为例 [J]. 经济问题探索, 2011 (12): 168-173.

[388] 武晓芬, 屠强, 齐玲, 等. 从云南昭通昭阳富滇村镇银行看我国村镇银行未来发展 [J]. 经济问题探索, 2010 (12): 160-164.

[389] 西南财经大学金融学院课题组, 阮小莉. 新型农村金融机构可持续

发展探讨［J］. 改革与战略, 2011（4）: 80-82.

[390] 奚尊夏. 新型农村微小金融组织发展框架与发展路径研究——以台州为例［J］. 浙江金融, 2011（1）: 52-57.

[391] 席慧波. 我国上市商业银行的竞争力研究［D］. 南京: 南京航空航天大学, 2010: 3-36.

[392] 萧芍芳. 台湾合会经验及其对中国大陆的启示［J］. 中国农村经济, 2005（8）: 68-72.

[393] 谢朝华, 罗琼. 中国银行业技术效率与组织结构间相关性分析［J］. 财经问题研究, 2011（10）: 47-51.

[394] 谢朝华, 卿杨. 我国商业银行的X-效率及其影响因素的实证研究: 2001—2009年［J］. 财经理论与实践, 2011（5）: 15-19.

[395] 谢军. 股利政策、第一大股东和公司成长性: 自由现金流理论还是掏空理论［J］. 会计研究, 2006（4）: 51-57.

[396] 谢平. 中国农村信用合作社体制改革的争论［J］. 金融研究, 2001（1）: 1-13.

[397] 谢小蓉. 我国村镇银行发展的三元机制及其创新［J］. 重庆社会科学, 2008（12）: 100-106.

[398] 谢勇模. 是市场准入, 还是计划准入?——全国11家农村资金互助社的背景调查［J］. 银行家, 2009（9）: 23.

[399] 谢振山. 村镇银行应明确经营思路［J］. 中国金融, 2011（5）: 95.

[400] 熊芳. 微型金融机构使命漂移的文献综述［J］. 金融发展与研究, 2011（7）: 23-27.

[401] 徐沈. 中国新型农村金融组织发展研究［D］. 北京: 中共中央党校, 2012.

[402] 徐晓东. 对"大股东变更、公司治理与公司绩效——来自中国上市公司的经验数据"的评论［J］. 中国会计评论, 2005（1）: 197-202.

[403] 徐信艳, 马晓青. 村镇银行发展的瓶颈及对策建议［J］. 上海农村经济, 2010（12）: 30-32.

[404] 徐瑜青，杨露静，周吉帅. 小额贷款公司运营现状及问题 [J]. 农村经济，2010（1）：70-74.

[405] 徐瑜青，周吉帅，刘冬. 村镇银行问题调查与研究 [J]. 农村经济，2009（4）：55-59.

[406] 徐元明. 加强引导，促进农民资金互助社健康发展——盐城市三个农民资金互助社的调查与思考 [J]. 江苏商论，2007（11）：174-176.

[407] 徐忠，程恩江，张雪春. 中国贫困地区农村金融发展研究 [M]. 北京：中国金融出版社，2009.

[408] 薛春芳，徐天. 我国商业银行经营机制改革方向研究——从银行竞争力比较角度的剖析 [J]. 金融经济，2006（12）.

[409] 薛华溢，吴青. 我国银行机构效率评价——基于DEA方法的实证研究 [J]. 经济经纬，2012（4）：141-145.

[410] 闫俊. 基于因子分析的中信银行竞争力评价研究 [D]. 大连：大连理工大学，2007：4-23.

[411] 闫天兵，沈丽. 基于因子分析法的中外商业银行盈利能力比较研究 [J]. 金融发展研究，2009（4）：57-60.

[412] 闫英. 商业银行竞争力的财务评价及提升策略 [D]. 大连：东北财经大学，2007.

[413] 严昀镝. 我国农村小额贷款公司发展的风险分析 [J]. 天府新论，2009：84-85.

[414] 王松奇，刘煜辉，欧明刚，等. 2010中国商业银行竞争力评价报告（摘要）[J]. 银行家，2010（8）：10.

[415] 羊震，陈洪转，郑垂勇. 基于DEA模型的商业银行效率评价研究 [J]. 河海大学学报：自然科学版，2005（5）：598-601.

[416] 杨骏. 我国农村金融的覆盖面和可持续性：一个系统性回顾和评价 [J]. 金融与经济，2007（2）：14-19.

[417] 杨童舒. 基于DEA的中国政策性银行经营效率研究 [J]. 中国国情国力，2012（4）：20-21.

[418] 杨照南，王延庆. 民间信用的另一种形式——摇会 [J]. 金融研究，1986（1）：54-56.

[419] 姚璐,杨东. 我国村镇银行规模问题的研究[J]. 金融经济,2010(20):43-45.

[420] 姚树洁,冯根福,姜春霞. 中国银行业效率的实证分析[J]. 经济研究,2004,(8):4-15.

[421] 叶茜茜. 影响民间金融利率波动因素分析——以温州为例[J]. 经济学家,2011,149(5):66-73.

[422] 叶兴庆. 确保农业的持续增长是关键[J]. 中国农村经济. 1998(5):13-14.

[423] 衣桃. 我国商业银行竞争力评价研究[D]. 沈阳:东北大学,2008:11-18.

[424] 殷本杰. 金融约束:新农村建设的金融制度安排[J]. 中国农村经济,2006(6):38-42.

[425] 殷克东,赵昕,薛俊波. 基于DEA的商业银行竞争力分析[J]. 数量经济技术经济研究,2002(9):84-87.

[426] 殷雷. 从波特竞争力理论分析中国商业银行的竞争力[J]. 新金融,2002(4):4-5.

[427] 尹宗成,丁日佳. 基于财务视角的上市商业银行竞争力评价研究[J]. 统计教育,2008(2):33-35.

[428] 应宜逊. 关于加快村镇银行健康发展的几点建议[J]. 上海金融,2009(12):35-37.

[429] 于转利,赵国栋. 西部小额信贷机构效率分析——16个样本比较[J]. 开发研究,2011(3):102-106.

[430] 余祖德,陈俊芳. 企业竞争力来源的理论综述及评述[J]. 科技管理研究,2009(6):349-351.

[431] 俞姣. 我国上市银行效率及影响因素研究[D]. 杭州:浙江工商大学,2008:5-23.

[432] 虞晓雯,雷明,王其文,等. 中国商业银行效率的实证分析(2005—2011)——基于时间序列回归和随机DEA的机会约束模型[J]. 中国管理科学,2012:356-362.

[433] 张邦巨. 台湾的金融业概况[J]. 金融研究,1981(8):47-50.

[434] 张德元, 张亚军. 关于农民资金互助合作组织的分析与思考 [J]. 调研世界, 2007 (10): 13-17.

[435] 张福海. 提升我国银行业竞争力探析 [J]. 河南金融管理干部学院学报, 2003 (4): 46-48.

[436] 张恒, 周中林, 肖祎平. 低碳经济下我国商业银行绿色管理效率的实证分析——基于组合 DEA 模型 [J]. 上海财经大学学报, 2014 (2): 43-50.

[437] 张红宇. 中国农村金融组织体系:绩效、缺陷与制度创新 [J]. 中国农村观察, 2004 (2): 25-29.

[438] 张建杰. 农户社会资本及对其信贷行为的影响——基于河南省 397 户农户调查的实证分析 [J]. 农业经济问题, 2008 (9): 28-34.

[439] 张健华. 我国商业银行效率研究的 DEA 方法及 1997—2001 年效率的实证分析 [J]. 金融研究, 2003 (3): 11-25.

[440] 张金昌. 国际竞争力评价的理论与方法研究 [D]. 北京: 中国社会科学院研究生院, 2001: 7-34.

[441] 张磊. 商业银行核心竞争力问题研究 [J]. 生产力研究, 2004, (1): 82-84.

[442] 张立华. 新型农村金融服务业发展障碍与对策研究 [J]. 财会月刊, 2011 (6): 49-50.

[443] 张岭, 张胜, 王情, 等. 基于监管要求和商业模式视角的中国银行业经营效率研究 [J]. 软科学, 2014 (9): 65-68.

[444] 张曼. 我国新型农村银行业金融机构的风险管理——基于农户声誉机制的思考 [J]. 山东社会科学, 2009 (6): 128-131.

[445] 张梅. 我国中小商业银行竞争力研究 [D]. 上海: 上海社会科学院, 2009: 3-14.

[446] 张儒雅. 村镇银行发展的 SWOT 分析及其可持续发展策略 [J]. 河南商业高等专科学校学报, 2011 (1): 63-66.

[447] 张润林. 微型金融研究文献综述 [J]. 经济学动态, 2009 (4): 133-136.

[448] 张守凤, 乐菲菲, 李丽华. 层次分析法在商业银行竞争力评价中的

应用 [J]. 统计与决策, 2003 (2): 61-62.

[449] 张燕, 郑鸣. 中国银行业效率的实证研究 [J]. 厦门大学学报: 哲学社会科学版, 2004 (6): 106-114.

[450] 张洋. 中国银行业效率的动态实证分析 [J]. 金融论坛, 2011 (12): 51-56.

[451] 张翼飞. 我国商业银行竞争力研究 [D]. 郑州: 郑州大学, 2011: 4-9.

[452] 张迎春, 张璐. 农村中小金融机构差别监管的内在机理: 由村镇银行生发 [J]. 改革, 2012 (5): 54-59.

[453] 张颖. 中国股份制商业银行竞争力比较研究 [D]. 郑州: 郑州大学, 2007: 3-18.

[454] 张勇, 李冬, 周丹. 城区支行与县域支行资源配置效率研究 [J]. 金融论坛, 2013 (3): 73-79.

[455] 张元教, 顾海军, 陈洪转. 基于BP网络的商业银行贷款风险评价 [C]. 北京: 第7届全国青年管理科学与系统科学学术会议, 2003.

[456] 张召龙. 外资银行进入与我国商业银行效率的关系研究——基于DEA与面板数据综合分析 [J]. 经济经纬, 2013 (4): 156-160.

[457] 张正平. 微型金融机构双重目标的冲突与治理: 研究进展述评 [J]. 经济评论, 2011 (5): 139-144.

[458] 章晟, 杜灵青. 信贷调控对商业银行效率影响的实证研究 [J]. 中南财经政法大学学报, 2013 (3): 100-106.

[459] 赵丙奇, 杨丽娜. 村镇银行绩效评价研究——以浙江省长兴联合村镇银行为例 [J]. 农业经济问题, 2013 (8): 56-61.

[460] 赵冬青, 王树贤. 我国村镇银行发展现状的实证研究 [J]. 农村经济, 2010 (7): 77-81.

[461] 赵嵘. 我国商业银行绩效评价体系研究 [J]. 经济论坛, 2005 (23): 117-119.

[462] 赵瑞红. 我国商业银行竞争力评价指标的评析与构建 [J]. 统计与决策, 2002 (5): 10.

[463] 赵昕, 薛俊波, 殷克东. 基于DEA的商业银行竞争力分析 [J].

数量经济技术经济研究. 2002（9）：84-87.

[464] 赵旭. 国有商业银行效率的实证分析［J］. 经济科学，2000（6）：45-50.

[465] 赵岩青，何广文. 声誉机制、信任机制与小额信贷［J］. 金融论坛，2008（1）：33-44.

[466] 郑风田，郎晓娟. 小额信贷"株连制"模式研究述评［J］. 经济学动态，2009（5）：48-52.

[467] 郑鸣，段梅，陈福生. 中国银行业资本效率的实证分析［J］. 金融论坛，2013（4）：32-40.

[468] 郑先炳. 西方商业银行最新发展趋势［M］. 北京：中国金融出版社，2001.

[469] 郑振龙，林海. 民间金融的利率期限结构和风险分析：来自标会的检验［J］. 金融研究，2005，4：133-143.

[470] 中国人民银行、中国银行业监督管理委员会. 关于村镇银行、贷款公司、农村资金互助社、小额贷款公司有关政策的通知. 银发〔2008〕137号.

[471] 中国人民银行赤峰市中心支行课题组. 优势互补与有序竞争：村镇银行、村资金互助社、小额贷款公司比较［J］. 农村金融，2009（4）：26-29.

[472] 中国人民银行合肥中心支行课题组，汪昌桥. 安徽省农村资金互助社发展的实践与思考［J］. 中国金融，2008（2）：65-67.

[473] 中国人民银行银川中心支行课题组，刘艳. 新型农村金融组织的可持续性发展研究——以宁夏为例［J］. 西部金融，2010（10）：10-12.

[474] 周春喜. 商业银行经营绩效综合评价研究［J］. 数量经济技术经济研究，2003（12）.

[475] 周华林. 中小股份制商业银行竞争力分析［J］. 重庆交通大学学报：社会科学版，2010（1）：46-53.

[476] 周立，戴志敏. 中小商业银行竞争力与发展［M］. 北京：中国社会科学出版社，2003.

[477] 周孟亮，李明贤，孙良顺. "资金"与"机制"：中国小额信贷发

展的关键 [J]. 经济学家, 2012 (11): 94-101.

[478] 周汝卓. 我国银行业经营效率的实证研究 [J]. 统计与决策, 2013 (9): 162-165.

[479] 周四军, 胡瑞, 王欣. 我国商业银行效率 DEA 测评模型的优化研究 [J]. 财经理论与实践, 2012 (6): 17-21.

[480] 周天芸, 罗伟浩. 农村小额信贷业务绩效的实证研究——基于广东茂名的数据 [J]. 金融理论与实践, 2011 (5): 22-27.

[481] 周小川. 保持金融稳定 防范道德风险 [J]. 金融研究. 2004 (4): 1-7.

[482] 周小川. 法治金融生态 [J]. 中国经济周刊, 2005 (3): 11.

[483] 周忠宝, 吕思雅, 马超群, 等. 存在保证域的模糊超效率 DEA 模型 [J]. 中国管理科学, 2011 (6): 156-162.

[484] 朱锋, 钱水土. 经济发展水平、所有权与银行效率——来自东南亚的经验 [J]. 浙江学刊, 2007 (3): 179-184.

[485] 朱海城. 定位、吸存与治理结构: 我国村镇银行发展研究 [J]. 会计之友, 2011 (23): 27-28.

[486] 朱乾宇. 微型金融的经济和社会效应研究评述 [J]. 经济学动态, 2011 (4): 120-125.

[487] 朱乾宇. 小额信贷的影响评价: 理论模型和实证分析 [J]. 武汉金融, 2007 (11): 52-54.

[488] 朱信凯, 刘刚. 二元金融体制与农户消费信贷选择——对合会的解释与分析 [J]. 经济研究, 2009 (2): 43-55.

[489] 祝继高, 饶品贵, 鲍明明. 股权结构、信贷行为与银行绩效——基于我国城市商业银行数据的实证研究 [J]. 金融研究, 2012 (7): 48-62.

附 件 一

涉农金融机构调研问卷（20140327）：银行调研问卷

欢迎参加本次答题。为了解当前中国村镇银行的经营情况和市场现状，华南农业大学经济管理学院农村金融课题小组发起了本次调研。贵行被邀请为此次调研对象，恳请您真实填写以下问卷。本次调查所得数据仅作学术研究所用，并对受访者的私人信息保密，请您放心填写，您的回答将给予我们研究项目很大的帮助，衷心感谢您的支持与合作。

一、基本信息

1. 贵银行所在地。（下拉填空题 *必答）
   省份　　　　　　　城市　　　　　　　区/县
2. 银行名称（全称）。（填空题 *必答）
   _____
3. 银行级别。（单选题 *必答）
   ○ A 总行　　　　○ B 一级分行　　　　○ C 二级分行
   ○ D 一级支行　　○ E 二级支行
4. 成立/开业时间。（下拉填空题 *必答）
   年　　　　　　　月　　　　　　　日
5. 注册金额是多少？（单位：百万元人民币）（填空题 *必答）
   _____
6. 股东总数是多少？（部分机构没有数据可以跳过，村镇银行、农村信用合作社必填）（填空题）

7. 股东结构。(部分机构没有数据可以跳过,村镇银行、农村信用合作社必填)(矩阵填空题)

	第一大股东	第二大股东	第三大股东	第四大股东	第五大股东
名称					
持股比例					

8. 部门人力资源构成。(矩阵填空题 *必答)

	请填空,只填数字
从业人员总数	
正式编制员工数	
经理或以上级别高管人数	
研究生或以上学历人数	
本科学历人数	
专科学历人数	
专科以下学历人数	
其中信贷员数	

9. 高管个人年均工资福利支出_____(万元)人民币?(以下只填数字)(填空题 *必答)

    _____

10. 普通员工个人年均工资福利支出_____(万元)人民币?(以下只填数字)(填空题 *必答)

    _____

11. 经营场所租金费用年均_____(万元)人民币?(单选题 *必答)

    ○ 若是租赁,请填空_____

    ○ 若是已经属于自有资产,请选择此项。

253

二、资产负债、收入支出情况

1. 收入支出。(单位：百万元人民币)(矩阵填空题 ＊必答)

	2013 年	2012 年	2011 年
利息净收入			
非利息收入			
营业收入			
业务及管理费			
资产减值损失			
营业利润			
利润总额			
净利润			

2. 资产负债。(单位：百万元人民币)(矩阵填空题 ＊必答)

	2013 年	2012 年	2011 年
资产总额			
发放贷款及垫款总额			
其中：抵押贷款总额			
其中：质押贷款总额			
其中：保证贷款总额			
其中：信用贷款总额			
证券投资净额			
负债总额			
吸收存款			
所有者权益			
股本			

3. 主要财务比率。(单位:%)(矩阵填空题 *必答)

	2013 年	2012 年	2011 年
总资产净回报率（%）			
净资产收益率（%）			
净息差（%）			
非利息收入占比（%）			
成本收入比（%）			

4. 资本充足指标与资产质量。(单位:%)(矩阵填空题 *必答)

	2013 年	2012 年	2011 年
核心资本充足率（%）			
资本充足率（%）			
不良贷款率（%）			
不良贷款拨备覆盖率（%）			
信贷成本率（%）			

5. 存贷成本。(单位：元)(矩阵填空题)

	（请填数字）
平均每1万元存款的筹资成本	
其中非利息成本为多少	
平均每1万元贷款成本	
其中信息获取评估成本	
交易手续费	

三、贷款业务情况

1. 贵银行现阶段可贷资金是否充裕？(单选题 *必答)

  ○ A 非常充裕，甚至面临着贷不出去的压力

  ○ B 比较充裕

  ○ C 一般，维持着出进平衡

○ D 有点紧缺，

○ E 非常紧缺，时常面临着无资金可贷

2. 您认为目前贷款利率能____。（单选题 *必答）

○ A 实现盈利

○ B 保本经营

○ C 亏损

3. 贵银行贷款利率是否为浮动利率？（单选题 *必答）

○ A 是浮动利率，浮动利率最高是多少？最低是多少？请填空。

____

○ B 否，执行统一的固定利率

4. 贵银行决定是否贷款给企业时，考虑的主要因素有哪些？（请按照重要性进行排序）（排序题，请填 1～10 数字排序 *必答）

____A 抵押、质押物

____B 对方信用

____C 是否有第三方担保自然人或法人

____D 是否有专业的担保机构

____E 对方的经营资产规模

____F 对方企业前景以及盈利情况

____G 对方的人情关系

____H 对方的经营地域

____I 以前是否有过借贷关系

____J 对方存款量

5. 贵银行是否对贷款对象建立信用评级机制（或档案）？（单选题 *必答）

○ A 有，比较详细

○ B 有，比较简单

○ C 没有

四、涉农支农情况

1. 矩阵填空题。（矩阵填空题 ＊必答）

	2013 年	2012 年	2011 年
农户存款余额（单位：百万元）			
农户贷款余额（单位：百万元）			
涉农中小企业存款余额（单位：百万元）			
涉农中小企业贷款余额（单位：百万元）			
个人储蓄客户数（单位：个）			
其中农村储户数（单位：个）			
个人贷款客户数（单位：个）			
其中农户贷款户数（单位：个）			
其中贷款农户中女性客户数			

2. 您认为当前涉农贷款利率是否合适？（单选题 ＊必答）
   ○ A 偏低，应该在此基础上提高到多少？＿＿＿＿
   ○ B 合适
   ○ C 偏高，应该在此基础上降低到多少？＿＿＿＿

3. 当前涉农贷款利率与一般企业贷款利率相比较，情况为：＿＿＿。
   （单选题 ＊必答）
   ○ A 偏低　　　　　○ B 合适　　　　　○ C 偏高

4. 贵银行愿意办理农户个人贷款业务吗？（单选题 ＊必答）
   ○ A 很愿意
   ○ B 愿意
   ○ C 一般
   ○ D 不是很愿意，为什么？＿＿＿＿
   ○ E 很不愿意，为什么？＿＿＿＿

5. 贵银行给农户贷款的平均收益与整体贷款的平均收益相比：＿＿＿。
   （单选题 ＊必答）

○ A 明显比整体贷款的平均收益高

○ B 比整体贷款的平均收益微高

○ C 与整体贷款的平均收益持平

○ D 比整体贷款的平均收益稍较低

○ E 比整体贷款的平均收益低

6. 贵银行给农户贷款的平均成本与整体贷款的平均成本相比：____。（单选题 *必答）

○ A 明显比整体贷款的平均成本高

○ B 比整体贷款的平均成本微高

○ C 与整体贷款的平均成本持平

○ D 比整体贷款的平均成本稍较低

○ E 比整体贷款的平均成本低

7. 贵银行愿意给农业企业贷款吗？（单选题 *必答）

○ A 很愿意

○ B 愿意

○ C 一般

○ D 不是很愿意，为什么？_____

○ E 很不愿意，为什么？_____

8. 贵银行给农业企业贷款的平均收益与整体贷款的平均收益相比：____。（单选题 *必答）

○ A 明显比整体贷款的平均收益高

○ B 比整体贷款的平均收益微高

○ C 与整体贷款的平均收益持平

○ D 比整体贷款的平均收益稍低

○ E 比整体贷款的平均收益低

9. 贵银行给农业企业贷款的平均成本与整体贷款的平均成本相比：____。（单选题 *必答）

○ A 明显比整体贷款的平均成本高

○ B 比整体贷款的平均成本微高

○ C 与整体贷款的平均成本持平

○ D 比整体贷款的平均成本稍低

○ E 比整体贷款的平均成本低

10. 贵银行愿意给农业组织贷款吗？（单选题 ＊必答）

　　○ A 很愿意

　　○ B 愿意

　　○ C 一般

　　○ D 不是很愿意，为什么？＿＿＿＿

　　○ E 很不愿意，为什么？＿＿＿＿

11. 贵银行信贷员农业知识或三农知识丰富吗？（单选题 ＊必答）

　　○ A 很丰富　　　　○ B 比较丰富　　　　○ C 一般

　　○ D 比较浅薄　　　○ E 不了解农业

12. 贵银行是否有专业的涉农信贷员？（单选题 ＊必答）

　　○ A 有　　　　　　○ B 没有

13. 贵银行的信贷员与农户的关系密切吗？（单选题 ＊必答）

　　○ A 非常密切　　　○ B 很密切　　　　　○ C 较密切

　　○ D 一般　　　　　○ E 不密切

14. 贵银行信贷员对贷款农户的熟悉程度如何？（单选题 ＊必答）

　　○ A 很熟悉　　　　○ B 较熟悉　　　　　○ C 一般熟悉

　　○ D 不怎么熟悉　　○ E 接近陌生

15. 贵银行信贷员与贷款农户的交往频率如何？（单选题 ＊必答）

　　○ A 经常交往　　　○ B 较常交往　　　　○ C 频率一般

　　○ D 频率较少　　　○ E 很少交往

16. 贵银行认为，随着以下确权，哪些最有可能成为农贷款户可抵押物。（可多选）（多选题 ＊必答）

　　□ A 耕地　　　　　□ B 宅基地　　　　　□ C 鱼塘

　　□ D 饲养场所　　　□ E 牲口　　　　　　□ F 农作物

　　□ G 养殖产出　　　□ H 农户自营小铺

17. 贵银行决定给农户、农业个体经营户，考虑的主要因素有哪些？（请按照重要性进行排序）（排序题，请填 1～11 数字排序 ＊必答）

259

____A 对方的贷款用途

　　　____B 抵押、质押物

　　　____C 对方曾经的信用状况

　　　____D 是否有第三方担保自然人或法人

　　　____E 是否有专业的担保机构

　　　____F 对方的经营规模

　　　____G 对方的人情关系、熟悉程度

　　　____H 对方还款能力预判

　　　____I 对方的经营地域、地理位置

　　　____J 以前是否有过借贷关系

　　　____K 对方是在该单位有存款

18. 贵银行受到财政支农补贴情况如何？（多选题 ＊必答）

　　　□A 未受过政府财政补贴

　　　□B 有政府补贴，累计补贴多少次？总额多少？（单位：百万元）
　　　　 请填空_____

　　　□C 政府财政资金直接划拨为贷款

　　　□D 用财政资金抵消涉农贷款坏账

　　　□E 用财政资金降低涉农贷款利率

　　　□F 其他，请填空_____

五、融资情况

1. 贵银行的资金是否满足日常运营的需要？（单选题 ＊必答）

　　　○A 十分充足　　　○B 较为满足　　　○C 一般满足

　　　○D 较为紧缺　　　○E 十分紧缺

2. 贵银行融资难易程度？（单选题 ＊必答）

　　　○A 很容易　　　　○B 比较容易　　　○C 一般

　　　○D 比较难　　　　○E 很难

3. 若遇到现金流紧张情况下，或者需要融资，往往通过什么途径？
　（多选题 ＊必答）

☐ A 向其他商业银行拆借

☐ B 向其他工商企业拆借

☐ C 向同集团下姐妹公司借款

☐ D 政府补贴

☐ E 采取吸引公众存款办法

☐ F 股东后续资金的注入

☐ G 投资基金资金的注入

☐ H 发行债券

☐ I 捐赠资金

☐ J 由上级银行资金调配

☐ K 向人民银行申请再贷款

☐ L 其他_____

六、监管与风险控制

1. 贵银行风险控制环境如何？（单选题 *必答）
   ○ A 环境很好，非常有利于各项工作的开展
   ○ B 环境较好，不影响各项工作的开展
   ○ C 环境一般，对个别工作有一定影响
   ○ D 环境较差，工作较难顺利进行
   ○ E 环境恶劣，根本不适应开展工作

2. 贵银行风险管理工作开展如何？（单选题 *必答）
   ○ A 很好，贯穿于所有业务流程
   ○ B 较好，大部分业务都有涵括
   ○ C 一般，只针对个别高风险业务做风险管理
   ○ D 较差，基本流于形式
   ○ E 不开展该工作

3. 贵银行风险管理信息沟通是否顺畅？（单选题 *必答）
   ○ A 很顺畅，信息能及时获取、整理并在内部传递
   ○ B 较顺畅，大部分信息能够及时获取、整理并在内部传递

○ C 一般，本部门（或分支行）较顺畅，跨部门（分支行受影响）

○ D 较差，平时基本不接触，只有监管部门通知后才获知信息

4. 贵银行绩效考核机制对风险管理工作有何种影响？（单选题 ＊必答）

○ A 正面影响，考核指标主要强调银行的安全性

○ B 负面影响，考核指标主要强调业务规模

○ C 无影响

○ D 不确定

5. 您对本行的风险管理文化是否认同？（单选题 ＊必答）

○ A 完全认同

○ B 基本认同，可以更加优化

○ C 部分认同，需要做较大改进

○ D 基本不认同，需要尽快改进

○ E 根本感觉不到风险管理文化的存在

6. 您对风险管理人员的工作职责是否明确？（单选题 ＊必答）

○ A 很明确 ○ B 基本明确

○ C 粗浅了解 ○ D 毫无认识

7. 您认为贵银行风险反馈相应效率如何？（单选题 ＊必答）

○ A 很快 ○ B 较快 ○ C 一般

○ D 较慢 ○ E 很慢

8. 在日常工作中发现问题，如何反映给管理层？（多选题 ＊必答）

□ A 由风险管理部门主动报告

□ B 由管理层去跟踪和信息索要

□ C 有一套灵敏的风险控制系统，及时发出预警信息

□ D 主要由管理者人为意思反映

□ E 若能自行处理，将不再反馈

9. 您对风险管理人员的薪酬有何看法？（单选题 ＊必答）

○ A 基本合理 ○ B 工作强度大，薪酬偏低

○ C 薪酬过高，与贡献不符 ○ D 无过多评价

10. 贵银行须定期向监管部门提交报告的频率如何？（单选题 ＊必答）

○ A 一年1次
○ B 半年1次
○ C 一个季度一次
○ D 一个月1次
○ E 其他_____

11. 判断题。（矩阵单选题 *必答）

	是	否
贵银行须接受监管部门现场检查吗	○	○
贵银行是否有使用中国人民银行征信中心的服务	○	○
在最近3年内，管理团队是否有重大变动（董事长、总经理变更）	○	○
贵银行的人员流动是否频繁（例如一年内人员流动率>20%）	○	○
贵银行是否有内审人员汇报制度	○	○
贵银行所有部门是否经过每年至少一次内审	○	○
贵银行是否每年接受外部审计	○	○
去年贵银行是否曾被监管部门进行现场审查	○	○
贵银行的股东或董事会是否和外审人员有关联	○	○
信贷系统和会计系统是否自动关联	○	○
贵银行是否有书面的放贷操作流程	○	○
贵银行是否对目标客户进行实地考察	○	○
对于小组联保贷款，在放贷前贵银行对目标群体是否进行培训	○	○
贵银行是否有机制来防止目标客户过度负债	○	○
贵银行是否进行客户满意度调查	○	○

七、其他运营情况

1. 目前开通除存贷款以外的其他业务有哪些？（多选题 *必答）
   □ A 网上银行
   □ B 信用卡
   □ C 储蓄卡
   □ D 基金代理

☐ E 股票资金托管

☐ F 理财产品

☐ G 保险代理

☐ H 其他_____

2. 支付合作商家数目：多少家？填数字。(填空题 *必答)

_____

3. 判断题。(矩阵单选题 *必答)

	是	否
是否电算化记账	○	○
是否加入银联系统	○	○
是否拥有自动柜员机	○	○
是否有贷款跟踪机制或系统	○	○
目前信息系统是否可以满足未来 5 年的发展要求	○	○

八、银行员工情况

1. 打分题，如果完全赞同，请打 5 分，比较赞同打 4 分，一般赞同打 3 分，不是很赞同打 2 分，完全不赞同，打 1 分。(打分题，请填 1～5 数字打分 *必答)

   股东对该银行的热情程度很高____

   管理层的工作态度很积极 ____

   普通员工的工作态度很积极 ____

   目前对员工的考核压力程度很大____

   当前普通员工业务技能很高____

   您觉得当前业务流程效率很高____

2. 您觉得当前管理层的薪酬水平如何？(单选题 *必答)

   ○ A 很高　　　　○ B 较高　　　　○ C 合理

   ○ D 较低　　　　○ E 很低

3. 您觉得当前普通员工的薪酬水平如何？(单选题 *必答)

○ A 很高　　　　　○ B 较高　　　　　○ C 合理

○ D 较低　　　　　○ E 很低

4. 员工平均一周能拥有的休息时间？（单选题 *必答）

　　○ A 几乎没有休息时间　　　　○ B 半天

　　○ C 一天　　　　　○ D 两天　　　　　○ E 三天或以上

5. 员工是否每天可以准时下班？（单选题 *必答）

　　○ A 几乎全部准时下班　　　　○ B 大部分准时下班

　　○ C 一半左右员工准时下班　　○ D 小部分准时下班

　　○ E 几乎全部要加班

6. 影响员工奖金高低的主要因素有哪些？（请按照重要程度进行排序）（排序题，请填 1～5 数字排序 *必答）

　　＿＿＿A 依据吸收存款量

　　＿＿＿B 依据发放贷款量

　　＿＿＿C 依据加班时间

　　＿＿＿D 依据风险事故

　　＿＿＿E 其他

九、品牌运营情况

1. 贵银行每年投入多少资金进行品牌打造和维护？［单位：（万）元］（多选题 *必答）

　　□ A 不进行品牌投入

　　□ B 成立初期投入，后期减少投入

　　□ C 品牌投入每年递增

　　□ D 去年为品牌建设投入资金总额：＿＿＿＿＿＿＿

2. 您认为当前的品牌宣传程度如何？（单选题 *必答）

　　○ A 很到位　　　　○ B 较到位　　　　○ C 一般

　　○ D 较差　　　　　○ E 很差

3. 您觉得贵银行在当地的品牌影响力大吗？（单选题 *必答）

　　○ A 很大　　　　　○ B 较大　　　　　○ C 一般

　　　　○ D 较小　　　　　　○ E 很小
4. 您认为贵银行发展前景大吗？（单选题　*必答）
　　　　○ A 很大　　　　　　○ B 较大　　　　　　○ C 一般
　　　　○ D 较小　　　　　　○ E 很小
5. 贵银行是否可以实现移动存贷？即放贷员可以脱离营业办公地点，进行存贷记录。（单选题　*必答）
　　　　○ A 是　　　　　　　○ B 否
6. 贵银行去约见客户，是否需要喝酒？概率如何？（单选题　*必答）
　　　　○ A 90%以上情况要喝酒　　　　○ B 70%~80%情况要喝酒
　　　　○ C 40%~60%情况要喝酒　　　　○ D 30%以下的情况要喝酒
7. 贵银行维护客户的手段有哪些？（多选题　*必答）
　　　　□ A 亲自实地拜访　　　　　　□ B 通过电话拜访
　　　　□ C 通过短信或者邮件拜访　　□ D 共同约见客户

十、组织架构

1. 自银行成立以来，股东是否有增资行为？（单选题　*必答）
　　　　○ A 是
　　　　○ B 否
2. 董事会开会频率如何？（单选题　*必答）
　　　　○ A 一年1次或以下
　　　　○ B 一年2~4次
　　　　○ C 一年5~7次
　　　　○ D 一年7~10次
　　　　○ E 一年10次以上
3. 董事会规范操作程度如何？（单选题　*必答）
　　　　○ A 很高　　　　　　○ B 较高　　　　　　○ C 合理
　　　　○ D 较低　　　　　　○ E 很低
4. 监事会规范操作程度如何？（单选题　*必答）
　　　　○ A 很高　　　　　　○ B 较高　　　　　　○ C 合理

○ D 较低 　　　　○ E 很低

5. 贵银行还希望得到哪方面的支持和合作？（多选题 *必答）
　　□ A 担保　　　　□ B 市场调研　　　□ C 产品开发
　　□ D 管理技术指导　□ E 信用评估　　　□ F 其他

十一、竞争环境分析

1. 您觉得目前面临的吸收存款压力如何？（单选题 *必答）
　　○ A 很大　　　　○ B 较大　　　　○ C 一般
　　○ D 较小　　　　○ E 很小

2. 您觉得目前面临的发放贷款压力如何？（单选题 *必答）
　　○ A 很大　　　　○ B 较大　　　　○ C 一般
　　○ D 较小　　　　○ E 很小

3. 您觉得贵银行面临的竞争压力如何？（单选题 *必答）
　　○ A 很大　　　　○ B 较大　　　　○ C 一般
　　○ D 较小　　　　○ E 很小

4. 您觉得贵银行是否适宜在当地发展？（单选题 *必答）
　　○ A 很适合　　　○ B 较适合　　　○ C 一般
　　○ D 比较不适合　○ E 很不适合

5. 您认为限制贵银行自身发展的因素有哪些？（多选题 *必答）
　　□ A 公司内部治理结构不完善
　　□ B 不存在贷款保险制度
　　□ C 后续资金来源不足
　　□ D 监管机制不完善
　　□ E 政策制度不合理，例如：_____
　　□ F 其他，例如：_____

6. 银行当前存在的主要困难有哪些？（多选题 *必答）
　　□ A 资金链紧张
　　□ B 缺乏专业人才
　　□ C 经营成本高利润低

□ D 内部管理不完善

□ E 经营业务单一

□ F 违约率高

□ G 受法律限制严重（主要是哪些方面？）

□ H 民众积极性不高或者减退

□ I 缺乏长期发展规划

7. 贵银行一般通过哪些途径实现盈利？（多选题 *必答）

□ A 提高贷款利率

□ B 降低存款款利率

□ C 降低交易管理成本

□ D 降低管理费用

□ E 降低员工薪酬

□ F 市场业务类型扩展

□ G 贷款扩展

□ H 其他_____

8. 您认为政府应在哪些方面重点做好对村镇银行的扶持？（多选题 *必答）

□ A 减免或降低税负

□ B 明确定位，完善法律法规

□ C 适当降低行业门槛

□ D 拓宽融资渠道，降低融资成本

□ E 财政支付对支农风险补偿

□ F 其他_____

9. 对拖欠贷款者，贵银行对其逾期贷款的管理办法、策略、手段？（多选题 *必答）

□ A 内化风险

□ B 由信贷员上门回收还款

□ C 频繁拜访

□ D 对客户进行罚款和增息

□ E 通过法律途径起诉

☐ F 使用较为严格的手段催债

☐ G 暴力催债

☐ H 其他_____

10. 贵银行贷前调查、贷时审查、贷后检查等业务操作流程如何？（填空题 ＊必答）

_____

11. 贵银行如何监督放贷员？（填空题 ＊必答）

_____

十二、附加问题

1. 假如某一个对象（该对象主要为个体户、需要小额贷款，非企业、非大额贷款）很有信用，但他没有押物，同时没有担保人，贵银行最多可以给他借款多少？（单选题 ＊必答）

  ○ A 不会借款

  ○ B 2 000 元以下

  ○ C 2 001 元～5 000 元

  ○ D 5 001 元～10 000 元

  ○ E 10 001 元～30 000 元

  ○ F 30 001 元～50 000 元

  ○ G 50 001 元～100 000 元

  ○ H 100 001 元～200 000 元

  ○ I 200 001 元以上

2. 假如某一个对象（该对象主要为个体户、需要小额贷款，非企业、非大额贷款）有信用，但他没有押物，不过有他的亲戚朋友作为担保人，贵银行最多可以给他借款多少？（单选题 ＊必答）

  ○ A 不会借款

  ○ B 2 000 元以下

  ○ C 2 001 元～5 000 元

  ○ D 5 001 元～10 000 元

○ E 10 001 元～30 000 元

○ F 30 001 元～50 000 元

○ G 50 001 元～100 000 元

○ H 100 001 元～200 000 元

○ I 200 001 元以上

3. 假如某一个对象（该对象主要为个体户、需要小额贷款，非企业、非大额贷款）有信用，但他没有押物，不过他申请了担保机构作为第三方机构类担保人，贵银行最多可以给他借款多少？（单选题 *必答）

○ A 不会借款

○ B 2 000 元以下

○ C 2 001 元～5 000 元

○ D 5 001 元～10 000 元

○ E 10 001 元～30 000 元

○ F 30 001 元～50 000 元

○ G 50 001 元～100 000 元

○ H 100 001 元～200 000 元

○ I 200 001 元以上

4. 假如某一个对象（该对象主要为个体户、需要小额贷款，非企业、非大额贷款）有信用，拥有足够的可抵押的资产或抵押物，却没有担保人，贵银行最多可以给他借款多少？（单选题 *必答）

○ A 不会借款

○ B 2 000 元以下

○ C 2 001 元～5 000 元

○ D 5 001 元～10 000 元

○ E 10 001 元～30 000 元

○ F 30 001 元～50 000 元

○ G 50 001 元～100 000 元

○ H 100 001 元～200 000 元

○ I 200 001 元以上

5. 假如某一个对象（该对象主要为个体户、需要小额贷款，非企业、非大额贷款）有信用，不但有足够的可抵押的资产或抵押物，而且有担保人和担保机构担保，贵银行最多可以给他借款多少？（单选题 *必答）

○ A 不会借款

○ B 2 000 元以下

○ C 2 001 元～5 000 元

○ D 5 001 元～10 000 元

○ E 10 001 元～30 000 元

○ F 30 001 元～50 000 元

○ G 50 001 元～100 000 元

○ H 100 001 元～200 000 元

○ I 200 001 元以上

6. 问卷真实性控制（特征密码可以证实调研工作者真实性，请务必牢记，若自主填写，或不愿意透露的信息请填写"0"）（矩阵填空题 *必答）

	（请填空）
被访问者姓名	
被访问者联系方式	
调研工作者姓名	
调研者联系方式	
问卷特征密码	

附 件 二

问卷编号：
此问卷被访对象：公司经理或以上职务管理人员

贷款公司调查问卷

为了解当前中国贷款公司的经营情况和市场现状，华南农业大学经济管理学院小型金融研究课题小组发起了本次调研。贵单位被挑选为此次调研对象，恳请您真实填写以下问卷。本次调查所得数据仅作学术研究所用，并对受访者的私人信息保密，请您放心填写，您的回答将给予我们研究项目很大的帮助，衷心感谢您的支持与合作。

调查员姓名：_____ 调查时间：_____
被调查公司所在地：_____市_____县_____乡（镇）_____村
填写说明：数值填空若无明确单位，默认单位为"万元"。

一、基本信息

A1 公司名称：_____。
A2 成立/开业年份：_____。
A3 注册金额：_____（万）人民币。
A4 从业人员总数：_____（人）。
　　正式编制员工数：_____（人）。
　　高管人员（经理或以上级别）：_____（人）。
A5 研究生或以上学历_____（人），本科学历_____（人），专科学历_____（人），专科以下学历_____（人）。

A6 登记（或注册）部门是____。

　A 工商局　　　　B 银监局　　　　C 金融办　　　　D 财政部门

　E 民政部门按民间社团发证

A7 股东结构。

股东总数	第一大股东名称	第一大股东持股比例	第二大股东名称	第二大股东持股比例	第三大股东名称	第三大股东持股比例	第四大股东名称	第四大股东持股比例	第五大股东名称	第五大股东持股比例

A8 债权结构。

债权人总数	第一大债权人名称	第一大债权人债权比例	第二大债权人名称	第二大债权人债权比例	第三大债权人名称	第三大债权人债权比例	第四大债权人名称	第四大债权人债权比例	第五大债权人名称	第五大债权人债权比例

二、费用支出情况

大部分信息可以通过利润表获得，以下是补充信息。

B1 高管个人年均工资福利支出_____（万）人民币。

B2 普通员工个人年均工资福利支出_____（万）人民币。

B3 经营场所租金费用年均_____（万）人民币（若是自有资产请

填"自有")。

B4 办公消耗_____（万）人民币。

B5 固定资产维护_____（万）人民币。

B6 信息系统升级_____（万）人民币。

B7 其他较大支出项目还有哪些？_____

B8 每1万元存款的平均筹资成本（单位为：元）_____元。（该项 = B8.1 + B8.2 + B8.3 + B8.4）

其中：B8.1 利息支出_____元。

　　　B8.2 营业费用_____元。

　　　B8.3 人工分页_____元。

　　　B8.4 其他成本_____元。

B9 每1万元贷款的平均信息获取费用以及交易手续费（单位为：元）_____元。

其中：平均信息获取费用中

　　　B9.1 平均调查费用_____元。

　　　B9.2 评估费用_____元。

　　　B9.3 其他信息获取费用_____元。

　　　平均交易手续费中

　　　B9.4 人力费用_____元。

　　　B9.5 账户维护费_____元。

　　　B9.6 贷款工本费_____元。

　　　B9.7 其他交易手续费_____元。

三、贷款业务情况

C1 贵公司现在大约有多少资金可用于放贷？_____（万）人民币

C2 贵公司信贷员人数：_____人。

C3 贵公司主要放贷方式是什么？（请按照重要性进行排序，没有的可以不填。）排序：_____

　　A 抵押　　　　　　B 质押　　　　　　C 信用

D 联保　　　　　　　E 担保　　　　　　　F 其他_____

C4 您认为目前贷款利率能：____。

　　　A 实现盈利　　　　　B 保本经营　　　　　C 亏损

C5 贵公司贷款利率是否浮动？（若选 A，请回答 C6～C7）

　　　A 是　　　　　　　　B 否

C6 贷款利率浮动至最高是_____%，最低是_____%。利率浮动受到什么部门限制？

C7 贵公司贷款利率浮动定价权属于____。

　　　A 董事会　　　　　　B 高管　　　　　　　C 专门决策人员
　　　D 放贷员　　　　　　E 其他_____

C8 贵公司决定是否贷款给企业时，考虑的主要指标有哪些？请按照重要性进行排序，没有的可以不填。排序：_____

　　　A 企业利润（收益）率　　　　　B 资产规模
　　　C 盈利情况　　　　　D 人情关系　　　　　E 其他_____

C9 市场上是否有多重信贷（即借款者同时从多家放贷机构得到贷款）？

　　　A 是　　　　　　　　　　　　　B 否

C10 贷款发放方式？

　　　A 一次性全额发放　　　　　　　B 分批发放

C11 贷款前，是否了解过贷款将如何使用？

　　　A 是　　　　　B 否

C12 当前总贷出款额：_____（万）人民币。

贷出款总额：	万
其中：期限<1年内贷款比率	%
期限1～5年内贷款比率	%
期限>5年内贷款比率	%

C13 借款人从申请到获得借款的平均时间：_____。最快的放款时间：_____。

C14 借款人按时还款比例：_____。

C15 公司是否对贷款对象建立信用评级机制（或档案）？

A 有，比较详细　　　　　B 有，比较简单　　　　　C 没有

C16 贷款倾向程度：_____。（可多选并按照重要顺序排列）

　　A 提供高利率者　　　　　　B 生产性贷款

　　C 嫁娶、病逝急需资金者　　D 其他_____

C17 贷款情况。（单位：万元）

年份	贷款总额	不良贷款总额	利息收入总额

C18 当前贷出款项细致情况。（单位：万元）

规模（尽量覆盖多种不同主体）	贷款法人或个人名称	贷款金额	提交贷款申请日期	切实获得贷款日期	贷款利息率（%）	是否需要抵押或担保？还是信用贷款？请在相应处打"√"
最大前两个获得贷款资金						（抵押、担保、信用）
						（抵押、担保、信用）
中等规模者（抽取两者）						（抵押、担保、信用）
						（抵押、担保、信用）
贷款规模最小两个客户						（抵押、担保、信用）
						（抵押、担保、信用）

四、涉农支农情况

D1 简单说明：对"农户"的界定：以农民身份的个人或者家庭开户。

D2 农户贷款余额_____（万）人民币。

D3 中小企业存款余额_____（万）人民币。

D4 中小企业贷款余额_____（万）人民币。

D5 小额贷款笔数（100万以下）_____笔。

D6 贷款客户总数：_____人。

其中农户贷款客户数：_____人。

其中贷款客户女性的比例：_____%。

D7 您认为当前涉农贷款利率是否合适？

    A 偏低　　　　　　B 合适　　　　　　C 偏高

D8 您认为涉农贷款合理的利率是多少？_____

D9 当前涉农贷款利率与一般企业贷款利率相比较，情况为：____。

    A 偏低　　　　　　B 合适　　　　　　C 偏高

D10 您愿意给农户个人贷款吗？

    A 很愿意　　　　　B 愿意　　　　　　C 一般

    D 不是很愿意　　　　　　　　　　　E 很不愿意

D11 您愿意给农业企业贷款吗？

    A 很愿意　　　　　B 愿意　　　　　　C 一般

    D 不是很愿意　　　E 很不愿意

D12 您愿意给农业组织贷款吗？

    A 很愿意　　　　　B 愿意　　　　　　C 一般

    D 不是很愿意　　　E 很不愿意

D13 对农户贷款中，您是否思考过性别与还款率的关系？

    A 思考过这个问题　　　　　　　　B 没思考过这个问题

D14 您觉得农户中男性与女性的还款率哪个高？

    A 男性　　　　　　B 女性　　　　　　C 一样高

D15 您觉得信贷员和农户的关系密切吗？

    A 很密切　　　　　B 密切　　　　　　C 较密切

    D 一般　　　　　　E 不密切

D16 您觉得信贷员对贷款农户的熟悉程度如何？

    A 很高　　　　　　B 较高　　　　　　C 一般熟悉

    D 较低　　　　　　E 很低

D17 贵公司涉农贷款对象的确定时考虑的主观因素。（多选，请按重要性排序）

    A 不考虑主观因素　　　　　　　　B 存款量大的

C 合作年限长的 　　　　　　　　D 熟悉程度高的

E 有人情关系的 　　　　　　　　F 其他_____

D18 贵公司贷款给农户时，优先选择考虑的指标：（请按照重要性进行排序，没有的可以不填）排序：_____

A 宅基地　　　　B 信用程度　　　　C 资产、收入情况

D 人情关系　　　E 其他_____

D19 贵公司是否有支农财政职能？若是，请回答 E12。

A 是　　　　　　B 否

D20 贵公司的支农贷款财政职能运作模式？

A 政府财政资金直接划拨为贷款

B 用财政资金抵消坏账

C 用财政资金降低利率

D 其他_____

五、融资情况

E1 贵公司一般通过哪些渠道融资？（请按照重要性进行排序，没有的可以不填）排序：_____

A 商业银行　　　　B 工商企业　　　　C 同集团下姐妹公司

D 政府资金支持　　E 吸收公众存款　　F 股东缴纳的资本金

G 投资基金　　　　H 发行债券　　　　I 捐赠资金

J 其他_____

E2 融资平均年利率为：____。

A 0～5%　　　　　B 5%～10%　　　　C 10%～15%

D 15%～20%　　　E >20%

E3 后续融资期限一般为：____。

A <1 年　　　　　B 1～5 年　　　　　C 5～10 年

D >10 年

E4 本金还贷方式为：____。

A 分期还款　　　　B 到期一次还清　　　C 授信额度

D 其他_____

E5 融资难易程度为：____。

    A 很容易   B 比较容易   C 一般

    D 比较难   E 很难

E6 若后续资金不足，贵公司认为何种融资方式更符合实际要求？请按照重要性进行排序，没有的可以不填。排序：_____

    A 商业银行贷款   B 工商企业   C 同集团下姐妹公司拆借

    D 政府资金支持   E 社会捐赠资金   F 原股东增资

    G 新股东增资   H 发行债券   I 其他_____

E7 政府是否给予贵公司进行财政补贴和其他资金补助？

    A 是   B 否

E8 政府累计补贴_____（万）元。

E9 贵公司是否有外币债券投资？

    A 是   B 否

E10 贵公司的债权融资是否被要求有担保？若是，请简单说明担保形式：_____

    A 是   B 否

E11 资金是否满足日常运营的需要？

    A 十分充足   B 一般满足   C 比较紧缺

    D 严重紧缺   E 无法营运

E12（若上题选择 A 项不填）你认为应当再融入多少资金可以满足营运需求？_____（万元）并且缺口资金规划应用。

六、监管与风险控制情况

F1 贵公司须定期向监管部门提交报告的频率如何？

    A 一年 1 次   B 半年 1 次   C 一个季度一次

    D 一个月 1 次   E 其他_____

F2 贵公司须接受监管部门现场检查吗？

    A 是　　　　　　B 否

F3 贵公司是否有使用中国人民银行征信中心的服务？

    A 是　　　　　　B 否

F4 在最近 3 年内，管理团队是否有重大变动（董事长、总经理变更）？

    A 是　　　　　　B 否

F5 贵公司是否每年制定经营目标？

    A 是　　　　　　B 否

F6 贵公司去年是否实现了原先制定的目标（例如放贷金额）？

    A 是　　　　　　B 否

F7 贵公司的人员流动是否频繁（例如一年内人员流动率＞20%）？

    A 是　　　　　　B 否

F8 影响员工奖金高低的主要因素有哪些？（请按照重要程度进行排序）_____

    A 依据发放贷款量　　　　　　B 依据加班时间
    C 依据风险事故发生率　　　　D 其他_____

F9 贵公司是否有内审人员汇报制度？

    A 是　　　　　　B 否

F10 贵公司所有部门是否经过每年至少一次内审？

    A 是　　　　　　B 否

F11 贵公司是否每年接受外部审计？

    A 是　　　　　　B 否

F12 去年贵公司是否曾被监管部门进行现场审查？

    A 是　　　　　　B 否

F13 贵公司的股东或董事会是否和外审人员有关联？

    A 是　　　　　　B 否

F14 信贷系统和会计系统是否自动关联？

    A 是　　　　　　B 否

F15 贵公司是否有书面的放贷操作流程？

    A 是　　　　　　B 否

F16 贵公司是否对目标客户进行实地考察？

  A 是   B 否

F17 对于小组联保贷款，在放贷前贵公司对目标群体是否进行培训？

  A 是   B 否

F18 贵公司是否有机制来防止目标客户过度负债？是什么：_____。

  A 是   B 否

F19 贵公司是否进行客户满意度调查？

  A 是   B 否

F20 贵公司是否有使用公安部、教育部、建设部等其他部门或者机构的征信服务？

  A 是   B 否

七、企业运营情况

公司产品、服务与技术

G1 目前开通的业务。

  A 对企业贷款   B 对个人贷款

  C 办理票据贴现   D 办理资产转让

  E 办理贷款项下的结算   F 其他_____

G2 支付合作商家数目：_____家。

G3 是否电算化记账？

  A 是   B 否

G4 目前信息系统是否可以满足未来 5 年发展要求？

  A 是   B 否

G5 是否加入银联系统？

  A 是   B 否

G6 是否拥有自动柜员机？

  A 是   B 否

公司员工情况

G7 您觉得股东对该公司的热情程度如何？

　　　　A 很高　　　B 较高　　　C 一般　　　D 较低　　　E 很低

G8 您觉得管理层的工作态度是否积极？

　　　　A 很积极　　B 较积极　　C 一般　　　D 较不积极　E 消沉

G9 您觉得普通员工的工作态度是否积极？

　　　　A 很积极　　B 较积极　　C 一般　　　D 较不积极　E 消沉

G10 您觉得目前对员工的考核压力程度如何？

　　　　A 很大　　　B 较大　　　C 一般　　　D 较小　　　E 很小

G11 您觉得当前管理层的薪酬水平如何？

　　　　A 很高　　　B 较高　　　C 合理　　　D 较低　　　E 很低

G12 您觉得当前普通员工的薪酬水平如何？

　　　　A 很高　　　B 较高　　　C 合理　　　D 较低　　　E 很低

G13 您觉得当前普通员工业务技能如何？

　　　　A 很高　　　B 较高　　　C 合理　　　D 较低　　　E 很低

G14 您觉得当前业务流程效率如何？

　　　　A 很高　　　B 较高　　　C 一般　　　D 较低　　　E 很低

G15 员工平均一个周能拥有的休息时间？_____

G16 员工是否每天可以准时下班？

　　　　A 几乎全部准时下班　　　　　　B 大部分准时下班

　　　　C 一半左右员工准时下班　　　　D 小部分准时下班

　　　　E 几乎全部要加班

品牌运营情况

G17 贵公司对品牌打造和维护每年投入资金_____（万）元。

G18 您认为当前的品牌宣传做得到位程度如何？

　　　　A 很到位　　B 较到位　　C 一般　　　D 较差　　　E 很差

G19 您觉得贵公司在当地的品牌影响力大吗？

　　　　A 很大　　　B 较大　　　C 一般　　　D 较小　　　E 很小

G20 您认为贵公司发展前景大吗？

　　　　A 很大　　　B 较大　　　C 一般　　　D 较小　　　E 很小

G21 贵公司是否可以实现支部与总部存贷数据实时联动？

A 是 　　　　　　　　　　B 否

G22 贵公司是否可以实现移动存贷？即放贷员可以脱离营业办公地点，通过无线设备进行存贷记录。

A 是 　　　　　　　　　　B 否

G23 贵公司去约见客户，是否需要喝酒？概率如何？

A 90%以上情况要喝酒　　　　B 70%～80%情况要喝酒

C 40%～60%情况要喝酒　　　D 30%以下的情况要喝酒

G24 贵公司维护客户的手段有哪些？

A 亲自拜访　　　　　　　　　B 通过电话拜访

C 通过短信或者邮件拜访　　　D 共同约见客户

组织架构

G25 公司成立以来，股东是否有增资行为？

A 是 　　　　　　　　　　B 否

G26 该公司是否有董事会？

A 是 　　　　　　　　　　B 否

G27 董事会开会频率如何？_____

G28 董事会规范操作程度如何？

A 很高　　B 较高　　C 合理　　D 较低　　E 很低

G29 监事会规范操作程度如何？

A 很高　　B 较高　　C 合理　　D 较低　　E 很低

G30 经理人工作效率如何？

A 很高　　B 较高　　C 合理　　D 较低　　E 很低

合作情况

G31 贵公司还和哪些相关机构或公司合作，请列举（回答后接着回答 B15、B16）

_____

_____

G32 他们对贵公司提供何种服务？

A 担保 　　　　　B 市场调研 　　　　　C 产品开发

D 管理技术指导 　　E 信用评估 　　　　F 其他

G33 您还希望得到哪方面的支持

A 担保 　　　　　B 市场调研 　　　　　C 产品开发

D 管理技术指导 　　E 信用评估 　　　　F 其他

八、竞争环境分析

H1 您觉得目前面临的吸收存款压力如何？

A 很大　　B 较大　　C 一般　　D 较小　　E 很小

H2 您觉得目前面临的发放贷款压力如何？

A 很大　　B 较大　　C 一般　　D 较小　　E 很小

H3 您觉得贵公司面临竞争压力如何？

A 很大　　B 较大　　C 一般　　D 较小　　E 很小

H4 您觉得贵公司是否适宜在当地发展？

A 很适合　　　　　B 较适合　　　　　C 一般

D 比较不适合　　　E 很不适合

H5 您认为限制贵公司自身发展的因素主要为：____。（请按照重要性进行排序，没有的可以不填。）排序：_____

A 公司内部治理结构不完善　　　B 不存在贷款保险制度

C 后续资金来源不足　　　　　　D 监管机制不完善

E 政策制度不合理　　　　　　　F 税负重

G 法律地位不明晰　　　　　　　H 行业门槛高

I 其他_____

H6 公司当前存在主要困难为：____。（按照重要顺序排序）

A 资金链紧张　　　　　　　　　B 缺乏专业人才

C 经营成本高利润低　　　　　　D 内部管理不完善

E 违约率高　　　　　　　　　　F 经营业务单一

G 受法律限制严重（主要是哪些方面？）

H 民众积极性不高或者减退　　　I 缺乏长期发展规划

附件二

H7 贵公司一般通过哪些途径实现盈利？请按照重要性进行排序，没有考虑的可以不填。排序：_____

 A 提高贷款利率　　　　　　　　B 降低存款款利率

 C 降低交易管理成本　　　　　　D 降低管理费用

 E 降低员工薪酬　　　　　　　　F 市场扩展

 G 业务扩展　　　　　　　　　　H 其他_____

H8 您认为政府应在____方面重点做好对贷款公司的扶持？（可多选并按照重要顺序排列）_____

 A 减免税负

 B 明确定位，完善法律法规

 C 适当降低行业门槛

 D 拓宽融资渠道，降低融资成本

 E 财政风险补偿

 F 其他_____

简答部分

1. 您觉得贵公司面临的竞争压力主要有哪些？
_____

2. 如果是您自己的公司，您是否会继续用此模式经营？（是 否）为什么？
_____

3. 贵公司如何监督放贷员？
_____

4. 贵公司如何进行风险控制。
_____

5. 贷款授信额度决定的做出取决于哪些方面？
_____

6. 主要经营业务范围：_____。

7. 您觉得一般居民是否愿意到贵公司贷款？为什么？
_____

285

8. 公司是否制定贷前调查、贷时审查、贷后检查等业务操作流程？（情况如何：_____）

9. 公司是否跟踪借款人对所贷款项的使用情况？（如有，形式如何：_____）

10. 对拖欠贷款者，贵公司是否有逾期管理办法、策略、手段？是主要由信贷员上门回收还款吗？会用到哪些手段？（如频繁拜访、罚款、起诉、暴力催债）按照拖延情况严重程度进行介绍。
    _____

11. 贵公司设立之前是否有进行充分的市场调研？是否有可行性报告？若有，请求借阅。
    _____

12. 贵公司的组织架构概况图。
    _____

13. 请简单谈关于贷款公司的发展规划及其前景
    被访者姓名：_____　　　被访者联系方式：_____

再次感谢您对我们的支持！祝您和您的家人身体健康，生活幸福！

附 件 三

问卷编号：
此问卷被访对象：资金互助社主要管理人员

农村资金互助社调查问卷

为了解当前中国资金互助社的经营情况和市场现状，华南农业大学经济管理学院小型金融研究课题小组发起了本次调研。贵单位被挑选为此次调研对象，恳请您真实填写以下问卷。本次调查所得数据仅作学术研究所用，并对受访者的私人信息保密，请您放心填写，您的回答将给予我们研究项目很大的帮助，衷心感谢您的支持与合作。

调查员姓名：＿＿＿＿＿＿＿＿调查时间：＿＿＿＿＿＿＿
被调查单位所在地：＿＿＿＿市＿＿＿＿县＿＿＿＿乡（镇）＿＿＿＿村

填写说明：数值填空若无明确单位，默认单位为"万元"。

一、基本信息

A1 资金互助社名称：＿＿＿＿＿＿＿。
A2 成立/开业年份：＿＿＿＿＿＿＿。
A3 注册金额：＿＿＿＿（万）人民币
A4 管理人员总数：＿＿＿＿（人）。
A5 互助社成立之初发起人（股东或社员）数＿＿＿＿。
A6 登记（或注册）部门＿＿＿＿。
  A 工商局　　　　　　B 银监局　　　　　　C 金融办
  D 财政部门　　　　　E 民政部门按民间社团发证

A7 社员投票权利分配方式?

    A 按照股份数   B 一人一票制   C 混合_____

A8 是否属于有限责任经济实体?

    A 是   B 否（属于连带）

A9 当前股东结构。

股东总数	第一大股东名称	第一大股东持股比例	第二大股东名称	第二大股东持股比例	第三大股东名称	第三大股东持股比例	第四大股东名称	第四大股东持股比例	第五大股东名称	第五大股东持股比例

二、费用支出情况

大部分信息可以通过利润表获得，以下是补充信息。

B1 每年互助社工资福利支出总额_____（万）人民币

B2 经营场所租金费用年均_____（万）人民币（若是自有资产请填"自有"）

B3 办公消耗_____（万）人民币。

B4 每1万元存款的平均筹资成本（单位为：元）_____元。（该项 = B4.1 + B4.2 + B4.3 + B4.4）

    其中 B4.1 利息支出_____元。

    B4.2 营业费用_____元。

    B4.3 人工分页_____元。

    B4.4 其他成本_____元。

B5 每1万元贷款的平均信息获取费用以及交易手续费（单位为：元）_____元。

其中：平均信息获取费用中

  B5.1 平均调查费用_____元。

  B5.2 评估费用_____元。

  B5.3 其他信息获取费用_____元。

  平均交易手续费中

  B5.4 人力费用_____元。

  B5.5 账户维护费_____元。

  B6.6 贷款工本费_____元。

  B5.7 其他交易手续费_____元。

三、贷款业务情况

C1 贵互助社现在大约有多少资金可用于放贷？_____（万）人民币。

C2 贵互助社信贷员人数：_____人。

C3 贵互助社主要放贷方式是（请按照重要性进行排序，没有的可以不填）排序：_____

  A 抵押   B 质押   C 信用

  D 联保   E 担保   F 其他_____

C4 您认为目前贷款利率能____。

  A 实现盈利   B 保本经营   C 亏损

C5 贵互助社贷款利率是否浮动？（若选 A，请回答 C6～C7）

  A 是   B 否

C6 贷款利率浮动至最高是_____%，最低是_____%。利率浮动受到什么部门限制？_____

C7 贵互助社贷款利率浮动定价权属于____。

  A 理事会   B 经理   C 社员投票决定

  D 放贷员   E 其他_____

C8 贵互助社决定是否贷款给企业时，考虑的主要指标有哪些？请按照重要性进行排序，没有的可以不填。排序：_____

A 企业利润（收益）率　　　　　B 资产规模

　　　C 盈利情况　　　　　　　　　　D 人情关系

　　　E 其他_____

C9 市场上是否有多重信贷？（即借款者同时从多家放贷机构得到贷款）

　　　A 是　　　　　　　　　　　　　B 否

C10 贷款发放方式是什么？

　　　A 一次性全额发放　　　　　　　B 分批发放

C11 贷款前，是否了解过贷款将如何使用？

　　　A 是　　　　　　　　　　　　　B 否

C12 当前总贷出款额：_____（万）人民币

贷出款总额	万
其中：期限<1年内贷款比率	%
期限1～5年内贷款比率	%
期限>5年内贷款比率	%

C13 主要贷款对象（可多选并按照重要顺序排列）_____。

　　　A 中小企业　　　　　　　　　　B 入股社员

　　　C 有存款非入股个人　　　　　　D 无存款非入股个人

　　　E 其他_____

C14 借款人从申请到获得借款的平均时间：_____。最快的放款时间：_____。

C15 借款人按时还款比例：_____。

C16 互助社是否对贷款对象建立信用评级机制（或档案）？

　　　A 有，比较详细　　　B 有，比较简单　　　C 没有

C17 贷款倾向程度：_____。（可多选并按照重要顺序排列）

　　　A 提供高利率者　　　　　　　　B 生产性贷款

　　　C 嫁娶、病逝急需资金者　　　　D 其他_____

C18 贷款批准决定权（简单描述其情况）_____。

　　　A 每笔贷款需全社员通过

　　　B 每笔贷款需全（　　）%社员通过

C 直接有理事会会长决定

D 由信贷员决定

E 按贷款规模来决定贷款权力

C19 贷款者获得贷款的条件？（填写"√"或"×"）

A 只限社员（　　　）　　　B 需要担保（　　　）

C 需要抵押（　　　）　　　D 需要审核（　　　）

E 其他1（　　　）　　　　F 其他2（　　　）

C20 贷款情况。（单位：万元）

年份	贷款总额	不良贷款总额	利息收入总额

C21 当前贷出款项细致情况。（单位：万元）

规模（尽量覆盖多种不同主体）	贷款法人或个人名称	贷款金额	提交贷款申请日期	切实获得贷款日期	贷款利息率（%）	是否需要抵押或担保？还是信用贷款？请在相应处打"√"
最大前两个获得贷款资金						（抵押、担保、信用）
						（抵押、担保、信用）
中等规模者（抽取两者）						（抵押、担保、信用）
						（抵押、担保、信用）
贷款规模最小两个客户						（抵押、担保、信用）
						（抵押、担保、信用）

C22 吸收存款情况。

年份	存款总额	存款笔数	支付存款利息总额

C23 社员情况

年份	社员数	新入股人数	新入股股金	新退股人数

四、涉农支农情况

D1 简单说明：对"农户"的界定：以农民身份的个人或者家庭开户。

D2 农户贷款余额_____（万）人民币。

D3 中小企业贷款余额_____（万）人民币。

D4 贷款客户总数：_____人。

其中农户贷款客户数：_____人。

其中贷款客户女性的比例：_____%。

D5 您认为当前涉农贷款利率是否合适？

    A 偏低　　　　　　　B 合适　　　　　　　C 偏高

D6 您认为涉农贷款合理的利率范围是多少：_____。

D7 当前涉农贷款利率与一般企业贷款利率相比较，情况为：____。

    A 偏低　　　　　　　B 合适　　　　　　　C 偏高

D8 您愿意给农户个人贷款吗？

    A 很愿意　　　　　　B 愿意　　　　　　　C 一般

    D 不是很愿意　　　　E 很不愿意

D9 您愿意给农业企业贷款吗？

    A 很愿意　　　　　　B 愿意　　　　　　　C 一般

    D 不是很愿意　　　　E 很不愿意

D10 您愿意给农业组织贷款吗？

    A 很愿意　　　　　　B 愿意　　　　　　　C 一般

    D 不是很愿意　　　　E 很不愿意

D11 对农户贷款中，您是否思考过性别与还款率的关系？

A 思考过这个问题　　　　B 没思考过这个问题

D12 您觉得农户中男性与女性的还款率哪个高？

A 男性　　　　　　B 女性　　　　　　　C 一样高

D13 您觉得信贷员和农户的关系密切吗？

A 很密切　　　　　B 密切　　　　　　　C 较密切

D 一般　　　　　　E 不密切

D14 您觉得信贷员对贷款农户的熟悉程度如何？

A 很高　　　　　　B 较高　　　　　　　C 一般熟悉

D 较低　　　　　　E 很低

D15 贵互助社涉农贷款对象的确定时考虑的主观因素？（多选，请按重要性排序）_____

A 不考虑主观因素　　　　　B 存款量大的

C 合作年限长的　　　　　　D 熟悉程度高的

E 有人情关系的　　　　　　F 其他_____

D16 贵互助社贷款给农户时，优先选择考虑的指标？（请按照重要性进行排序，没有的可以不填）排序：_____

A 宅基地　　　　　　　　　B 信用程度

C 资产、收入情况　　　　　D 人情关系

E 其他_____

D17 贵互助社是否有支农财政职能？若是，请回答 E12。

A 是　　　　　　　　　　　B 否

D18 贵互助社支农贷款财政职能运作模式？

A 政府财政资金直接划拨为贷款

B 用财政资金抵消坏账

C 用财政资金降低利率

D 其他_____

五、融资情况

近 3 年每年最大 2 笔融资情况（单位：万元人民币），若无请在相应

空格打"×"。

年份	向A融入资金总额	向A融入资金日期	归还A资金本息	归还A资金本息日期	向B融入资金总额	向B融入资金日期	归还B资金本息	归还B资金本息日期
2013								
2012								
2011								

A指：_____ B指：_____

E1 资金来源：_____。（可多选并按照重要顺序排列，并标明所占比例约数）

　　A 股金　　　　　B 吸收社员存款　　　　C 吸收非社员存款

　　D 社会捐赠　　　E 向其他金融机构融资　F 向工商企业借款

　　G 其他_____

E2 融资平均年利率为：____。

　　A 0%～5%　　　　B 5%～10%　　　　　C 10%～15%

　　D 15%～20%　　　E ＞20%

E3 后续融资期限一般为：____。

　　A ＜1年　　　　　B 1～5年　　　　　　C 5～10年

　　D ＞10年

E4 本金还贷方式为：____。

　　A 分期还款　　　　B 到期一次还清　　　C 授信额度

　　D 其他_____

E5 融资难易程度：____。

　　A 很容易　　　　　B 比较容易　　　　　C 一般

　　D 比较难　　　　　E 很难

E6 若后续资金不足，贵互助社认为何种融资方式更符合实际要求？请按照重要性进行排序，没有的可以不填。排序：_____

　　A 商业银行贷款　B 工商企业　　　　　C 发行债券

　　D 政府资金支持　E 社会捐赠资金　　　F 原社员增资

　　G 新社员增资　　H 其他_____

E7 政府是否给予贵互助社进行财政补贴和其他资金补助？

    A 是   B 否

E8 政府累计补贴_____（万）元。

E9 贵互助社是否有外币债券投资？

    A 是   B 否

E10 贵互助社的债权融资是否被要求有担保？若是，请简单说明担保形式：_____

    A 是   B 否

E11 资金是否满足日常运营的需要？

    A 十分充足   B 一般满足   C 比较紧缺

    D 严重紧缺   E 无法营运

E12（若上题选择 A 项不填）你认为应当再融入多少资金可以满足营运需求？_____（万元）并且缺口资金规划应用。

六、监管与风险控制情况

F1 贵互助社须定期向监管部门提交报告的频率如何？

    A 一年 1 次   B 半年 1 次   C 一个季度一次

    D 一个月 1 次   E 其他_____

F2 贵互助社须接受监管部门现场检查吗？

    A 是   B 否

F3 贵互助社是否有使用中国人民银行征信中心的服务？

    A 是   B 否

F4 在最近 3 年内，管理团队是否有重大变动（董事长、总经理变更）？

    A 是   B 否

F5 贵互助社是否每年制定经营目标？

    A 是   B 否

F6 贵互助社去年是否实现了原先制定的目标（例如放贷金额）？

    A 是   B 否

F7 贵互助社的人员流动是否频繁（例如一年内人员流动率＞20%）？

　　　　A 是　　　　　　　B 否

F8（取消此题）

F9 贵互助社是否有内审人员汇报制度？

　　　　A 是　　　　　　　B 否

F10 贵互助社所有部门是否经过每年至少一次内审？

　　　　A 是　　　　　　　B 否

F11 贵互助社是否每年接受外部审计？

　　　　A 是　　　　　　　B 否

F12 去年贵互助社是否曾被监管部门进行现场审查？

　　　　A 是　　　　　　　B 否

F13 贵互助社的股东或董事会是否和外审人员有关联？

　　　　A 是　　　　　　　B 否

F14 信贷系统和会计系统是否自动关联？

　　　　A 是　　　　　　　B 否

F15 贵互助社是否有书面的放贷操作流程？

　　　　A 是　　　　　　　B 否

F16 贵互助社是否对目标客户进行实地考察？

　　　　A 是　　　　　　　B 否

F17 对于小组联保贷款，在放贷前贵互助社对目标群体是否进行培训？

　　　　A 是　　　　　　　B 否

F18 贵互助社是否有机制来防止目标客户过度负债？是什么：____

　　____。

　　　　A 是　　　　　　　B 否

F19 贵互助社是否进行客户满意度调查？

　　　　A 是　　　　　　　B 否

F20 贵互助社是否有使用公安部、教育部、建设部等其他部门或者机构的征信服务？

　　　　A 是　　　　　　　B 否

F21 预留库存现金比率：_____。

F22 最大单一社员的贷款总额：_____。

F23 对前十大户贷款总额：_____。
F24 资产损失准备充足率：_____。

七、企业运营情况

互助社产品、服务与技术

G1 目前开通的业务：_____。

  A 办理社员存款   B 办理社员贷款

  C 结算业务   D 买卖政府债券和金融债券

  E 办理同业存放   F 办理代理业务

  G 办理票据贴现业务   H 其他_____

G2 是否电算化记账？统一的会计办公软件？

  A 是   B 否

G3 目前信息系统是否可以满足未来5年发展要求？

  A 是   B 否

G4 是否有电脑办公？

  A 是   B 否

G5 是否有网络设备？

  A 是   B 否

G6 办公场所是否每天都正常办公？

  A 是   B 否

互助社员工情况

G7 您觉得股东对该互助社的热情程度如何？

  A 很高 B 较高 C 一般 D 较低 E 很低

G8 您觉得管理层的工作态度是否积极？

  A 很积极 B 较积极 C 一般 D 较不积极 E 消沉

G9 您觉得当前管理层的薪酬水平如何？

  A 很高 B 较高 C 合理 D 较低 E 很低

G10 您觉得当前管理层业务技能如何？

　　　　A 很高　　B 较高　　C 合理　　D 较低　　E 很低

G11 您觉得当前业务流程效率如何？

　　　　A 很高　　B 较高　　C 一般　　D 较低　　E 很低

G12 员工平均一个周能拥有的休息时间？_____

品牌运营情况

G13 贵互助社对品牌打造和维护每年投入资金_____（万）元。（若无，填0）

G14 您认为当前的品牌宣传做得到位程度如何？

　　　　A 很到位　　B 较到位　　C 一般　　D 较差　　E 很差

G15 您觉得贵互助社在当地的品牌影响力大吗？

　　　　A 很大　　B 较大　　C 一般　　D 较小　　E 很小

G16 您认为贵互助社发展前景大吗？

　　　　A 很大　　B 较大　　C 一般　　D 较小　　E 很小

G17 贵互助社维护客户的手段有哪些？

　　　　A 亲自拜访　　　　　　　　B 通过电话拜访
　　　　C 通过短信或者邮件拜访　　D 共同约见客户

组织架构

G18 管理层开会频率如何？_____

G19 理事会规范操作程度如何？

　　　　A 很高　　B 较高　　C 合理　　D 较低　　E 很低

G20 监事会规范操作程度如何？

　　　　A 很高　　B 较高　　C 合理　　D 较低　　E 很低

G21 经理人工作效率如何？

　　　　A 很高　　B 较高　　C 合理　　D 较低　　E 很低

八、竞争环境分析

H1 您觉得目前面临的吸收存款压力如何？

　　　　A 很大　　　B 较大　　　C 一般　　　D 较小　　　E 很小

H2 您觉得目前面临的发放贷款压力如何？

　　　　A 很大　　　B 较大　　　C 一般　　　D 较小　　　E 很小

H3 您觉得贵互助社面临竞争压力如何？

　　　　A 很大　　　B 较大　　　C 一般　　　D 较小　　　E 很小

H4 您觉得贵互助社是否适宜在当地发展？

　　　　A 很适合　　　　　B 较适合　　　　　　C 一般

　　　　D 比较不适合　　　E 很不适合

H5 您认为限制贵互助社自身发展的因素主要是什么？（请按照重要性进行排序，没有的可以不填。）排序：_____

　　　　A 互助社内部治理结构不完善　　B 不存在贷款保险制度

　　　　C 后续资金来源不足　　　　　　D 监管机制不完善

　　　　E 政策制度不合理　　　　　　　F 税负重

　　　　G 法律地位不明晰　　　　　　　H 行业门槛高

　　　　I 其他_____

H6 互助社当前存在的主要困难是什么？（按照重要顺序排序）_____

　　　　A 资金链紧张　　　　　　　　　B 缺乏专业人才

　　　　C 经营成本高利润低　　　　　　D 内部管理不完善

　　　　E 违约率高　　　　　　　　　　F 经营业务单一

　　　　G 受法律限制严重（主要是哪些方面？）

　　　　H 民众积极性不高或者减退　　　I 缺乏长期发展规划

H7 您认为政府应在____方面重点做好对农村资金互助社的扶持？（可多选并按照重要顺序排列）_____

　　　　A 减免税负　　　　　　　　　　B 明确定位，完善法律法规

　　　　C 适当降低行业门槛　　　　　　D 拓宽融资渠道，降低融资成本

　　　　E 财政风险补偿　　　　　　　　F 其他_____

简答部分

1. 您觉得贵互助社面临的竞争压力主要有哪些？

2. 如果是您自己的互助社，您是否会继续用此模式经营？（是 否）为什么？

3. 贵互助社如何进行风险控制？

4. 贷款授信额度的决定取决于哪些方面？

5. 主要经营业务范围：_____。

6. 您觉得一般居民是否愿意到贵互助社贷款？为什么？

7. 互助社是否制定贷前调查、贷时审查、贷后检查等业务操作流程？（情况如何：_____）

8. 互助社是否跟踪借款人对所贷款项的使用情况？（如有，形式如何？_____）

9. 对拖欠贷款者，贵互助社是否有逾期管理办法、策略、手段？是主要由信贷员上门回收还款吗？会用到哪些手段？（如频繁拜访、罚款、起诉、暴力催债）按照拖延情况严重程度进行介绍。

10. 贵互助社设立之前是否有进行充分的市场调研？是否有可行性报告？若有，请求借阅。

11. 贵互助社的组织架构概况图。

会长从哪里选举？理事会人数？监事会人数？社员人数？

12. 社员关系及社员彼此的熟悉程度，请简单描述。

13. 社员的入社动机有哪些？（如是否获得多于股金的贷款？贷款手续是否繁重、难易程度、利息率高低等）

14. 提供典型的资金互助社帮助社员的案例。

15. 资金互助社历史演化或成立的背景条件。

16. 风险及法律责任？（对卷款而逃、过度投机失败的法律责任如何）

17. 请简单谈一下关于资金互助社的发展规划及其前景。

后 记

本书是在国家社会科学基金一般项目（批准号：10BJY055）——"促进农村小型金融机构内生式发展研究"上经过充分修改和提炼而形成的。项目于 2010 年 11 月开始研究，于 2014 年 12 月撰写完毕，于 2015 年 10 月完成结题。在这几年的时间里，农村小型金融机构不但有了量的增长，同时也有了质的提高，然而现实中原有存在的许多问题仍未得到根本解决，因此本研究的学术观点与对策建议具有现实意义。

不言而喻，本书集合了多位老师与学生的智慧，在这里需要向他们致以诚挚的谢意。参与本书编写的师生具有严谨的学术态度与开阔的学术视野，对书本的主要观点提出了大量宝贵的意见。感谢刘仁和教授、米运生教授、姜美善副教授、余秀江教授参与了本书的指导。感谢储昭东、汪淳、陈俊求、毛炳盛、黄钰涵、高扬、李朝、梁伟森、彭琦、谷卓桐同学参与本书的资料收集、数据调查、部分撰写和校对工作。在资料收集中，感谢中国银监会广东监管局、华南农业大学图书馆、华南农业大学经济管理学院资料室、广州农商银行博士后工作站等单位提供的支持。感谢广东省重点学科华南农业大学金融学和国家社会科学基金对本书出版的资助。

本书丰富了农村金融理论，提出了农村小型金融机构发展的基本框架与发展模式，其政策建议有助于改善农村金融外部生态环境，实现村镇银行、小额贷款公司、农村资金互助社的内生式发展，具有一定的现实操作性，可为中国的农村金融发展提供微薄贡献。

本书难免存在纰漏与不足，期待社会和学界的关注、批评和呵护。

程 昆
2015 年 12 月